GABO Y FIDEL

Ángel Esteban
Stéphanie Panichelli

GABO Y FIDEL
EL PAISAJE DE UNA AMISTAD

ESPASA

ESPASA ⓒ HOY

© Ángel Esteban-Porras del Campo, 2004
© Stéphanie Panichelli Teyssen, 2004
© Espasa Calpe, S.A., 2004

Diseño de la colección: Tasmanias
Ilustración de cubierta: del libro *La hora final de Castro,* de Andrés Oppenheimer
Realización de cubierta: Ángel Sanz Martín
ISBN: 84-670-1263-3

Editorial Planeta Colombiana, S. A.
Calle 73 No. 7-60, Bogotá

COLOMBIA: www.editorialplanetacolombiana.com.co
VENEZUELA: www.editorialplanetacolombiana.com.ve
ECUADOR: www.editorialplanetacolombiana.com.ec

ISBN: 958-42-0842-X

Primera reimpresión (Colombia): enero de 2004
Impresión y encuadernación: D'vinni Ltda.
Impreso en Colombia - Printed in Colombia

to one's social life. One wrong move or careless reveal after too many drinks, and the dating pool goes down by hundreds at a time, especially in a city like Cincinnati.

There's more at stake than just being uncomfortable. Often, the doubts and risks are over more than if the listener will blush and ask awkward questions. One never knows if the blushing would be followed by the sound of the object of your affection beating a path away.

Personal example: When I was only months away from treatments, my situation was a heavy thing for romantic prospects to consider. Men in their early twenties who've seen too many magazines and spent too many evenings with their buddies watching Cinemax are picky enough. A woman with a life-threatening illness in her recent past, resulting in numerous physical, even if not visible, abnormalities makes her damaged goods. Maybe I was shortsighted, but I believed the typical twenty-three- or twenty-four-year-old guy didn't have the perspective required to make the unselfish choice when faced with damaged goods. And my boobs weren't big enough to make them not care.

Six months after my cancer-free declaration, I was in a college roommate's wedding in Sandusky, Ohio, right along Lake Erie and a stone's throw away from one of the country's premier amusement parks. The dress she'd chosen for her bridesmaids was made of long flowing black chiffon and the neck was wide and open—a very flattering neckline for anyone without a port-o-catheter sticking out of one side of her chest. I didn't discover this design flaw until one week before the wedding, and the seamstress had exhaustedly declared she was going to be lucky enough to get the length alterations done in time, so I took a deep breath and revealed to everyone at the wedding that there was something I wasn't telling them. Throughout the function, I never mentioned it. I just smiled big enough to distract them from my chest. For a long time, no one else mentioned it either.

At the wedding, I started talking with a nice young man who reminded me of my first boyfriend—dark hair, light eyes, on the small side with a need to make up for it by being likeable, so he didn't say anything questionable or significant. Nevertheless, he was really cute and funny so we danced. He never mentioned the port, and I never caught him staring at it. When the slow songs were over, we walked out onto a pier over Lake Erie and breathed in the smell of dampness mixed with a faint fishy smell. The lights of Cedar Point across the inlet shone on the lake and the brightness of the lake reflected off a layer of low summer clouds above us, showing every crevice and lining each clump of moisture with a silver ring of light. My companion looked up and in mid-sentence said, "Wow, look at that." I looked up in awe and then down to the sparkling lake and let the summer breeze blow my chiffon skirt, and he quietly took my hand. We talked for a while about our jobs and whether we liked them or not. To explain how long I'd been at my first and current professional position, I had to mention that I'd been away from work for a while, but he never asked why. Maybe it didn't matter or maybe he didn't care, but I was happy not to have to explain.

We went back to the reception and separated so I could go to the restroom and he could get a drink. When I returned, he was huddled with a fellow bridesmaid, a friend of his, at a corner table, and she was doing most of the talking. I started to walk toward them, and they didn't seem to notice me. All I could hear was, "I think it's really brave of her to wear the dress at all." And all he said in return was, "I can't believe I didn't know." The strong, confident me would have walked up and started talking with them like everything was hunky-dory. But it was too early in my survivorhood for that. Instead, I walked to the other end of the hall and pretended to listen to everything the bride's chatty mother said to me. My cloud watcher never came to find me, and when I sought him out to say good-bye, he gave me a fake e-mail address.

Okay, not every young man is like that. At Nick's wedding only two months after that, I was a half an hour into making out with his adorable and very drunk brother-in-law before it became necessary to explain the port. All he said was, "Are you okay now?"—a question reminiscent of Kissing Paolo's during my European adventures. When I could answer in the affirmative, he continued on his mission. He was successful.

DOES IT MAKE ALL THE DIFFERENCE?

No, cancer shouldn't make that much difference in how a Survivor functions and communicates, but sometimes it does. They are, after all, survivalists by nature. Truthfully, sometimes being a Survivor means more to the Survivor than to anyone else, but then they run into someone who is happy to discover something to so easily categorize them—new colleagues or friends who enjoy defining people against their will. Seems natural, but unfair. Cancer Survivor is a distinctive and memorable characteristic that commands recognition, but doesn't always put one at the top of the pile for jobs, promotions, or fix-ups. There are always those who go away or, worse, judge Survivors in some way, but these are not common reactions. The worst-case scenario is that someone intentionally limits a Survivor's civil liberties as a result of her remaining physical weaknesses or risks. After all, who wants an employee around with a low immune system or at a higher risk of cashing in their disability insurance? Survivors understand well why health history is not something people talk about liberally at professional mixers.

On the opposite end of the spectrum, cancer can make all the difference, but it doesn't need to do so in a negative way.

Cancer Survivors, once revealed as such, have the advantage of finding out who people are at the core pretty quickly. It's like the ultimate character test to see their reactions, especially over time. Most people pass with flying colors—either it doesn't register to them at all, or they react by being interested, appropriately supportive, or just downright impressed. So many people who pass make it easier to dismiss those who don't.

A SURVIVOR'S SECRET: PERSONAL EXAMPLE

All of this self-righteousness is easy—"Don't judge me for my health history!" or "Learn to forget what I was like during chemotherapy!" But the truth is that, many times, I'm grateful that the cancer is there to help define me when there's nothing else there to do it. Secretly, I sometimes revel in the moment when I tell someone who hasn't heard it before. Secretly, a part of me enjoys the look of surprise, respect, awe, or sadness that flashes on his face before he become conscious that I'm watching him. Often I welcome the stamp of strength and character that is automatically thrust upon me as someone who's been through something difficult and survived—because in most cases I know his image of me is now better than what I could ever be without that extra boost.

On my own, I'm just a friendly but reserved young woman who is easy to cook for because I like everything and always bring plenty of wine. With the cancer, I suddenly gain traits I'd never be able to demonstrate over veal ragout, like "strong," "courageous," and "surprising." It's like months of a friendship or new colleague courtship is over in an instant and without all the meaningful conversations and remembered birthdays. My work is done. I've won them over.

There's something sort of shamefully satisfying about the fact that cancer makes it easier to win respect from others. But I'm only ashamed for a minute, and then I enjoy my reward.

I've lost friends because of the cancer, so why shouldn't I win friends because of it too? The cancer *was* difficult and trying and character testing. They're simply showing respect because I passed the survival test—whether I'm actually a better person because of it or not.

THE BOTTOM LINE

Can you always tell a Cancer Survivor in a crowd? Probably not, and they're not very eager to clue you in on the secrets of spotting them. They'll let you know when they're good and ready, and, most likely, they're going to make sure the cards are stacked in their favor first.

Sometimes the necessary survival instincts are hard-won.

chapter twenty-three

something to look forward to

One of my earliest memories is of my Grandma Kirby, my mother's mother, drying me off from a bath. I was still young enough to be taking baths—probably about three or four years old—but my sister was old enough not to have to take them with me. She was probably seven or eight. I spent the whole bath remembering to tell my grandmother, who was visiting from out of town, when I was done.

Grandma and Grandpa Kirby's visits were very exciting times for my sister and me since they lived all the way in Indianapolis and, typically, we visited them. I spent most of the visit following them around, including out to the back porch where Grandma was allowed to smoke. My grandfather had quit cold turkey in the late '60s, just before both my parents quit the same way. Grandpa Kirby always was a step ahead of the rest of the family in reason and logic and sharp as a tack even as he got much older. It was genetic; his mother lived with Grandma and Grandpa until she was ninety-eight. But he was a quiet and distant grandfather, not laughing heartily or letting us win at little kid games like Grandma, and his stories were always way beyond a child's attention span. He read nonfiction books voraciously and often didn't notice if we were in the room.

Grandma was a hefty woman with a happy round smile that changed the entire look of her face—a smile almost exactly like mine. She gleefully picked up the slack for Grandpa by tickling us and joining in to a game of Mouse Trap without being asked. She teased us mercilessly but gave us just as many hugs to even things out. She told many funny, and short, stories about when she was a little girl in a small town and her brother Kenneth who had a double thumb chased her around threatening to pinch her with it. Or the first time she flew over her hometown of Greenville, Ohio, in a barnstormer's biplane when she was a teenager—some of the most terrifying fun she'd ever had, she'd say proudly. She was in her sixties before she got the nerve to go on anything larger—a Boeing 747 to California on a family vacation with us. She was full of contradictions and eccentricities, but she was a lot of fun.

So when Grandma and Grandpa Kirby visited when I was a child, one of my favorite times was when I was ready to get out of the bathtub. I would yell at the top of my lungs eagerly, "Grandma! I'm ready to play Papoose!" Then, with every visit and every bath, we played Papoose. This was our game—my grandmother's ritual inspired by the Eskimo practice of tightly wrapping up children to protect them from the cold. She would wrap an enormous towel around our little bodies as we hopped out of the bath, twisting us around so our little arms and hands were trapped inside the giant towel cocoon. This prevented that chilling moment when the cold air reaches your bath-water-warmed body, "the only part of a bath that doesn't make any sense" as Grandma used to say. She was so good at it that we were well wrapped before even a goose bump was able to form. Then, she would dry us off by vigorously hugging us, calling us her Little Papoose, and rubbing us down through the warm towel. By the time we had to be unwrapped we were dry and warm and ready to get on with the day. It was the perfect bath-time ritual and one of my most vivid childhood memories.

The memory of all of my grandparents has faded over the years, but little nuggets and perfect moments in time, like playing Papoose, still remain. I began recalling them more vividly once I had cancer.

Grandma and Grandpa Rhoads, my father's parents, lived on a lake in northern Ohio near a dozen or so other retired couples. Every summer from the age of five, one of my cousins, the one closest in age to me, and I would stay with them for a week or so—not old enough to go when my sister and the other two older cousins visited. We'd go on their pontoon boat with a pale pink canvas top, *The Pink Lady*, to shop at the country store on the other end of the lake. The cabin always smelled like Grandpa's pipe. We climbed the tree house and broke a lot of other rules with the kids from the neighborhood and hoped that Grandpa, a solid and intimidating man when he knew you'd done something wrong, didn't catch us.

Nearly every day we had visitors—neighbors were always stopping by since my grandparents were at the center of the neighborhood social life. They served them beer from the keg tapped in the garage refrigerator next to the hunting beagle named Stubby who always was tied up there, and strike up a card game or a gossip session. Mostly there was a lot of laughing and smoking. For lunch every day we ate bologna sandwiches made with thick-cut bologna from the grocery deli twenty minutes away, corn chips, and carrots. Every day at lunch we watched the hummingbirds feed from the feeder Grandma filled with red sugar water every other day, and Grandma made her cigarettes—stuffing good tobacco into a crevice in a little machine and filling the empty filter stuck on the end of the machine with one swift crank. A pile of finished filters later, she'd have her stash for the day.

At least one morning each year we got up really early, and Grandpa took us fishing at a "sweet spot" along the banks of the lake not far from Grandma and Grandpa's cabin. Usually, we were fishing for crappie—pronounced crawpy, not crappy—a small tender fish that tastes much better than how it is spelled. The fish, not the brightest fish and always living in large schools, bit the yellowish homemade bait molded onto our hooks almost before we got them into the water, so we pulled them out one after another. We returned with an average of seventy fish for dinner, including a few pregnant ones. During the day, Grandpa, and my cousin, after he was old enough, cleaned and gutted all seventy, and that night Grandma and I dredged them in cornmeal and pepper and fried them. In the center of the table was a platter or two piled halfway to the ceiling with fried crappie, and at the bottom of the platter were the coveted eggs of the pregnant ones we'd caught. We each had some if we wanted them. Everyone else always wanted some, but I didn't try my first eggs until I was ten.

Not long after my first taste of crappie eggs, my Grandpa Rhoads died of colon cancer. Then, in the span of only five years, two more grandparents died from cancer. Unfortunately, the only knowledge I had of cancer prior to my own diagnosis was related to my grandparents' deaths, not to mention my family's experiences watching them suffer and die.

For several of our summer visits, Grandpa Rhoads was sick. Every day after lunch, Grandma would ask if we needed to use the bathroom and tell us to do it then because Grandpa had to "clean out." He spent about three hours in the bathroom every day cleaning out himself and his colostomy bag and reading anything he could get his hands on. For most of his life he worked for the local electricity company, hoisting heavy and PCB-charged equipment around his waist and climbing up several-story-high poles. They'd tried to give him a desk job, but he was too gregarious. He knew he'd be miserable not being out with the "boys" doing the hands-on jobs. This kind of active work was what he'd been doing since before he was stationed in Hawaii during World War II, and he only reluctantly retired in his late fifties.

When he got older and sicker with more time in the bathroom to fill, his nose was frequently in magazines and books, but he still got his social time in when he joined the Ostomy Club, a support organization started by the hospital for colostomy bag wearers. Grandpa Rhoads had been wearing his so long, and was so popular with the nurses, he was called upon by his doctors to be the official club welcoming committee. He visited new members and taught them how to function with the bag day-to-day. Everybody loved him. I remember when Grandpa got sick enough that he was in the hospital for several weeks at a time, my father drove an hour each way after work to spend evenings with his mother at his father's bedside—Grandpa delirious with pain and morphine by then. I was eleven when Grandpa Rhoads died.

When Grandma Rhoads was diagnosed with breast cancer less than a year later, she lost only one breast. She had chemotherapy, but it spread to her lungs nonetheless. She hated chemotherapy, dreading it with every aching bone. She became so nauseous with each treatment that Grandma, a law-abiding blue collar American to the core, finally agreed to do what it took to alleviate it. One week when she was in Dayton for a treatment, she stayed with my uncle and his friend. She didn't ask how they obtained the marijuana, but the lifelong smoker didn't have to ask how to roll the cigarette. They sat with her at the kitchen table while she smoked the entire cigarette. Then she said she was hungry so she ate a little dinner she hadn't been able to choke down earlier and went to bed. My family didn't even know she'd done it—the conspirators were sworn to secrecy—until after she died. I saw Grandma Rhoads, unconscious and struggling for every breath, less than twenty-four hours before she died. Her nurse at the time was the mother of my best friend Zoe. I was fourteen.

Two years later, Grandma Kirby was diagnosed with lung cancer. She lived farther away so we saw her less frequently, but Mom drove the two and a half hours to Indianapolis to be with her and Grandpa nearly every weekend for a year. A few times, Grandma was able to make the trip to Ohio. With every visit she looked less and less like herself. She lost her hair to the chemotherapy, but she also lost about fifty pounds in less than four months. She had the most beautifully soft shock of white hair, all natural, and I remember gasping the first time I saw her without it. She never wore a wig so she wore pastel turbans on her head that made her look older than her early seventies. Her skin and breath reeked like chemicals and hospitals, and she started talking louder and louder. Her hardy smile became a lot more hard-won, and it wasn't unusual to catch her just sitting and crying.

My last good conversation with her was on our back porch—she'd given up smoking since the diagnosis, but still liked to sit back there and watch the birds and squirrels. We talked about my boyfriend of the time, a young man she had gotten to know fairly well over the years we'd been seeing each other. She voiced her opinion on the rocky relationship for the first time ever and questioned my decision to get back together with him after a brief falling out.

"Be young, sow your oats," she said. "You have so much going for you and so much time before you have to decide anything really important." Then for the eightieth time she told me about the time she went on a biplane with a barnstormer when she was my age and was terrified and exhilarated at the same time. The story came out more slowly this time, and she seemed cold underneath her pink terry cloth turban.

Then Grandma told me how much fun she'd had traveling with us. Every summer since I was eleven, we'd taken long trips with Grandma and Grandpa Kirby and seen many corners of the country—from New York City to San Diego—and driven together in a station wagon to most of them. They were some of the happiest times of her life, she confided, having not seen much of the world before she was sixty. But the trips we took to California and New York on commercial airplanes were the most memorable simply because they reminded her of that barnstormer in Greenville fifty years before. Grandma Kirby died on Christmas Eve 1987. I was sixteen, and I felt like I was just getting to know her.

The fact is, I never felt like I got to know any of the three grandparents who died all jumbled up together. I was too young to appreciate Grandpa Rhoads's bawdy sense of humor and outdoorsy masculinity. I was too self-centered a teenager to notice Grandma Rhoads's strong sense of morality and keen intuition about people. I was so resigned to and sad about losing yet another grandparent when Grandma Kirby got sick that I forgot to ask her about things I'd always wondered—what else besides barnstorming did she do when she was a teenager, what was the war like, and what was my mother like when she was a child— that I'll now never have the chance to ask. When they died, I don't think I really knew them at all, and I certainly didn't believe I had that much in common with them.

At the moment of my diagnosis I braced myself for the suffering and the ugliness, and the certain death. From watching my grandparents, that's what I knew.

"Things have changed," my oncologist said. "You're still going to lose your hair, but chemo rarely makes anyone nauseous anymore. We have this wonderful new drug with practically no side effects. We'll give you some." He said it casually like he was giving me a prescription for aspirin.

So it was easy to take care of the horrible nausea I'd seen Grandma Rhoads suffer from, but what about this death thing? I asked. But apparently that had changed too. "Your prognosis is good. We've caught it early. We've had a lot of success with this drug cocktail," he said, and I thought of asking if I could get an olive with mine.

Obviously, these things weren't even close to what my grandparents must have gone through. The side effects, the pain, even a lot of the risk my grandparents had to endure, were virtually eliminated with the advance of medicine, but apparently those were only the most visible parts—the most extreme and memorable parts to an eleven-year-old, a fourteen-year-old, and a sixteen-year-old. Apparently, I had no idea. I learned quickly.

When I was twenty-five, my Grandpa

Kirby got prostate cancer. He was eighty-nine years old and living at a retirement community outside of Dayton. Before he moved to the home, he fought my parents' encouragement to do so for a long time—sitting alone in his house in Indianapolis where he lived with my Grandma for nearly thirty years. It had a basement full of books, old furniture, TV trays, toilet brushes, and tissue boxes. His eyesight had gotten so bad that he couldn't drive anymore, and the neighbors he depended on, the ones I remembered as young with children my age, were beginning to retire, move to Florida, and die.

Grandpa had remained reclusive. Because of his failing sight, he was forced to abandon the books he'd spent his life buried in. He had to find something else to occupy his active mind, but Grandpa didn't do anything halfway. His living room was overwhelmed by a wide-screen television and a stereo system you could hear down the street, all set up for perfect viewing of and listening to what had become a vast collection of opera videotapes and classical music, which filled numerous racks and continued in stacks around the stereo—everything from Mahler to Gilbert and Sullivan, full operas to organ fugues. He also had a section for musicals, recent Andrew Lloyd Weber being a favorite; we sat for an entire evening once listening to every note of *The Phantom of the Opera*. Even when we were visiting from out of town, Grandpa spent most of the visit sitting in his favorite chair entranced in his latest acquisition, assuming we all wanted to hear it at full blast like him.

The one pop music stand-alone in his collection was a brightly colored ABBA CD he'd purchased in the '80s, something he only pulled out when we came to visit. In the eighties, ABBA was still somewhat current, and we were impressed with his attempt to identify with our musical tastes (neither my sister nor I listened to ABBA back then). But he banked on that CD even into the '90s, pulling it out with a smile when he thought we might be tired of listening to opera. We rolled our eyes, knowing that Grandpa had no idea what we were listening to, nor enough interest to ask. Despite this, we always listened happily and actually began to like it. To this day, I sing along happily whenever I hear "Waterloo." My sister even bought a couple of CDs.

Grandpa finally moved to the retirement community in 1992, shortly before I was diagnosed with cancer and began treatments. When I moved to my parents' home to prepare for and recover from the bone marrow transplant, he was only twenty-five minutes away. We saw him at the house only on birthdays and holidays. Still, I visited him rarely. I was a little resentful that my only remaining grandparent was the one I identified with the least, and I remained convinced that we didn't have anything to talk about except his latest outing to the mall. He seemed to believe the same. Consequently, he spent each visit rambling on like an old man about himself, and I spent it looking at the massive collection he'd transplanted from his house to his small room. He seemed to be continuing his reclusive behavior in his new home.

Then, during one rare visit, he asked me about how my treatments were going, then paused and asked me how I was feeling. My hair, newly grown in after the first round of chemo, hadn't gone away again yet—I was still in the preparatory stages prior to the transplant—and I was feeling fine. I told him that. Then he said, "No, how are you feeling?" When I didn't answer, he started talking about Grandma. "You know, your grandmother was a hardy woman," he said. "She tried to keep a smile when she was sick, but I saw most of the tears when other people weren't around. She believed in simple pleasures, but when she knew she was going to die, it was all she could do to keep from hating the world. It's hard watching the happiest person you know suffer like that."

Then Grandpa was silent. I didn't know what to say, so I just moved to the chair next to his and put my hand on his. His eyes were tearing a little, but I don't think he was crying because he missed his beloved wife. He'd done that every Christmas since she'd died—the memory associated with Christmas Eve being too difficult for him some years. He was crying because she suffered.

"You're a strong young woman," he then said, and it blew the breath out of me. "Appreciate the simple pleasures. Your grandmother would want you to enjoy your life." I visited him a little more often after that.

Less than two years later, Grandpa was diagnosed with prostate cancer. Even before the diagnosis, Mom used to pass along reports from the retirement community nurses: older ladies with crushes on the "eligible bachelor" on the independent living floor and the floor vibrating when he held an Opera Party in his room that weekend. The staff started casually calling him The Hugger because he walked down the hall giving all the nurses and administrators big hugs as he went.

With me, he opened up and talked excitedly about his day and his friends, nearly always remembering to ask specific questions about how I was doing. One year he made each member of the family a woodcarving for Christmas in the wood shop at the retirement community and bought us current videos and CDs, being sure to ask what we wanted before making the purchase. He lost most of his eyesight, had to get a pacemaker, and was diagnosed with cancer, but he still didn't revert back to his formerly solitary patterns. The Hugger remained in full force.

Grandpa died in a hospice on August 26, 1997, the day after my twenty-sixth birthday and a couple of years after I started my cancer-free life. Even in his final days he was thinking of me, telling my mother how proud he was of me for surviving cancer and choosing to live my life fully despite everything that had happened. She said he probably could have let himself go on my birthday, but she thinks he hung on for one more day so I wouldn't have any bad memories on a day that was meant to celebrate life—a most unselfish act.

I am grateful to Grandpa for showing me I have a kinship, a connection with my grandparents I never recognized. Since sharing my experiences with cancer with him, I feel more related to them, more comfortable with their memories, more like we had a meaningful relationship or at least a mutual understanding of something only a fraction of the world has.

I believe that all four of my grandparents experienced my cancer with me—Grandpa alongside me, but the other three from the grave. It was like their spirits accompanied the memory of their suffering so they could pass along some of their experiences—both wonderful and horrible—so I could better deal with my own.

Like they were willing me not to give up so young just because it was becoming hard. As Grandma Kirby said, they knew I had so much left to do, so much life to enjoy.

They missed me, but they didn't want to see me yet. I can't wait to see my grandparents again, but not too soon.

chapter twenty-four

not quite peace yet, but getting there

As I was finishing up my therapy—something my therapist and I planned on being temporary, just to get me over the really tough part, leaving me with some post-cancer reacquired coping skills—I was actually trying to meditate a little.

I've always been a believer in the skills of relaxation, clearing one's mind, learning to focus, letting the stress in one's life pass over you rather than run through you, deep breaths in the face of a racing heartbeat, going to one's happy place in the woods and talking to the trees when necessary. I guess I never thought about the fact that I was at least halfway to meditation as I did these things, or that I hadn't been able to find that place so easily anymore. During recent months, I had a hard enough time preventing myself from going insane with frustration and fear about the future, and I feared talking to trees would bring about doubt. I told her

I'd try it anyway. My therapist, happy that I was open to the idea, clued me in on the benefits and techniques.

As part of this, she urged me to find my own mantra: a one- or two-syllable phrase that could be repeated over and over as I focused on deep breathing. "It needs to be something that means something to you," she said intensely, "but won't conjure thoughts or images that distract you from your breathing." As my only task besides actually trying meditation, I took this part of the assignment very seriously.

The meditation was a nice idea, and a way to find a bit more relaxation, but I questioned whether I needed it regularly. It'd been nearly a year since the transplant, and after a few really difficult months where I lost friends, nearly lost my only source of income, and regularly visited my doctor to find out if I had a future or not, I was finally beginning to feel more in control of my life.

After a few months of hot flashes and mood swings that constantly made me feel like I was either in a *shvitz* or a descendent of Lizzy Borden, then months of trying to find the right combination of estrogen and progesterone that didn't make my normally small-sized breasts ache with water weight or split up my month evenly with blue-pill-induced paranoia and brown-pill-induced euphoria, my hormone levels began leveling off. After many months of fighting the demons of my career decisions and always ending up blaming myself, I began (with a little bit of help from Elvis) to ingest my job one day at a time and become hopeful about the opportunities it might bring—eventually, whatever they may be, someday. After regretting nearly everything I'd done and said during my stressful but relatively short period of cancer-fighting time, I began to come to terms with the fact that the relationships I'd had before and during my fight would never be the same afterwards.

Phone calls with Sean—often several weeks apart now—became fun again and less tainted with residual resentment. During a brief visit from him, we laughed heartily the majority of the time and only felt awkward when trying to decide where he was going to sleep that wasn't my bed. We talked about the possibility of me moving to New York—me needing to leave the pain and sickness of Ohio memories behind me and him needing a friend in a lonely city. I thought it was just talk, but it was a very nice idea.

Despite dreams of moving to the Big City, my Cincinnati apartment became a comfortable home, adorned with fewer photos than in my last one-person dwelling. It was the perfect size, the perfect balance of old and new, and I decorated with new sage green furniture and light wood accessories—peaceful colors that reminded me of the woods. I bought new green and blue dishes, a wine rack, and kitchen appliances so I would stay in to cook more often. I loved it.

This apartment also was the perfect home for my two cats. Honestly, I was never a cat person before I acquired Lucifer. I grew up with dogs and hated the smell of my elderly great aunt's apartment once she was too old to care for her numerous cats. But these two fluffy creatures were so charming, eccentric, and affectionate; they provided a wonderful distraction for the homebody I had become. I still went out to dinner and spent several weekends a year traveling to weddings—I was at that age where my friends were all getting married one after the other—between May and November. But I found myself spending a lot of time happily with myself in my new quiet cocoon with the perfect amount of bedroom space and a great bathtub.

Lucifer was still the Alpha Male of the household, prancing about, keeping an eye on his split-species harem, and consciously trying to steal all the attention from Bootsie, a very demure and proper little kitty. He ignored her most of the time, but fought with her over the best spot on the ottoman and every kibble in the double-wide bowls of cat food. Conversely, I'd caught them curled up on my bed, a tangle of jet-black sleekness and bushy white and gray, grooming each other affectionately on more than one occasion. Cifer always had this startled look on his face when he discovered me smiling at them and immediately threw his clawless front paw over Bootsie's face, just to show he hadn't completely given in to her—almost as if to say, "Don't go gettin' any big ideas, little missy. I'm still the head of this pride." Lucifer always stared at me with a droopy-eyed look of satisfaction, as if telling me, "I told you so," and then removed his paw from her face.

In our first apartment, a second-floor dwelling on a busy four-lane street, Cifer was forced to stay inside, a confinement he didn't mind while I was sick because he was calmed by his role as caretaker. Whenever I was home, he was under my feet, lying beside me, purring and rubbing his cheek against mine. Even when I went into the bathroom with an upset stomach from the steroid pills, he followed and sat waiting patiently for me to finish.

But when he moved back in with me in the new place, he could tell I was better. And even if he wasn't around when needed, Bootsie was there to take care of anything, he perhaps justified. The bottom line was that he did not want to be confined anymore. Besides, he'd had a taste of freedom by then. He'd been able to roam about the neighborhood at my sister's, and when I attempted to make him an indoor kitty once again, he wanted no part of it. He started becoming agitated regularly after only a couple of weeks—often lashing out at me or at Bootsie in an episode of racing around in a circle and putting an exclamation point at the end with some expression of aggression like a hearty nip to the ankles. After one of the episodes resulted in a deep scratch from his back left claw on my leg, I began to rethink the situation. Only his back claws remained, so I was hesitant, but finally I began opening the door for him on warm nights so he could roam about the ivy patches in the backyard.

He never wandered far at first, and Bootsie almost always meowed in protest and demanded to be let out too, only to become frightened a couple of steps down to the ivy and to race back inside with eyes as big as saucers. Polar opposites, indeed. Lucifer was the defiant fighter and Bootsie was the tentative one, just beginning to find her confidence again. I loved them both equally, and identified with them both on some level, but knew theirs would always be a tumultuous relationship.

However, at first, I found myself admiring Cifer. Bootsie and I would sit on the back porch and watch him wide-eyed as he tried with all his might to climb using only his back claws—up the oak hovering over the ivy patches and covered in squirrels clicking and shaking their tails at him—and then bounding off through the jungle looking for more accessible prey. His mane of crystal white bushiness flowed in the wind and his great round tail was straight up like a peacock. He was beautiful and free and fearless. I'd really missed him.

Even with my perfect little home, my eccentric little children, and my apparent "leveling off," the drama of the post-cancer craziness wasn't completely over. There were moments during any given day when my cancer-expanded insecurities popped out like groundhogs. If Sean wasn't home late on a Sunday night and didn't return my call—pop—out came the He's-Only-My-Friend-Because-He-Feels-Sorry-for-Me-Because-I-Had-Cancer insecurity. If a colleague gave me a funny look after I spoke out at a meeting—pop—out came the Everyone-Can-Tell-I-Don't-Want-to-Be-Here-and-Can't-Do-This-Job-Anymore paranoia. My self-judgments remained harsh, and I discovered that attempts at meditation were sometimes the only ways to push them out of my head.

So one Sunday afternoon, I rolled up my jeans legs, lit some candles, urged my two cats to leave me alone for a while, and finally searched for my own personal mantra. It's not as easy as it sounds. "Om" was too cliché. "Calm down" had a hard K sound in it, so it would be impossible to relax my throat. "No more" seemed too defiant—too much pressure—and I started to hear

Aretha Franklin wailing "Respect" in the recesses of my brain. "Life" was too touchy-feely, and I started to imagine myself giggling even if I couldn't do it in my current state.

Then it came to me. What was I looking for? What did I need more than anything? Peace. I needed to find my peace again, lost somewhere at the tops of the trees in the nature preserve outside of Dayton. I tried it a couple of times. Soft sounds, long vowels. Quite peace-inducing, really. It was settled. My new mantra would be, "My peace. . . ."

Okay, I told myself. Now use it. Breathe in and out with each word. In and out. In and out. My peace. In. Myyyy. Out. Peeeeeaaace. In. Myyyy. Out. Peeeeaaace . . . A calm started to come over me, even though I could still hear everything going on around me, including my next-door neighbor taking out her trash. Breathe. In and out. Iiin and ouuuut. Myyy peeeeaaace. I jumped then when a furry yet insistent mound of cat scrambled up onto the bed, scraped against my leg with a fury of teeth and claws, and then tumbled off. It's okay, I told myself. Refocus on the breathing. In and out. In. My. Out. Pea . . . The next fury, like the first, was almost silent, but I could sense the tension in the air. My cats were at war. They'd been considerate enough not to meow and hiss as they'd been asked not to do, but they were fighting nonetheless, and one of them obviously wished for my intervention.

I opened my eyes and peered out the bedroom door into the living room. Lucifer was poised below Bootsie, who was sitting on the top of the sofa, tail twitching and hair raised. She was on full alert, and Lucifer sat patiently waiting for her to let her guard down, knowing he would always have more strength, speed, and cunning. He was a skinny little cat underneath the volumes of hair, but he was pure muscle and aggression when needed. And his eyes looked angry. Then a low rumbling growl wafted in my direction, a sound I'd only heard under extreme duress in the past, and I couldn't figure out at first whose rumbling it was. They were both twitching with instinct and adrenaline, but one of them was reaching their threshold of impatience. As the intimidating rumbling continued, Lucifer reached his head around and licked his back paw, and I knew it wasn't his threatening growl I heard. Truly, Lucifer was a wild animal with the tomcat image to match, but Bootsie was the one putting up the fight. She was the one who cared who won this fight, and she wasn't going to be pushed around anymore. Her big yellow eyes were as wide as saucers, not with fear but stealthy awareness of his every move. Her ears were flattened with fury, and her paws moved slowly up and down as she prepared to use them with the slightest provocation.

Her growling increased to a little bit of a yowl, and Lucifer stopped grooming to peer up at her. A look I hadn't seen on Cifer's angelic white face since he was a scared, sick little kitten shot across it—a look of confusion mixed with honest and instantaneous fear. Yes, he was below in an excellent position of defense, keeping Bootsie from touching the ground without risking vulnerability, but he also was in a perfect position to be pounced upon. The moment in which he realized this took only a second because, in the next one, Bootsie sprang like a jungle cat, flew almost directly up and then down onto Lucifer's back from mid-air, and began biting through his thick mane of remarkable white fur to his neck and curl-tufted ears. Lucifer screamed and cried, and I immediately jumped up to stop the rumble once and for all. But then I stopped when I saw the wonderful look of control and—yes, I believe it was—satisfaction on Bootsie's face. I stopped in the doorway between my bedroom and living room and watched for less than a minute while Lucifer tried to free himself from his parasite and Bootsie administered well-earned paybacks. Then I stepped loudly toward them, so they both skittered off in different directions to lick their wounds. It was exhilarating.

Well, there was no way I was going to meditate after all of that excitement, I told myself. Instead, I sat on my bed, looking out into the main rooms of my apartment, and waited for either of them to reappear. For a long time, neither did. Then, slowly and confidently, Bootsie walked through the bedroom door. She strode in without looking around the room first and hopped up on the bed, meowing at me before snuggling into my side for a bit of a nap. We sat there in silence. I stroked her sleek black fur, and she purred and pushed her face against my leg and twisted around so I could rub her belly. It started to rain outside, and I wondered if Lucifer was sitting and looking out at it as I was out my bedroom window. I must have left the door open because I could smell the dampness of the spring Saturday rain drifting in from the ivy-covered back yard. The gold and orange smiling-sun windsock I'd hung outside the back door over the garbage cans began getting darker with the water dripping from the gutter above it, and little drips of rain bulged and fell from the long strips of nylon hanging from the bottom. I could hear the same gutter dropping what sounded like nails of water onto the top of the air conditioner jutting out of the nearer side of the long, high window.

For several hours I thought of nothing at all except touching Bootsie's soft belly fur and feeling her soundless purrs underneath, listening to the sound of the rain getting slower and faster with the quiet wind, and counting the bulging water drops falling from the bottom of the smiling sun windsock. At one point I took a breath in, realized that I was breathing out only with the fall of each raindrop, and smiled. It was as close to finding my peace as I think I'd been in a long time.

I looked down at Bootsie and her satisfied, sleeping face and knew she wasn't afraid for the first time since she'd moved in with me and the cat from Hell. She didn't care if Cifer was waiting around the corner for her when she got up to get a drink, or if he won the fight tomorrow. Right now she was happy and lapping up all the attention she could get.

Lucifer did eventually appear from his hiding place. He strutted into the room with a grand meow, but it seemed forced somehow. Bootsie sensed it too; she didn't immediately move or jump up in anticipation of a struggle. She opened her eyes, her body still upside-down and vulnerable, and watched him as he strutted right past her side of the bed, hopped up onto my other side, and lay down in a cocoonlike ball next to my other hip.

Cifer and Bootsie still fought every once in a while after that, but just as much, they cuddled and groomed openly in front of me and shared the space next to me on the sofa without pushing anyone off. Cifer left to wander the jungle for hours, sometimes days, at a time, and Bootsie looked out the screen door most of the time he was gone, waiting for his valiant return.

But she always stayed home with me. On Saturday and Sunday afternoons, I spent a lot of time with the now-more-confident Bootsie—sitting quietly, listening to music, smelling a burning candle, reading a good book, petting her soft belly and enjoying the vibration of her soundless purrs. This was as close to true meditation I ever really got, but it was all I needed. It was a step in the direction of finding my peace again.

The next year, somewhere on the Pennsylvania Turnpike around two o'clock in the morning, driving a truck full of my furniture to my new apartment in Manhattan, I decided to rename Bootsie and started calling her Spike.

appendix

cancer resource list

national cancer organizations— information, advocacy and support

The following list is not meant as a fully comprehensive list of cancer resources and support organizations—merely highlights and highly recommended resources to get you started. Please check with your doctor, your medical center, or with any of the organizations below for information about resources in your area that meet more specific needs.

AMERICAN CANCER SOCIETY

www.cancer.org

Provides information about ACS services, links to information about different kinds of cancer, drugs, and prevention; access to answers to specific questions; opportunity to talk with other patients, survivors, or loved ones of survivors.

Web Site Highlight: Links to stories and discussions from cancer survivors.

Hotline: 1-800-ACS-2345; friendly person available to answer questions, provide referrals, or offer information about ACS services.

NATIONAL CANCER INSTITUTE

www.cancer.gov or
1-800-4CANCER

Branch of the National Institutes for Health focused on cancer issues and research. Both Web site and hotline offer comprehensive medically-focused information—updated cancer news, information on pharmaceuticals, clinical trials, research studies, and disease statistics, as well as information on all types of cancer, prevention, screening and testing, treatments, a live help resource, and information and support organization resource lists.

Web Site Highlight: Resource section offers opportunity to search NCI publications and receive many for free.

THE LEUKEMIA & LYMPHOMA SOCIETY

www.leukemia-lymphoma.org
1-800-955-4572

Organization committed to furthering research of blood-related cancers. Web site provides excellent, comprehensive information about blood-related cancers, including research news, legislation updates, nationwide Web casts, teleconference fund-raising, and volunteer opportunities.

Web Site Highlights: "Team in Training" and "Stories of Hope" links offer inspirational stories from patients and survivors involved in the organization's well-known marathon fund-raisers held across the country.

NATIONAL FOUNDATION FOR CANCER RESEARCH (NFCR)

www.researchforacure.com

Organization offers information about prevention, detection, and treatment, but is primarily focused on the its efforts in prevention and development of a cure.

Web Site Highlight: A new recipe expected to help prevent cancer is posted monthly.

CANCERCARE

www.cancercare.org

212-712-8080 or 1-800-813-HOPE

A national nonprofit organization whose mission is to provide free professional help to people with all cancers, through counseling, education, information and referral, and direct financial assistance. Web site provides extremely comprehensive information on emotional, physical, social, and relationship management of cancer treatment and caregiving.

Web Site Highlight: "Helping Hand Guide" offers referrals for home care, hospice care, and even transportation options in your area. Also, "Managing Cancer" is the only resource found that offers tips and warnings about working during treatments.

THE NATIONAL COALITION FOR CANCER SURVIVORSHIP

www.cansearch.org

301-650-9127

The only patient-led advocacy organization working on behalf of people with all types of cancer and their families. The organization is dedicated to assuring quality cancer care for all. NCCS considers itself the voice on Capitol Hill for cancer survivors, as well as a reliable source for information, programs, and resources on cancer survivorship. Its Web site offers up-to-date cancer information and legislative news.

Web Site Highlight: List of "Keys to Survivorship" events and seminars put on by the Leukemia and Lymphoma Society nationwide.

FOUNDATION FOR THE CHILDREN'S ONCOLOGY GROUP

www.nccf.org

1-800-458-6223

Formerly National Childhood Cancer Foundation, the foundation is a network of childhood cancer centers and organizations across the United States, Europe, and Australia. It raises funds for cancer research, promotes awareness of childhood cancers, and offers parents and child patients good information about coping and medical care.

Web Site Highlight: Link to St. Baldrick's fund-raising event site highlights before and after photos of those who shaved their heads on St. Patrick's Day to raise money for childhood cancer research.

THE ULMAN FUND FOR YOUNG ADULTS

www.ulmanfund.org

Provides support programs, education, and resources, free of charge, to benefit young adults, their families, and friends who are affected by cancer, and to promote awareness and prevention of cancer.

Organization Highlight: Understands and provides specific information, reactions, and stories that are helpful for those dealing with disease during a difficult age.

other top web resources

CANCEREDUCATION.COM

While this site is focused on providing oncology professionals updated research and treatment information, it is also an excellent reference for patients wanting access to the latest advances in many types of cancer treatment. Offers prevention strategies, diagnostic procedures, new treatment options, and advice for patients coping with cancer symptoms and treatment symptoms.

Web Site Highlight: MedClips™ offers live and pre-recorded Web casts of non-healthcare-professional-accessible talks to cancer advocacy organizations, oncology nurses, and oncologists.

CANCERFACTS.COM

www.cancerfacts.com

While this site has both an oncology-healthcare-professional-specific portion, the "Patients and Caregivers" portion includes much information about specific cancers, information resources, personal stories, and support group information.

Web Site Highlight: The site's interactive "Cancer Profiler" matches an individual's medical history and test results with the medical literature and generates a personalized report of treatment options and statistics.

CANCERLINKSUSA.COM

General information and resource lists geared toward cancer patients. Provides link to original column by Rebecca Gifford, "Cheating Death."

Web Site Highlight: Resource list for how to find support groups in your area.

CANCERSOURCE.COM

Provides information about diseases and treatment tailored for different audiences: patients and consumers, nurses, and physicians. "Patients and Consumers" section offers accessible medical information, as well as support forums, information on coping, and live chats.

Web Site Highlight: "Views on the News!" section offers current cancer news stories selected by CancerSource medical staff for their importance, followed by comments from a leading cancer expert on what the story means and why it's important to you.

CANCERSURVIVOR.COM

Provides information and support to anyone who has been affected by cancer. The site aims to facilitate communication between survivors, family, and friends, offering places to post questions and read stories of encouragement from those with similar experiences.

Web Site Highlight: Stories section provides numerous accounts from survivors.

CANCERTRACK.COM

This site is a good source of cancer news since it is updated every fifteen minutes by more than two thousand news sources.

Web Site Highlights: Provides lists and links to top cancer centers, hospitals, medical associations, clinical trials, and research facilities in the United States. Also offers links to good information about alternative treatments and symptom management, as well as resources for additional information.

ONCOLINK.COM

Developed and maintained by the University of Pennsylvania Cancer Center. Offers information geared towards both patients and healthcare professionals, including sections on treatments, cancer types, resources, etc.

Web Site Highlight: Though often cold in its choice of language, the "Coping" section discusses touchy but necessary subjects like sexuality and hospice care.

ONCOLOGY.COM

Site is sponsored by the ASCO Foundation and geared toward both healthcare professionals and patients and loved ones. Provides comprehensive medical information, resource lists, and type-specific treatment and statistical information, as well as foundation information.

Web Site Highlights: "People Living with Cancer Community Center" is a resource developed specifically for family and friends of cancer patients and survivors, providing the opportunity to join forums, lend and gain support from others through discussions, solicit and share advice, and get caregiving tips and information about coping mechanisms.

ONCOLOGY TOOLS
www.fda.gov/cder/cancer

Site offers information from the FDA on cancer, approved cancer drugs, the drug approval process, patient liaison programs, and general information about the FDA.

Web Site Highlight: Approved Oncology Drug link offers most comprehensive information available about approved cancer drugs, including all possible side effects and questions you should ask your doctor before taking it.

STEVE DUNN'S CANCERGUIDE
www.cancerguide.org

Maintained by a cancer survivor, the site is dedicated to helping cancer patients and loved ones find the answers to their questions about cancer, but especially helping them to know enough about the questions they should be asking. All information is accessible, identifiable, and presented very consciously and thoughtfully from one cancer survivor and former patient to others in the same situation.

Web Site Highlight: First offers visitors realistic list of pros and cons to researching into the cancer affecting their lives. Highly recommend this link.

CANCERHAPPENS.COM
Provides readers with an opportunity to find out more information about the book, its author and upcoming interviews, book

signings or readings; view photos of people included in the book; and share any thoughts on the book or your own cancer story. Also provides cancer news and links to related organizations and institutions.

Web Site Highlight: The "Photos" page provides you with a look at most of the true-to-life characters from the book.

support resources— group and and individual

In addition to these national and regional organizations serving all cancer patients, many cancer centers and community centers also hold support group meetings focused on more specific age groups, genders, or types of cancers. Please check with your doctor or medical center to locate support groups in your area, or visit CancerFacts.com to view list of support groups by state.

THE WELLNESS COMMUNITY
www.wellness-community.org
1-888-793-WELL
Provides a full range of support services for people with cancer and their loved ones in a comfortable homelike setting, completely free of charge. Its locations worldwide, founded by Dr. Harold Benjamin, also offer drop-in and ongoing support groups, networking groups for specific types of cancer, educational workshops, stress management sessions, lectures by experts, and social gatherings. Also offers a "Virtual Wellness Community" on its Web site.

GILDA'S CLUB WORLDWIDE
www.gildasclub.org
1-888-GILDA-4-U
Founded by friends and family of comedienne Gilda Radner, this organization aims to provide meeting places where men,

women, and children living with cancer, and their families and friends, can join with others to build emotional and social support as a supplement to medical care. All support groups, networking groups, workshops, lectures, and social events are free of charge and held in nonresidential, homelike settings.

THE ULMAN CANCER FUND SUPPORT GROUPS
www.ulmanfund.org
410-964-0202
Geared toward young adults and loved ones. Centers located on the upper East Coast and in the Midwest and San Francisco.

CANCER CARE, INC.
www.cancercare.org
1-800-813-4673
Provides free, professional assistance to people with any type of cancer, at any stage of illness, and to their families. Offers education, one-on-one counseling, specialized support groups, financial assistance for nonmedical expenses, home visits by trained volunteers, and referrals to community services.

CANCER HOPE NETWORK
www.cancerhopenetwork.org
1-877-467-3638
Provides individual support to cancer patients and their families by matching them with trained volunteers who have undergone and recovered from a similar cancer experience. Such matches are based on the type and stage of cancer, treatments used, side effects experienced, and other factors. Information is available in Spanish.

A nuestras madres.
A nuestros amigos cubanos.

ÍNDICE

SEGUNDA PARTE

EL PODER Y LA GLORIA

12

Introducción:
El arte y las moscas

Somos amantes. Amantes de Cuba y de la buena literatura. Cuba fue La Dorada desde el siglo XVI, y en el XIX también La Deseada. Al principio fue el azúcar y el tabaco, después fueron sus costas y su clima. España no quería perderla. Estados Unidos no cejaba en su empeño por conseguirla. Esta es la historia de Cuba, ni más ni menos. Y en medio, una revolución. Ni tuya ni mía. Pero ¿Cuba de los cubanos? Los años del vodka y los coches Lada lo ponen en duda. ¿Y ahora?

Este libro no nace tan solo del amor. También del ocio y de la admiración, palabras mágicas para los griegos. El ocio era lo contrario del negocio. El que trabaja no caza moscas. La contemplación es necesaria para el arte, y se desarrolla con el ocio y la admiración. Lo mismo ocurre con la ciencia. Solo quien está dispuesto a perder mucho tiempo es capaz de valorar o realizar una obra de arte. Este libro nace, entonces, de una doble fascinación: Cuba y la literatura, un lugar y la obra literaria de un premio Nobel, un hombre carismático que lleva casi medio siglo en el poder y su mejor amigo. Un comandante que ya tiene quien le escriba. Macondo en La Habana. Pasear por La Habana Vieja, por el Malecón o la Quinta Avenida de las flores nocturnas es una experiencia, y solo eso. Quien trate de describirla fracasará. De igual manera, leer *Cien años de soledad* o *El amor en los tiempos del cólera* es una experiencia. Contar su argumento o explicar qué se siente al leerlas es tarea vana. Cuando leemos buena literatura o paseamos por una playa del Caribe cazamos moscas, perdemos el tiempo, y eso nos hace más felices, más valiosos, más humanos.

Pero la fascinación tiene un límite, el que impone la contingencia. La fascinación sin límites se llama Dios. Nada de lo humano es perfecto. Pero tampoco absolutamente imperfecto. Cualquier obra de la naturaleza tiene elementos admirables y otros deleznables, caras y cruces, haz y envés. En este libro encontrarás, desocupado lector y cazador de moscas, los secretos de una amistad fuerte como el acero, con sus luces y sus sombras. Estamos hablando de personas de carne y hueso, no de ídolos ni superhombres. Contamos la vida de Fidel Castro y García Márquez (*Gabo,* para los amigos), con sus grandezas y sus miserias, como las de cualquier *zoon politikon,* que diría Aristóteles. Una amistad personal, política y literaria. Castro, que durante años no facilitó al Nobel colombiano acercarse a su guarida insular, más tarde aceptó sin disimulo sus caricias conspiradoras. Gabo, obsesionado por el poder, los caudillos y la mediación diplomática del más alto rango, vio en el patriarca cubano el modelo a partir del cual América latina podría construir algún día un socialismo propio, una sociedad feliz sin clases ni diferencias, más rousseauniana que marxista. Castro, que no tuvo en su isla un intelectual que le sirviera de comodín para difundir sus logros revolucionarios, encontró en García Márquez al ser más hábil que el Caribe había dado a luz desde los tiempos del cólera. Gabo, que siempre rechazó las proposiciones de partidos políticos y líderes colombianos para ser ministro, embajador o presidente, se colocó el traje de campaña para hacer política a su manera: merodeando alrededor del poder, controlándolo y dirigiéndolo, decidiendo sin clavar el puño en la mesa, mandando sin cetro, gastándose la fama en el barro incandescente del compromiso social, llevando propuestas de uno a otro país, como embajador único y siamés del Comandante barbudo.

Desocupado cazador, en estas páginas descubrirás cómo Fidel estuvo a punto de jugarse el pellejo en la difícil Bogotá del año 1948, pasando al lado de su futuro amigo sin conocerlo todavía y, quién sabe, ayudándolo quizá en el primer gran trance de su vida. Conocerás cómo fueron las tempranas visitas de un joven periodista colombiano a Cuba para ser testigo de los comienzos de una no menos joven revolución, su trabajo en la agencia creada a instancias del Che y sus atranques con comunistas y exiliados cubanos. Vivirás con él sus maniobras para intentar colarse entre las rendijas del paraíso verde olivo, infructuosas en los sesenta y principios de los setenta, pero muy rentables a partir de 1975. Serás testigo igualmente de aquellas conversaciones entre Fidel y Gabo donde el amor a primera vista terminó muy pronto en simbiosis necesaria y duradera. Entrarás por los entresijos de la alta política del Caribe y verás cómo el canal de Panamá cambia de dueño, cómo nace, se desarrolla militarmente y triunfa el sandinismo, y cuáles son las piezas que mueve el socialismo internacional para combatir el capitalismo. Volarás alto con García Márquez de España a Francia, de Cuba a Colombia, de Panamá a Venezuela, de Nicaragua a Europa, y constatarás que sus nuevos amigos son casi todos presidentes, mientras los intelectuales y escritores le interesan cada vez menos. Entenderás por qué recibió el premio Nobel, totalmente merecido, en una edad muy temprana, y confirmarás que, en los criterios de concesión de la joya sueca, el carácter político no está por debajo del literario o estético. Preguntarás a los que estuvieron detrás de esas maniobras y adivinarás por qué tenían tanto interés en que se le otorgara. En fin, podrás recorrer la mansión que Gabo recibió en el mejor barrio de La Habana, como un nuevo premio a su compromiso con la revolución y una muestra de la amistad con Castro, y charlarás tranquilamente con aquellos que frecuentan el lugar. Asistirás, si así lo deseas, a la firma con la que el Nobel, varios artistas y políticos cubanos fundan la mejor escuela de cine de América latina, pasearás por sus dependencias, hablarás con sus directivos e incluso te colarás en uno de los cursos que imparte García Márquez o en la conferencia de Spielberg. Por último, te llegarán por la prensa todas las declaraciones que el colombiano ha hecho sobre Cuba y su presidente, y aquellas en las que Castro ha reconocido públicamente su relación con Gabo. Los verás fotografiados dándose un abrazo o asistiendo a la misa del Papa en la plaza de la Revolución, a los pies de Martí. Muchos de estos datos nos los han dado ellos mismos: hay muchas entrevistas y declaraciones de García Márquez sobre Fidel y su entorno, sobre política cubana y latinoamericana, etc., y algunos escritos de Fidel sobre Gabo o sobre literatura. Además, hemos entrevistado personalmente a una gran cantidad de amigos de ellos, escritores de tres mundos, periodistas, políticos europeos y americanos. Algunos nos han descubierto anécdotas inéditas, historias interminables, detalles de amistad o de reproche, observaciones agudas sobre sus personalidades. En contadas ocasiones, por razones personales perfectamente comprensibles, nos han pedido que, si usamos el dato, no revelemos la fuente. Así lo hemos hecho, y de ello hemos dejado constancia en las notas que acompañan al texto, y desde aquí agradecemos a todos los entrevistados, y a todas las personas e instituciones que nos han apoyado, la colaboración desinteresada que han mostrado por nuestra investigación, y su ayuda inestimable.

Decía Vázquez Montalbán en su libro *Y Dios entró en La Habana* que la relación entre los dos es tan «humana» que «obligaría a una teoría de la amistad». En estas páginas verás desarrollada, por fin, esa teoría y su historia. Gabo, que se siente «extranjero en todas partes menos en el Caribe», es en Cuba el hombre más feliz del mundo, y define la isla y su líder como «el paisaje de una amistad». Además, el único momento de la vida en que se siente él mismo es cuando está con los amigos. Confiesa que el instante que más aprecia es aquel en el que un amigo le llama por teléfono simplemente para preguntarle cómo está, y asegura que escribe para que le quieran. En ocasiones ha declarado que valora tanto ese estado que ha tomado un avión y viajado hasta la otra punta del mundo solo para estar unas horas con un amigo. Cuba, su casa de La Habana, la intimidad con los amigos, le redime de su condición de famoso, por la que no puede pasar inadvertido en ningún lugar del mundo. Piensa, quizá para comprender mejor a su colega, que «no hay nada que se parezca más a la soledad del poder que la soledad de la fama». Una fama merecida de la que parece a veces cansarse, sobre todo cuando afirma: «Estoy de García Márquez hasta los cojones».

Siempre ha habido escritores que han puesto en tela de juicio la perdurabilidad y sinceridad de las relaciones amistosas. Un buen poeta irónico español, colega nuestro en la docencia universitaria y en la investigación, nos dedicaba un libro enfatizando que éramos «compañeros y, sin embargo, amigos». La postura extrema podría verse representada en aquello que dijera hace muchos años otro escritor no menos irónico, Jardiel Poncela, al sentenciar: «El día que hayas cenado absolutamente solo, podrás decir: *he cenado con un amigo*». La desconfianza en la historia de las relaciones humanas llega hasta ese refrán castellano: «No te fíes ni de tu padre». Gabo, sin embargo, es de los que piensa que con los amigos se llega hasta la muerte. Y Fidel ha demostrado que, si bien sus amistades históricas nunca han perdurado, la del colombiano da pasos de gigante conforme avanzan los años. Por su parte, García Márquez se ha planteado no volver nunca a Cuba si Fidel muere antes que él. Esa relación nos hace pensar en Martí, que valoraba la amistad más que el mismo amor, y pensaba que aquella era la mejor secuela (¿escuela?) del amor. Ahí está su coplilla:

> Si dicen que del joyero
> tome la joya mejor,
> tomo a un amigo sincero
> y pongo a un lado el amor.

La idea no es original del cubano. Los filósofos medievales que penetran en el pensamiento aristotélico definen el amor de amistad como el más puro y valioso, pues se trata de dar sin esperar a cambio, de entregarse sin buscar agradecimiento o complacencia, pero con la complicidad que da la certidumbre del intercambio, que ni se pide ni se espera, pero se da. Mejor lo decía Serrat, más o menos en estos términos: «Lo mío tuyo, lo tuyo nuestro, y lo mío de los dos». Fidel, ayuno de verdaderos amigos desde la muerte de Celia Sánchez en 1980, quien fuera su compañera de armas, su secretaria y su amante, encontró un álter ego en García Márquez, una persona en la que le gustaría reencarnarse. Gabo, fascinado por el poder y conspirador nato, como él mismo reconoce, vio en el cubano el ámbito donde desarrollar su instinto político y remansar su obsesión. La levedad del ser se hace soportable cuando un amigo se apoya en el otro, como los naipes. Decididos a cazar moscas, pasen y lean.

PRIMERA PARTE

PRIMAVERA DE UN AMOR

1
DIOSES EN EDAD DE JUGAR

Gabo y yo estábamos en la ciudad de Bogotá el triste día 9 de abril de 1948 en que mataron a Gaitán. Teníamos la misma edad: veintiún años; fuimos testigos de los mismos acontecimientos, ambos estudiábamos la misma carrera: Derecho. Eso al menos creíamos los dos. Ninguno tenía noticias del otro. No nos conocía nadie, ni siquiera nosotros.

Casi medio siglo después, Gabo y yo conversábamos, en vísperas de un viaje a Birán, el lugar de Oriente, en Cuba, donde nací la madrugada del 13 de agosto de 1926. El encuentro tenía la impronta de las ocasiones íntimas, familiares, donde suelen imponerse el recuento y las efusivas evocaciones, en un ambiente que compartíamos con un grupo de amigos de Gabo y algunos compañeros dirigentes de la Revolución»[1].

Con estas palabras comienza Fidel Castro el texto más literario que ha escrito jamás, a sus setenta y seis años y dos meses de vida. Es un artículo breve dedicado a su mejor amigo, quizá el único, Gabriel García Márquez. Dos de los personajes más importantes de la historia de América latina en el siglo XX se encontraban en la misma ciudad uno de los peores días que ha vivido la capital colombiana desde

---

[1] Fidel Castro, «La novela de sus recuerdos», *Cambio.com,* 7-X-2002, pág. 1, <http://66.220.28.29/calle22/portada/artículos/79/>.

que fue fundada. Probablemente se cruzaron, corriendo por las calles, en medio de los disturbios, sin saber adónde iban y por qué corrían. Quizá cruzaron sus miradas en alguna esquina, o tropezaron con la misma señora que se estaba levantando del suelo, después de haber sido empujada por un niño que iba en bicicleta y haberse dado de bruces contra el suelo. El hijo del telegrafista de Aracataca trataba de llegar a la pensión donde vivía para salvar, al menos, los manuscritos de los cuentos que había escrito la semana anterior. El estudiante cubano suponía que ya era tarde para encontrarse de nuevo con el líder Gaitán, la esperanza de Colombia, el político de moda que estaba interesado por la situación de los estudiantes latinoamericanos, que se había reunido con ellos para tomar una postura frente a las siempre conflictivas relaciones entre los Estados Unidos del Norte y los Estados Desunidos del Sur.

Gabo había nacido en Aracataca, un pequeño pueblo del norte del país, el domingo 6 de marzo de 1927, con el cordón umbilical atado al cuello, mientras su madre se desangraba sin remedio. Doña Luisa Márquez no solo sobrevivió al parto, sino que trajo al mundo otros diez colombianos más. Al nacer el segundo hijo, Gabito marchó a vivir con los abuelos, y esa circunstancia forjaría el carácter y la afición por las historias de caudillos del futuro premio Nobel, que pasaría largos ratos con su abuelo escuchando las gestas de los hombres que protagonizaron las guerras civiles de principios de siglo. Su abuela, que se pasaba el día cantando y delirando, recibía constantemente las preguntas de su nieto, interesado desde siempre por las historias de guerras:

«Abuela, ¿quién es Mambrú y a qué guerra se fue?».

Y ella, que no tenía la menor idea, pero hervía de imaginación, le contestaba impávida: «Fue un señor que luchó con tu abuelo en la guerra de los Mil Días».

Como se sabe, el Mambrú de la vieja y popular canción (que tanto le gustaba cantar al abuelo de Gabito) es el mismo duque de Marlborough, y cuando García Márquez fue a meterlo como personaje fugaz en sus novelas y cuentos, prefirió la versión de su abuela a la real. Esta es la razón de que Marlborough aparezca disfrazado de tigre, perdiendo todas las guerras civiles colombianas, al lado del coronel Aureliano Buendía[2].

A los siete años, don Nicolás Márquez llevó a su nieto a la quinta de San Pedro Alejandrino, en Santa Marta, donde murió Bolívar, el Libertardor de América. Para entonces ya había hablado el abuelo de la magna figura a su nieto en multitud de ocasiones, y a los seis años Gabito había visto la imagen de Bolívar muerto en un calendario del abuelo. Así fue surgiendo el interés del pequeño dios en edad de jugar por la figura de este y otros líderes americanos, que luego poblarían sus novelas y le darían una especial fascinación por el poder. Aprende a leer y escribir a los ocho años en la escuela Montessori, y su profesora Rosa Elena Fergusson se convierte en la primera musa de Gabo, pues él pensaba que los versos que recitaba en clase, que le «pudrieron el seso para siempre», eran una emanación de su singular belleza[3]. A los nueve años, revolviendo el interior de un baúl de sus abuelos, encontró un libro amarillento y medio destrozado, y fue este uno de los momentos más trascendentales de su vida. Entonces no sabía que se titulaba *Las mil y una noches,* pero comenzó a leer y se sintió transformado. Él mismo lo cuenta:

> Yo lo agarré, y había un tipo que destapaba una botella y salía un genio de humo, y dije: «¡Coño, esto es una maravilla!». Eso me fascinó más que todo lo que me había ocurrido en la vida: más que jugar, más que pintar, más que comer, más que todo, y ya no volví a levantar cabeza[4].

En los años siguientes, la familia García Márquez, acuciada por la necesidad de dar de comer a un número de niños que seguía cre-

---

[2] Dasso Saldívar, *García Márquez. El viaje a la semilla,* Alfaguara, Madrid, 1997, pág. 98.
[3] Ibídem, págs. 119-120.
[4] Ibídem, pág. 121.

ciendo, se trasladaba constantemente de pueblo: Aracataca, Barranquilla, Sucre. En 1940 regresa a Barranquilla para cursar los estudios de bachillerato en el colegio jesuita de San José, y allí escribe sus primeros versos y crónicas para la revista *Juventud*. Tres años más tarde, a punto de cumplir dieciséis, tiene que salir de su casa y buscar el modo de financiarse los estudios, pues sus padres, que ya tienen ocho hijos, no pueden alimentar y educar a una prole tan numerosa. Llega a Bogotá y se siente profundamente desolado, en un lugar lejano, frío, enorme, donde no conoce a nadie y la gente tiene unas costumbres muy diferentes a las de la costa. Consigue una beca y va a estudiar al Liceo Nacional de Varones de Zipaquirá, donde el virus que dejó la lectura de *Las mil y una noches* se reproduce y multiplica con velocidad, hasta hacerse crónico e irrefrenable. Lee y escribe con asiduidad, conoce a fondo los clásicos españoles, disfruta con la sabiduría de muchos de sus profesores, y vive un régimen de internado casi monacal que le obliga a estar muchas horas frente a los libros... o frente al papel en blanco, tratando de escribir algún poema. Participa en la vida literaria del lugar, y en 1944 escribe su primer cuento. Tres años más tarde, Gabo comienza a estudiar Derecho en Bogotá, una ciudad de setecientos mil habitantes y más de dos mil metros de altitud, con muchas reminiscencias de la meseta castellana y una vida cultural que gravita alrededor de los cafés del centro. A ellos acude el futuro Nobel más que a las clases, y allí conocerá a los escritores más importantes del momento. Descubre también algunas joyas literarias: *La metamorfosis* de Kafka, que multiplicará el primer virus literario y le dará estímulo para escribir cuentos desaforadamente; clásicos como Garcilaso, Quevedo, Góngora, Lope de Vega, san Juan de la Cruz; y contemporáneos como los del 27 o Neruda. Poco después, su interés se centrará casi exclusivamente en la novela, hasta que comienza a pensar que su vocación literaria es tan fuerte que debería abandonar los estudios de Derecho...

Fidel Castro creció en una familia y un ambiente de procedencia campesina muy popular. En la pequeña aldea de Birán, cercana a

Santiago de Cuba, en el extremo suroriental de la isla, sus compañeros de juegos eran los braceros de la finca azucarera Mañacas. Rodeado de naturaleza y animales, exploraba los bosques a caballo, se bañaba en el río, y asistía a la escuela rural desde los cinco años. A los seis y medio se trasladó a la capital de la provincia, Santiago de Cuba, para continuar sus estudios en el internado de los maristas. Por aquellas fechas ya se insinuó su espíritu revolucionario, pues, de vuelta a la finca, organizó una huelga con los trabajadores en contra de su padre, al que acusaba de explotador. En los últimos años del bachillerato, en vista de sus buenas calificaciones, sus padres lo matricularon en el mejor instituto del país, el colegio jesuita de Belén, donde estudiaba la aristocracia y la burguesía de Cuba. Allí se formaban los futuros cuadros políticos cubanos de tendencia conservadora.

En octubre de 1945 ingresó en la Universidad de La Habana para estudiar Derecho. Aquel ambiente cambió su vida por completo. Llegaba de un lugar tranquilo, donde solo importaba la educación y la formación cristiana, a otro donde lo único necesario era la lucha por la supervivencia. El campus se debatía entre dos grupos políticos rivales, que generaban influencias en la sociedad habanera a través de la violencia y el dinero: el Movimiento Socialista Revolucionario (MSR), capitaneado por el ex comunista Rolando Masferrer, y la Unión Insurreccional Revolucionaria (UIR), del ex anarquista Emilio Tro. Fidel Castro se envenenó enseguida de ambición política, y su objetivo fue liderar la Federación Estudiantil Universitaria (FEU), es decir, el órgano de la representatividad del alumnado de toda la universidad, fruta muy codiciada por cualquiera de los dos frentes políticos rivales. Intentó llamar la atención de los dirigentes del MSR o la UIR, consciente de que no podría llegar a su objetivo sin la ayuda de alguna corporación poderosa, pero en su tercer año no había logrado pasar de vicepresidente de la agrupación estudiantil de su facultad. Al curso siguiente decidió presentarse como candidato, independientemente de su vinculación con los partidos. Se preparó a fondo. Leyó gran parte de la voluminosa obra de Martí, y de ahí extrajo no solo un pensamiento profundo y atractivo, sino un repertorio bastante abultado de citas para adornar adecuadamente sus estudiados discursos. Del mismo modo, comenzó a actuar fuera de la universidad, promoviendo manifestaciones contra el gobierno de Ramón Grau San Martín. «Los periódicos hablaban de él —comenta su biógrafo Volker Skierka—, a veces en grandes titulares. Seductor y hábil orador, joven, alto y deportivo, luciendo elegantes trajes de chaqueta cruzada y corbata, el negro cabello peinado hacia atrás, con su perfil clásico griego, a sus veintiún años era una figura aseada, impresionante, de las que hacen soñar a muchas madres de niñas casaderas»[5].

Pero no todo eran palabras. Tras una reunión con el presidente, Castro sugirió a sus colegas la posibilidad de agarrarlo y lanzarlo por el balcón, con el fin de darle muerte y proclamar la revolución estudiantil. Por aquella época fue involucrado, aunque sin pruebas finales, en tres atentados: uno en diciembre de 1946, un tiro en el pulmón a un miembro de la UIR; el segundo en febrero de 1948, cuando fue asesinado a tiros delante de un cine el director nacional de Deportes, Manolo Castro; y el tercero poco después: un policía, Óscar Fernández, muerto de un balazo delante de su casa, el cual, antes de expirar, identificó al líder estudiantil como autor del disparo[6].

Con el paso del tiempo, cada vez le interesaba más la política latinoamericana. Se comprometió con un movimiento de liberación de Puerto Rico, participó en una expedición fracasada a la República Dominicana para expulsar al dictador Trujillo, y se solidarizó con movimientos estudiantiles de Argentina, Venezuela, Colombia y Panamá, los cuales luchaban por el fin del colonialismo en esos países y trabajaban para terminar con el imperialismo estadounidense. De hecho, organizó a comienzos de 1948 un congreso de las asambleas estudiantiles latinoamericanas, para que se celebrara en abril de ese año en la capital colombiana, coincidiendo con el IX Encuentro Interamericano de Ministros de Asuntos Exteriores, donde se iba a decidir la creación de la Organización de Estados Americanos (OEA),

---

[5] Volker Skierka, *Fidel. La biografía definitiva del líder cubano*, Martínez Roca, Barcelona, 2002, pág. 46.
[6] Ibídem, págs. 47-48.

y en el que Washington deseaba atajar el «peligro comunista» bajo la
atenta mirada del general Marshall.

Los juegos terminaron. Los destinos de nuestros dioses particulares se unieron en aquel sangriento 9 de abril de 1948 en Bogotá.
Las víctimas del «bogotazo» ascendieron a tres mil quinientos en los
días siguientes, y a más de trescientas mil en el proceso bélico posterior[7]. El 7 de abril, Castro se reúne con Jorge Eliecer Gaitán, el popular líder de los liberales colombianos y jefe de la oposición. Gaitán
había conseguido, a pesar de su juventud, consolidar el partido en
un momento en que se necesitaba a alguien que terminara con el clima de violencia y de oligarquía, y nadie dudaba de que en las siguientes elecciones llegaría a ser presidente. En la reunión con el representante de los estudiantes cubanos, en su despacho de la carrera
Séptima, ambos habían congeniado. Jorge Eliecer prometió a Castro
y a sus colegas ayudarles a conseguir un local para realizar el encuentro antiimperialista, y clausurar el congreso con un acto multitudinario. Dos días después deberían reunirse a las dos de la tarde para ultimar los detalles. Poco antes de la cita, cuando Fidel y sus amigos
rondaban por el barrio esperando el momento de la reunión, un perturbado mental sin oficio ni beneficio, Juan Roa Sierra, disparaba a
bocajarro un revólver sobre el candidato, cuando este salía del despacho, en la puerta del número 14-55 de la carrera Séptima, entre la
avenida Jiménez de Quesada y la 14. Fueron cuatro heridas, y no
tres: la del cerebro, la del pulmón, la del hígado y la de la muerte.
Cuatro heridas que terminaban con la vida de la esperanza colombiana y suponían el pistoletazo de salida de una de las épocas más luctuosas de la historia del país, en una guerra civil que duraría décadas.

En ese mismo momento, en la pensión de estudiantes pobres de
la carrera Octava, muy cerca del lugar del crimen, el estudiante de segundo de Derecho Gabriel García Márquez se preparaba para tomar el almuerzo. La una y cinco en el reloj. La noticia se supo al ins

---

[7] Dasso Saldívar, ob. cit., pág. 195.

tante. Gabo y sus amigos corrieron hacia el lugar donde Gaitán se desangraba. Cuando llegaron, ya había sido retirado de la calle y conducido a la Clínica Central, donde moriría en pocos minutos. Confundidos por el caos, los estudiantes merodearon un rato por la zona, buscando posibles respuestas para el gran cuello de cisne que les interrogaba en forma de tumultos callejeros y gritos desesperados. La ciudad ardía. Decidieron volver a la pensión. Al doblar la esquina y divisar la calle, descubrieron lo peor: su casa también ardía. No pudieron entrar a rescatar sus bienes personales. Ropa, enseres, libros, todo se desvanecía y se convertía en polvo. Gabo trató de adentrarse en aquella vorágine, pero sus amigos lo disuadieron. Su desesperación estaba relacionada con la pérdida de los objetos más preciados: los originales de los cuentos que estaba escribiendo, sobre todo «El cuento del fauno en el tranvía», y los de aquellos que había publicado ya en *El Espectador* [8]. Luis Villar Borda, amigo de cenáculos literarios, se encontró con Gabo hacia las cuatro de la tarde en el cruce de la avenida Jiménez de Quesada con la Octava. Dasso Saldívar recuerda unos detalles de ese momento:

> A Villar Borda le impresionó mucho encontrarlo tan demudado, tan fuera de sí y a punto de echarse a llorar, pues sabía que, después de un año de avatares universitarios y de lecturas comunes, Gabriel no había demostrado todavía pasión alguna por la política y menos por la política bipartidista nacional [...]. Así que, al verlo tan desencajado, le comentó extrañado:
> —¡Oye, Gabriel, yo no sabía que tú eras tan gaitanista!
> Entonces Gabriel le dijo demudado y casi llorando:
> —¡No, qué va, lo que pasa es que se quemaron mis cuentos! [9].

Un último intento desesperado: salvar la máquina de escribir que, sin duda, todavía descansaría en el escaparate de la casa de empeño. Muy poco antes, Gabo la había tenido que dejar allí en garan-

---

[8] Dasso Saldívar, ob. cit., pág. 193.
[9] Ibídem.

tía, para tener dinero líquido y pagar algunas deudas y necesidades perentorias. Viendo cómo ardían la carrera Séptima y calles perpendiculares, su hermano Luis Enrique y él tuvieron la misma premonición. Así lo relata Gabo en sus memorias:

> Hordas enloquecidas, armadas de machetes y toda clase de herramientas robadas en las ferreterías, asaltaban y prendían fuego al comercio de la carrera Séptima y las calles adyacentes con ayuda de policías amotinados. Una visión instantánea nos bastó para darnos cuenta de que la situación era incontrolable. Mi hermano se anticipó a mi pensamiento con un grito:
> —¡Mierda, la máquina de escribir!
> Corrimos hacia la casa de empeño que todavía estaba intacta, con las rejas de hierro bien cerradas, pero la máquina no estaba donde había estado siempre. No nos preocupamos, pensando que en los días siguientes podríamos recuperarla, sin darnos cuenta todavía de que aquel desastre colosal no tendría días siguientes [10].

Fidel Castro, Alfredo Guevara y el resto de los delegados que habían salido de su hotel para reunirse con el líder liberal veían pasar gente corriendo y gritando «¡Mataron a Gaitán!». Fidel contó en una entrevista con Arturo Alape, treinta y tres años más tarde, los pormenores de esos días: gente enardecida, indignada, corría y cometía actos de violencia sin la menor impunidad. Rompían vidrieras, saqueaban tiendas, destrozaban objetos particulares y mobiliario urbano. Llegados a la plaza del Parlamento, cientos de personas se arremolinaban junto a la puerta, mientras un hombre hablaba desde un balcón del palacio sin que nadie le escuchara. La policía no pudo contener a la muchedumbre, que irrumpió en la estancia gubernamental y comenzó a destrozar todo lo que encontraba a su paso, arrojando sillas, mesas, etc., por las ventanas. Acto seguido, Fidel se unió instintivamente a los grupos de insurrectos que corrían por las calles, como un revolucionario más, entró en la Tercera División de

---

[10] Gabriel García Márquez, *Vivir para contarla,* Mondadori, Barcelona, 2002, pág. 342.

la policía, se hizo con un fusil y catorce balas, unas botas, una gorra, un capote de policía, y salió a la guerra[11]. Cuando por fin se convenció de que aquello no era una revolución, sino un caos, y volvió con los compañeros, se enteró de que la policía los buscaba, porque eran los estudiantes cubanos *comunistas* que habían provocado la muerte de Gaitán y la insurrección[12]. Así las cosas, decidieron refugiarse en la embajada cubana, para evitar peligros mayores, en un ambiente tan turbio.

El líder cubano recordaría hace unos años, en compañía de su ya íntimo amigo Gabriel García Márquez, las peripecias de esas jornadas inolvidables y espeluznantes. Ambos han declarado en muchas ocasiones que su amistad comenzó por motivos literarios. El azar concurrió también el 9 de abril para que, sin conocerse, una máquina de escribir, un artilugio de piezas de metal y plástico, con el que se puede llegar al cielo a través de la escritura inspirada por las musas, fuera su punto de unión, si no real, al menos, imaginario, fantástico y mágico, como son las cosas *verdaderas* en el Caribe. Cuenta Fidel esa conversación con Gabo:

> Mientras permanecía perplejo y detenido, el pueblo arrastraba al asesino por las calles, una multitud incendiaba comercios, oficinas, cines y edificios de inquilinato. Algunos llevaban de uno a otro lado pianos y armarios en andas. Alguien rompía espejos. Otros la emprendían contra los pasquines y las marquesinas. Los de más allá vociferaban su frustración y su dolor desde las bocacalles, las terrazas floridas o las paredes humeantes. Un hombre se desahogaba dándole golpes a una máquina de escribir, y para ahorrarle el esfuerzo descomunal e insólito, la lancé hacia arriba y voló en pedazos al caer contra el piso de cemento.
>
> Mientras hablaba, Gabo escuchaba y probablemente confirmaba aquella certeza suya de que en América latina y el Caribe los escritores han tenido que inventar muy poco, porque la realidad supera

---

[11] Arturo Alape, *De los recuerdos de Fidel Castro: El Bogotazo y Hemingway,* Editora Política, La Habana, 1984, págs. 32-40.

[12] Ibídem, pág. 60.

cualquier historia imaginada, y tal vez su problema ha sido el de hacer creíble su realidad. El caso es que, casi concluido el relato, supe que Gabo también estaba allí y percibí reveladora la coincidencia, quizá habíamos recorrido las mismas calles y vivido los sobresaltos, asombros e ímpetus que me llevaron a ser uno más en aquel río súbitamente desbordado de los cerros. Disparé la pregunta con la curiosidad empedernida de siempre:

—Y tú, ¿qué hacías durante el «bogotazo»?

Y él, imperturbable, atrincherado en su imaginación sorprendente, vivaz, díscola y excepcional, respondió rotundo, sonriente, e ingenioso desde la naturalidad de sus metáforas:

—Fidel, yo era aquel hombre de la máquina de escribir [13].

---

[13] Fidel Castro, «La novela de sus recuerdos», art. cit., págs. 1-2. Obviamente, la contestación final de Gabo es pura fantasía, una muestra más de su sentido del humor. El dato no aparece en las memorias del colombiano ni es coherente con su evolución como escritor.

2
SI SABER NO ES UN DERECHO, SEGURO SERÁ UN IZQUIERDO

El mago de Macondo ha dicho en alguna ocasión que mientras sus convicciones políticas son firmes y estables, las literarias varían a cada rato. La literatura no tiene recetas ni dogmas, pero en política hay principios, y Gabo los ha grabado desde muy joven en los pliegues más íntimos de su conciencia. García Márquez reconoce que las historias de su abuelo, un coronel liberal, sobre la guerra civil colombiana, sobre la crueldad de la matanza de los trabajadores bananeros huelguistas en 1928, y sobre otros casos políticos y a veces crueles de la historia colombiana, le pueden haber influido ya en su infancia[1]. Sin embargo, el principio de ese interés se remonta más bien al liceo de Zipaquirá, donde tuvo algunos profesores que habían recibido una formación marxista en la Escuela Normal, durante el gobierno del presidente izquierdista Alfonso López: «En aquel liceo, el profesor de álgebra nos enseñaba en el recreo el materialismo histórico, el de química nos presentaba libros de Lenin y el de historia nos hablaba de la lucha de clases. Cuando salí de aquel calabozo glacial, no sabía dónde quedaba el norte, ni dónde quedaba el sur, pero tenía ya dos convicciones profundas: que las buenas novelas

---

[1] Plinio Apuleyo Mendoza, *El olor de la guayaba,* Mondadori, Barcelona, 1994, pág. 123.

deben ser una transposición poética de la realidad y que el destino inmediato de la humanidad es el socialismo»[2]. Y añade, en su conversación con Plinio Mendoza: «Quiero que el mundo sea socialista, y creo que tarde o temprano lo será»[3].

Sus contactos con el comunismo han sido siempre tangenciales. Asistió a algunas reuniones de una célula comunista a los veintidós años, pero nunca se convirtió en simpatizante del partido. Tuvo relaciones muy variables con los comunistas, a veces conflictivas, mas nunca hizo ninguna crítica ni declaración contra ellos. En una entrevista de 1983, al hilo de unos comentarios acerca de Estados Unidos, Gabo desafía al interlocutor:

—No me ha hecho usted la pregunta que siempre me hacen al comienzo de las entrevistas.
—¿Cuál?
—No me ha preguntado si soy comunista.
—De acuerdo: ¿Es usted comunista?
—Por supuesto que no. No lo soy ni lo he sido nunca. Ni tampoco he formado parte de *ningún* partido político[4].

En otra conversación, un poco anterior, es evidente su posición frente al comunismo, sobre todo por la situación en la que se encuentran Cuba y América latina: «Los viejos partidos comunistas están formados por hombres honrados y castos, esterilizados por el catecismo y apaciguados por una reverenda madre soviética, que ahora está más interesada en hacer buenos negocios que en patrocinar la revolución. Esto es evidente en América latina. Aparte de la ayuda económica que ha prestado a Cuba, y que ha sido muy grande, la Unión Soviética no ha tenido la menor reticencia en negociar con los regímenes más reaccionarios del continente, sin ninguna reserva de orden político»[5].

---

[2] Plinio Apuleyo Mendoza, *El olor de la guayaba,* ob. cit., pág. 124.
[3] Ibídem, pág. 76.
[4] En *Playboy,* marzo de 1983, pág. 16.
[5] Entrevista con Plinio Apuleyo Mendoza en *Libre,* sept.-nov. 1971, pág. 14.

Después de su viaje a finales de los años cincuenta por los países comunistas (en 1955, Polonia y Checoslovaquia, y luego, Alemania del Este, la Unión Soviética y Hungría) escribió una serie de artículos titulada «La Cortina de Hierro» donde expresaba su «desacuerdo con lo que allí ocurría»[6]. Viajó con Apuleyo Mendoza y su hermana Soledad. Volvieron los tres totalmente decepcionados. El socialismo que habían encontrado allá no tenía nada que ver con el socialismo que ellos seguían. Era casi una antítesis de las ideas marxistas. Tuvieron que concluir que ese «socialismo real» de exportación soviética no funcionaba, sino que asfixiaba los países donde había sido instaurado a la fuerza. Refiriéndose a sus escritos, comenta: «El pensamiento central de esos artículos es que en las llamadas democracias populares no había un socialismo auténtico, ni lo habría nunca por ese camino, porque el sistema imperante no estaba fundado sobre las condiciones propias de cada país. Era un sistema impuesto desde fuera por la Unión Soviética mediante partidos comunistas locales dogmáticos y sin imaginación, a los cuales no se les ocurría nada más que meter a la fuerza el esquema soviético en una realidad donde no cabía»[7].

Gabo entiende por socialismo un sistema de «progreso, libertad e igualdad relativa»[8] donde *saber* es, además de un derecho, un izquierdo, como sugiere Silvio en «Escaramujo»[9]. «Yo vivo de preguntar, saber no puede ser lujo», dice la canción. Y el colombiano parece estar muy seguro de que ese carácter abierto del socialismo sabio, ajeno a los dogmatismos históricos de la URSS, constituirá un sistema válido para el futuro americano. En 1971 confirma su aversión al socialismo soviético, y también su confianza en el éxito de un socialismo ideal para su continente: «Lo que pasa es que esos true-

[6] Monólogo de Gabriel García Márquez en Juan Luis Cebrián, *Retrato de Gabriel García Márquez,* Galaxia Gutenberg, Barcelona, 1997, pág. 81.

[7] Plinio Apuleyo Mendoza, *El olor de la guayaba,* ob. cit., pág. 125.

[8] Dasso Saldívar, *García Márquez. El viaje a la semilla,* ob. cit., pág. 359.

[9] Silvio Rodríguez, «Escaramujo», *Rodríguez,* EGREM, La Habana, 1994, canción primera.

ques sin escrúpulos son apenas síntomas de un sistema que se parece cada vez menos al socialismo. Pero a pesar de eso yo sigo creyendo que el socialismo es una posibilidad real, que es la buena solución para América latina, y que hay que tener una militancia más activa»[10]. Una de las primeras experiencias comprometidas con el mundo de la izquierda será su visita a Cuba en 1959, precedida por algunos artículos, en los que valora de un modo positivo la actividad del joven abogado Fidel Castro para derrocar el régimen de Batista. Primavera de un amor que no se consumará hasta el otoño.

LA VERDAD DE LA PRIMERA OPERACIÓN CUBANA: LA «OPERACIÓN VERDAD»

A partir de los primeros años de la revolución, el nombre de ese rebelde cubano empezaba a propagarse en el mundo entero. García Márquez también había oído hablar de Fidel Castro. En 1955, en París, el poeta cubano Nicolás Guillén coincidió con Gabo y con Mendoza, y les dijo que «un muchacho medio loco»[11] intentaba derribar el gobierno de Batista, y que era la única esperanza para obtener una vida mejor en su país natal.

Mendoza y García Márquez se interesaban constantemente por los acontecimientos de la isla caribeña, escuchaban todos los días Radio Rebelde, la voz de la oposición cubana, y leían todo lo que podían sobre la «Reina del Caribe». En 1957, en su obra *Cuando era feliz e indocumentado,* García Márquez hace referencia a ese abogado y su grupo de guerrilleros, y en febrero de 1958 escribe un artículo titulado «Pedro Infante se va. Batista se queda», en el cual alude a esa lucha guerrillera de los barbudos como «problemas de orden público de la provincia de Oriente»[12] que empiezan a quitarle el sueño a Ba-

---

[10] Entrevista con Plinio Apuleyo Mendoza, ob. cit., pág. 14.

[11] Plinio Apuleyo Mendoza, *El caso perdido. La llama y el hielo,* Planeta/Seix Barral, Bogotá, 1984, pág. 59.

[12] Gabriel García Márquez, «Pedro Infante se va. Batista se queda», en *Obra periodística 3: De Europa y América (1955-1960),* Mondadori, Madrid, 1992, págs. 395-396.

tista. Poco después, Plinio Apuleyo Mendoza entrevistó a Manuel Urrutia, nombrado presidente provisional del futuro gobierno revolucionario, y García Márquez hizo un reportaje sobre Emma Castro, la hermana del líder cubano. En esta entrevista, Emma ensalza a su hermano como cubana, independientemente de los lazos de sangre, y el colombiano destila ya solidaridad y simpatía por los barbudos y por Cuba en general, dando una imagen humana del líder, no contaminada por la publicidad. Señala sus artes culinarias, sobre todo con los espaguetis, que cocinaba para sus colegas de prisión, y destaca su conversación amena, su capacidad para escuchar, el liderazgo en la universidad y su voluntad para estudiar cuando llegaban los exámenes: «Después de aprenderse a fondo cada página de un libro, la arrancaba y destruía. Quemaba las naves: sabía que no podía olvidar lo aprendido, pues había eliminado la posibilidad de volver atrás»[13]. A continuación, Emma hace una breve historia de la familia, y revela que Fidel era el mejor atleta, pero también un despistado que perdía sus libros; todos, excepto los de Martí. Señala la habilidad de su hermano para las armas de fuego, su afición a la caza, su rebeldía, y cómo los padres sospecharon que su hijo estaba en la revolución estudiantil contra Batista antes de que él lo comunicara. Después de resumir lo que supuso para Fidel el «bogotazo» de 1948, Gabo se solidariza con el proyecto del cubano, antes de explicar qué ha sido de cada uno de los familiares del revolucionario desde que se levantó en armas:

> Uno de los grandes méritos de Fidel es haber logrado aglutinar los 150.000 cubanos que en Estados Unidos trabajan por la subversión. Él los entusiasmó con su anuncio al pueblo de Cuba: «Antes de fin de año desembarcaré en la isla». En menos de un mes recogió 160.000 dólares, se trasladó a Cayo Hueso y luego a México, donde su hermano Raúl lo puso en contacto con los núcleos de exiliados cubanos a la cabeza del movimiento[14].

---

[13] Gabriel García Márquez, «Mi hermano Fidel», *Obra periodística 3: De Europa y América (1955-1960)*, ob. cit., pág. 455.

[14] Ibídem, pág. 458.

Este artículo, muy positivo, es, sin embargo, según Fidel, solo informativo. Con el tiempo, comentaría a su amigo que los primeros escritos de Gabo sobre Cuba y la revolución no eran todavía comprometidos, y que el periodista veía los toros desde la barrera. A los pocos meses, Batista tuvo que huir y empezaron los juicios de los capturados del gobierno batistiano. Para demostrar que se trataba de criminales de guerra y no simplemente de seguidores del dictador, como pretendió la prensa estadounidense, Fidel Castro organizó la «Operación Verdad», e invitó a periodistas del mundo entero a asistir a los juicios públicos que tuvieron lugar en el estadio deportivo de La Habana.

El 19 de enero de 1959, García Márquez y Plinio Apuleyo Mendoza viajaron a Cuba. Fue durante esa estancia cuando se acercaron por primera vez a Fidel Castro. Nos contó Plinio que, aunque Fidel no lo recuerda, en esos días hablaron por primera vez con el Comandante. Acababan de llegar al aeropuerto de Camagüey, los dos con cara de cansancio, cuando apareció Fidel. Vio la cara de Gabo y le preguntó: «¿Ha comido algo?», interesándose por ellos, para que estuvieran a gusto en la isla. Seguidamente asistieron al juicio de Jesús Sosa Blanco, un coronel del ejército de Batista acusado de haber dado muerte a varios campesinos que apoyaban al ejército rebelde, en una población llamada El Oro de Guisa. El reo fue condenado a muerte. Su esposa e hijas solicitaron a varios periodistas que firmasen un documento en el que se pedía la revisión del juicio. Plinio y Gabo lo hicieron, pero la súplica no fue escuchada. De todas formas, ambos estaban convencidos de la rectitud del juicio y de la sentencia, a pesar de que la inmadurez política del nuevo gobierno cubano habría podido invalidar el resultado, o al menos considerarlo discutible. Cuando volvieron a Colombia, unos días más tarde, los dos amigos pertenecían ya a ese grupo de intelectuales solidarios con la revolución cubana. Habían quedado fascinados por el triunfalismo del pueblo, el carisma de su líder, la felicidad que sudaban y pujaban a chorros los negros, blancos, mulatos, los guajiros, los habaneros, los viejos y los niños. Todos, menos Batista, el amo de la pista... hasta que despegó, y se volatilizó el 31 de diciembre de 1958. Para aquellas calendas, y no treinta años más tarde, es cuando Ana Belén debería haber cantado aquello:

> Existe un país en los trópicos
> donde el sol es un sol de verdad,
> y a la sombra de bosques exóticos
> imagínate lo bien que se está.
>
> Los locos que el mundo no traga
> nos juntamos al anochecer
> dando vueltas a un sueño probable,
> a un amor que no ha podido ser.
>
> Y mientras el mundo se queda
> transitando por la misma vía,
> aquí estamos, rueda que te rueda,
> ahuyentando la melancolía.
>
> Cazamos al vuelo las lágrimas,
> las bebemos con vino y con miel,
> y aprendemos la risa del cómico
> y salvamos así la piel [15].

SEGUNDA OPERACIÓN: PRENSA LATINA

Poco después del estallido de la revolución se creó una agencia de prensa especializada en los acontecimientos en Cuba: Prensa Latina. Jorge Ricardo Masetti, un periodista argentino, hizo durante una entrevista en la televisión un comentario sobre los rumores que propagaba la prensa estadounidense: «Sí, esto demuestra que el monopolio de la información lo tienen las agencias norteamericanas, y América latina no tiene ninguna posibilidad de réplica porque no

---

[15] Ana Belén, «Banana Republic», *Con las manos llenas,* CBS-Sony, Madrid, 1981, tercera canción. Tema compuesto por Steve Goodman, Steve Birgh y J. Rothermel.

hay agencia latinoamericana de noticias»[16]. Este comentario propició el comienzo de Prensa Latina (Prela, como la llamaron sus miembros más tarde). Después de haber oído a Masetti en la televisión, el Che, que era muy amigo suyo, lo llamó con una propuesta de trabajo. Se habían conocido en la Sierra Maestra; Masetti era el periodista que lo había entrevistado y, desde la primera conversación, habían comenzado una relación más que cordial. El Che le propuso crear la agencia y le facilitó los medios para instalarla. Cuando le dijo que uno de los objetivos principales era contrarrestar la propaganda imperialista de las grandes agencias internacionales, y sobre todo de las agencias estadounidenses, Masetti, encantado, aceptó enseguida.

Un día, Apuleyo Mendoza se encontró por casualidad con un mexicano que buscaba en Colombia a alguien con experiencia en el sector para abrir una sucursal de Prela en Bogotá. El periodista aceptó, pero a condición de poder contratar a otro colega colombiano como redactor y con el mismo sueldo que él como director. Así fue como García Márquez se mudó a Bogotá con toda su familia para empezar con su amigo ese trabajo apasionante. Era una tarea doble: tenían que informar objetivamente sobre la realidad colombiana y difundir a la vez noticias sobre Cuba. Su trabajo consistía en escribir y enviar noticias a La Habana. Era la primera vez que García Márquez hacía periodismo verdaderamente político. En enero de 1960, los dos amigos crearon otra revista, *Acción Liberal,* que dirigieron juntos. Era una revista trimestral, solidaria con Cuba, que se proponía combatir las «verdades oficiales». Era como una actividad paralela a la de Prensa Latina, de mucho interés, pero que no llegó a editar muchos ejemplares.

Masetti viajaba frecuentemente para conocer en persona a sus colaboradores del extranjero y para darles sus instrucciones. Un día, se presentó en Bogotá y conoció a los dos amigos. Hacía casi un año que estos trabajaban para la agencia Prela de la capital colombiana.

---

[16] Orlando Castellaños, «García Márquez en dos partes», *Prisma del Meridiano* 80(34): 15 (1976).

Masetti les comunicó que uno de los dos tenía que dejar la agencia de Bogotá porque se necesitaban periodistas en otras partes. Así pues, a mediados de 1960, García Márquez se mudó a la oficina de La Habana, para seguir una formación intensiva y de este modo poder abrir otra agencia, después, en otro lugar. Se encontró entonces por segunda vez con Fidel Castro. La anterior, en 1959, había sido fugaz, y sin ocasión para asimilar lo que estaba ocurriendo. Esta nueva estancia en La Habana, aunque fue más larga, no le permitió conocer a fondo la capital cubana. Él mismo lo cuenta: «¿Sabes?, a los quince días de triunfar la Revolución yo estaba en Cuba. Estuve en la "Operación Verdad". Después fui para Bogotá, a la oficina de Prensa Latina. A mediados de los sesenta regresé a La Habana; estuve trabajando seis meses y te voy a decir lo que conocí de Cuba: conocí el quinto piso del edificio del Retiro Médico, donde están las oficinas de Prensa Latina; conocí el ascensor del edificio del Retiro Médico, una vista reducida de la Rampa, la tienda Indochina, que está en la esquina; conocí otro ascensor que me llevaba por otra calle al piso veinte, donde vivía con Aroldo Wall. ¡Ah!, y conocí el restaurante Maracas, donde comíamos a una cuadra y media de allí. Trabajábamos todos los minutos del día y de la noche. Yo le decía a Masetti: "Si algo va a hundir a esta Revolución, es el gasto de la luz"» [17].

Ángel Augier, poeta y periodista cubano, nos contaba en noviembre de 2002 que durante esos meses del padre de Macondo en La Habana de los sesenta tuvo una estupenda relación con él, ya que Augier también pertenecía al grupo cubano de Prela. En concreto, el poeta isleño corregía siempre los escritos de Gabo, esa ortografía que siempre ha sido caballo de batalla para el colombiano, y que incluso ahora le sigue costando. Tanto, que hace unos años el Nobel ha propuesto *jubilarla,* en su discurso a los académicos reunidos en México en 1997 [18]. Augier era implacable, sobre todo en ciertas formas gramaticales. En una visita que Gabo hizo a su amigo nonagenario, en verano de 2001, a su casa habanera, le recordaba: «Tu lápiz era

---

[17] VV.AA., *Gabriel García Márquez,* Taurus, Madrid, 1981, pág. 239.
[18] Discurso recogido íntegramente en *La Jornada,* 8-IV-1997.

devastador. Siempre me quitabas en particular los gerundios, que nosotros los latinoamericanos utilizamos tanto»[19].

Allí conoció al argentino Rodolfo Walsh, un autor al que había admirado siempre: era el responsable de los Servicios Especiales de la agencia. Muy pronto, Masetti, García Márquez y Walsh se hicieron muy buenos amigos. Vivieron juntos uno de los momentos más felices de sus vidas. Por una extraordinaria casualidad, Masetti había encontrado un mensaje en clave de la CIA. Se lo pasó a Walsh y este logró descifrarlo. Se trataba de los preparativos de la invasión en la Bahía de Cochinos (Playa Girón, como la nombran los cubanos). Habían preparado un plan para sorprender a los estadounidenses, pero el gobierno les dijo que ya disponían del suyo. A pesar de eso, fue un acontecimiento inolvidable en la vida de esos tres periodistas, que quedó inmortalizado en el artículo de Gabo «Recuerdos de periodista», del 16 de diciembre de 1981[20].

Después de seis meses de formación, Masetti envió a García Márquez a Canadá para abrir allí una nueva oficina. Primero viajó a Nueva York a comienzos de 1961, donde debía tramitar los visados para instalarse con su familia en Canadá, pero no los obtuvo. Para el periodista colombiano, esos meses en Nueva York fueron bastante angustiosos: «Me quedé en Nueva York, esperando una visa para el Canadá. Pero no llegué a Canadá. Y entonces... ¿Cuándo fue *Girón,* 60 o 61? Abril del 61. En abril del 61 estaba yo en el peor lugar donde se pudiera estar; porque si hubiera estado aquí o en *Girón,* peleando o no peleando, hubiera estado mucho más seguro que en la oficina de Prensa Latina en Nueva York, donde estábamos prácticamente sitiados por los gusanos, por los gusanos que estaban convencidos de que ya habían acabado con esto. No podíamos estar armados porque nos caía la policía, por tener armas. Y si estábamos desarmados nos caían los gusanos y nos dejaban listos. Teníamos ca-

---

[19] Ángel Augier, «Gabo en la octava planta de la amistad», *Granma Internacional,* 28-VIII-2001, pág. 1, en <http://www.granma.co.cu/frances/agosto4/35gabo-f.html>.

[20] En Gabriel García Márquez, *Notas de Prensa: 1980-1984,* Mondadori, Madrid, 1991, págs. 195-198.

billas y pedazos de tubo. En fin, el peor sitio para estar en ese momento»[21].

En Estados Unidos, el anticastrismo y el número de exiliados cubanos no dejaba de aumentar. Cada jornada amenazaban a los periodistas de Prela. Un día, alguien le susurró a García Márquez, como en las películas de los años treinta en el Chicago de Al Capone, que si buscaba seguridad para los suyos, mejor era que se fuese. Sin embargo, a pesar de todas esas amenazas, siguió trabajando. Lo que provocó, tristemente, su dimisión vino del otro lado, en concreto de los comunistas en Cuba, donde, mientras tanto, la influencia de la Unión Soviética cobraba cada día más importancia. Un grupo de sectarios comunistas y su líder, Aníbal Escalante, estaban logrando imponerse en ciertos ámbitos de la política cubana, volviéndose poco a poco omnipresentes. Sabían muy bien que Masetti, Walsh, García Márquez y Mendoza, por muy de izquierdas que fueran, nunca serían miembros de su grupo sectario. Creció así una aversión, una hostilidad muy fuerte, entre los periodistas de Prela y esos comunistas, quienes fueron poco a poco apoderándose de la agencia. Masetti esperaba encontrar algún apoyo por parte del Che o de Fidel Castro para remediar esta situación, pero no fue así. Eso lo llevó a la dimisión. Los demás siguieron los pasos del director. Fue un golpe duro para el Che, porque Prela era, en cierto sentido, su propia creación, y además porque pudo comprobar que, dentro de la izquierda revolucionaria cubana, también había facciones, y la unidad del proyecto de la Sierra Maestra se podía resquebrajar.

Después de esos meses en Nueva York, García Márquez se trasladó a México con toda su familia sin haber puesto un pie en Canadá. Algunos años después de su desaparición de Prela, Masetti y Walsh fueron asesinados por el gobierno militar de su propio país, la Argentina. Durante el periodo en que estuvo trabajando para Prela, García Márquez encontró varias veces a Fidel Castro, pero su verdadera amistad no data de esta época.

---

[21] Orlando Castellaños, art. cit., pág. 15.

Actualmente no queda nada de Prela. Los comunistas, siguiendo la consigna de que saber es quizá un derecho, pero no un izquierdo, quemaron todo lo relacionado con el periodo Masetti, y de esta manera desapareció, por desgracia, una parte muy importante de la obra periodística de García Márquez y de la historia de los comienzos de la revolución.

LAS OREJAS DEL LOBO

Gabo no solo perdió un trabajo, sumiéndose de nuevo en una época de inestabilidad económica. Perdió también, y eso es más importante, todo su contacto con la revolución. Las puertas de Cuba, o más bien sus puertos, quedaron cerrados y sellados, y el colombiano no volvió a poner los pies en tierra cubana hasta 1975. El caso Prela no solo no jugó a su favor, sino que constituyó un motivo para ser conocido pero no querido. En esos años residirá fundamentalmente en México y publicará *La mala hora* (1962). Empezará a trabajar en guiones de cine y publicidad y, lo más importante, se encerrará dieciocho meses a escribir *Cien años de soledad,* que verá la luz en 1967. Mientras escribe el texto, comentará con su amigo Plinio A. Mendoza: «O doy un trancazo con este libro o me rompo la cabeza» [22].

Mientras, en la Cuba castrista que empieza a situarse dentro de los esquemas del socialismo, aparecen los primeros desencuentros entre los intelectuales y el poder. El lobo va asomando las orejas. Aquel que prometió una vida nueva, alejada de la dictadura anterior, que respetara los derechos fundamentales de las personas, que impulsara la democracia y la libertad, se comporta muy pronto como un déspota. En junio de 1961, varios escritores y artistas fueron convocados por el Tribunal de La Habana para opinar sobre el suplemento *Lunes.* En esta revista, el director de fotografía cinematográfica Néstor Almendros había defendido la película *P. M.,* dirigida por

---

[22] Raúl Cremades y Ángel Esteban, *Cuando llegan las musas. Cómo trabajan los grandes maestros de la literatura,* Espasa Calpe, Madrid, 2002, pág. 262.

Sabá Cabrera, hermano de Guillermo Cabrera Infante, que había sido prohibida en Cuba porque mostraba la realidad de la vida nocturna cubana, en lugar de exaltar los valores revolucionarios [23], cuando el verdadero problema del momento era el de Bahía de Cochinos.

Muchos de los intelectuales convocados defendieron la revista y la libertad de expresión. Fidel Castro acabó con esa polémica pronunciando un largo discurso a los intelectuales. Hizo la distinción entre la forma y el contenido. En cuanto a la forma, ofrecía la libertad total; no habría ninguna restricción. No era así en cuanto al contenido: «Dentro de la revolución, todo; contra la revolución, nada». Esa era la frase clave de la alocución, que ninguno de los intelectuales convocados olvidará. Pero ¿quién decide lo que está dentro y lo que está en contra? A partir de este momento, los intelectuales cubanos empezaron a autocensurarse para evitar el exilio, la cárcel u otro tipo de problemas. O bien, se exiliaron, fueron a la cárcel, o tuvieron otro tipo de problemas. En 1987, también durante otro discurso, Fidel Castro anunció que a partir de entonces la revolución ofrecería también la libertad de contenido. Aunque haya ahora más flexibilidad, no se puede hablar todavía, desafortunadamente, de libertad de expresión completa.

En 1968 comienza el proceso que va a constituir el primer aviso serio a la dictadura: el *caso Padilla*. De él hablaremos en el siguiente capítulo. También en ese año se produce la invasión soviética en Checoslovaquia, aprobada, apoyada y azuzada por Fidel Castro. Para ese momento el lobo ya es todo orejas. Primavera de Praga en Checoslovaquia. Aunque la mayoría de los cubanos pensaba que Fidel Castro iba a rechazar la invasión soviética por los tanques del Pacto de Varsovia, le dio su bendición, con gran sorpresa para muchos, entre ellos, García Márquez: «A mí —dice— se me cayó el mundo encima, pero ahora pienso que todos vamos así: comprobar, sin matices, que estamos entre dos imperialismos igualmente crueles y voraces, es en cierto modo una liberación de la conciencia» [24]. En

---

[23] En Lourdes Casal, *El caso Padilla. Literatura y revolución en Cuba. Documentos*, Nueva Atlántida, Nueva York, 1971.

[24] En Plinio Apuleyo Mendoza, *El caso perdido. La llama y el hielo*, ob. cit., pág. 112.

la entrevista con Plinio Apuleyo Mendoza explica cuál fue su análisis y el contraste con las opiniones de Fidel, al que, por otro lado, trata de comprender sin compartir: «[Mi postura] fue pública y de protesta, y volvería a ser la misma si las mismas cosas volvieran a ocurrir. La única diferencia entre la posición mía y la de Fidel Castro (que no tienen que coincidir por siempre y en todo) es que él terminó por justificar la intervención soviética, y yo nunca lo haré. Pero el análisis que él hizo en su discurso sobre la situación interna de las democracias populares era mucho más crítico y dramático que el que yo hice en los artículos de viaje de que hablábamos hace un momento. En todo caso, el destino de América latina no se jugó ni se jugará en Hungría, en Polonia ni en Checoslovaquia, sino que se jugará en América latina. Lo demás es una obsesión europea, de la cual no están a salvo algunas de tus preguntas políticas»[25].

Sin duda, este y otros motivos provocarán una cierta desconfianza del líder máximo con el colombiano en estos años. Los lobos se miran las orejas, palpan su terreno, corrigen posiciones, mueven fichas. Por lo pronto, Gabo pasa de ser un periodista de medio pelo a constituir el símbolo del realismo mágico, y el paradigma de la fascinante literatura que se escribe en América en español. Pero Cuba, para él, tiene que esperar un poco más. El que algo quiere, algo le cuesta. Fidel no regala nada. Saber puede ser un derecho, pero disfrutar de lo sabido, solo un izquierdo. Un zurdo de confianza.

---

[25] En Plinio Apuleyo Mendoza, *El caso perdido. La llama y el hielo,* ob. cit., pág. 127.

3
ACOSO Y OCASO: EL «CASO PADILLA»

En 1968 la vida ya no es la misma para Gabo. Un año antes ha visto cómo su novela *Cien años de soledad* ha dado la vuelta al mundo en numerosos idiomas. Lejos quedan aquellos días barranquilleros de la adolescencia, cuando cada día debía dormir en una habitación diferente de aquel hotel de putas, en alguna pieza que no estuviera alquilada, a cambio de un manuscrito de cualquier cuento como fianza cuando no tenía dinero. Lejos quedan también aquellas monedas que tuvo que pedir en el metro de París, a mitad de los cincuenta, o los bancos y las parrillas del metro donde pasó noches de invierno, eludiendo a la policía, que constantemente lo confundía con un argelino. Y no tan lejos recuerda el colombiano los dos últimos años de penuria, hasta la publicación de su obra. De principios de los sesenta a 1965 no había escrito una sola línea de creación, y ese año, en un viaje de México a Acapulco con su mujer, para el coche y le dice: «¡Mercedes, encontré el tono! ¡Voy a narrar la historia con la misma cara de palo con que mi abuela me contaba sus historias fantásticas, partiendo de aquella tarde en que el niño es llevado por su padre a conocer el hielo!»[1].

Apenas hubo vacaciones ese año. De vuelta a México reúne cinco mil dólares (ahorros de familia, venta del coche, ayudas de los amigos, especialmente de Álvaro Mutis) y se encierra catorce meses

---

[1] Raúl Cremades y Ángel Esteban, ob. cit., pág. 262.

a escribir esa historia sobre los Buendía y Macondo. Mercedes tiene que hacer encajes de bolillo para que el carnicero le fíe la carne, el panadero el pan, y para que el dueño del apartamento espere nueve meses para recibir el alquiler. Al final de ese periodo, la deuda doméstica ascendía a diez mil dólares. Pero todo terminó con la publicación de la novela. A partir de ese momento no solo tendrá una situación económica desahogada, sino que podrá también tratar de moverse con más agilidad por los vericuetos de la política latinoamericana. Entre otras cosas, decide comprometerse más con la revolución cubana. El motivo era claro: Gabo estaba convencido de que el líder cubano era diferente a los caudillos, héroes, dictadores o canallas que habían pululado por la historia de Latinoamérica desde el siglo XIX, e intuía que solo a través de él esa revolución, todavía joven, podría cosechar frutos en el resto de los países americanos. Su compromiso político partía de la seguridad en que el mundo, con el tiempo, acabaría siendo socialista, a pesar del avance del sector capitalista, en Europa occidental y en Estados Unidos.

El año 1968 marca asimismo un hito en la historia de Cuba. Fue el año de la intervención del Pacto de Varsovia en Checoslovaquia y del principio del *caso Padilla*. Y son momentos convulsos en el panorama general de Occidente porque comienzan los movimientos estudiantiles que llevan a una crisis general de la universidad, tiene lugar el apogeo de la canción protesta, los sucesos de Vietnam se recrudecen (durarán hasta 1975), y el Che ya no vive para contarlo. Con este cuadro, un suceso en principio *normal* y *corriente* dentro de la línea de la *política cultural* cubana va a enturbiar la solidez del monolito castrista, y va a obligar a García Márquez a situarse políticamente con respecto a la revolución.

EL «ACOSO» A PADILLA: EL DISCURSO DE LA «INTELLIGENTSIA» LATINOAMERICANA

Todos los acontecimientos de esos años son decisivos para entender el vuelco de opinión de la mayoría de los intelectuales latinoamericanos y europeos sobre la revolución cubana y su líder. En 1968, el libro de poemas críticos de Heberto Padilla, *Fuera del juego,* obtuvo el premio de poesía Julián del Casal. El jurado estaba compuesto por tres cubanos: José Lezama Lima, José Z. Tallet, Manuel Díaz Martínez, y dos extranjeros: el inglés J. M. Cohen y el peruano César Calvo. Poco antes, el autor de *Fuera del juego* había criticado duramente el libro *Pasión de Urbino* del cubano Lisandro Otero en la revista *El Caimán Barbudo.* En 1964, Otero había aspirado con ese libro al premio Biblioteca Breve de la editorial Seix Barral, pero lo había ganado Guillermo Cabrera Infante con *Tres Tristes Tigres.* Padilla afirmaba en su artículo que era una pena que, por razones políticas, no se podía hablar en la isla de un libro de un nivel literario tan alto como el de Cabrera Infante, cuando una obra tan mediocre como la de Otero, en aquel momento vicepresidente del Consejo Nacional de Cultura, recibía tanta atención. Concluía de la manera siguiente: «En Cuba se da el caso de que un simple escritor no puede criticar a un novelista vicepresidente sin sufrir los ataques del cuentista-director y los poetas-redactores parapetados detrás de esa genérica *la redacción*»[2].

Ese artículo le hizo perder su trabajo, pues había elogiado públicamente la obra de Cabrera Infante, uno de los autores cubanos a quien se consideraba ya por esa época como «traidor a la revolución». Juan Goytisolo comenta cuál fue su sorpresa al enterarse de esas acusaciones: «El 8 de noviembre de 1968, hacia las dos y pico de la tarde, había bajado como de costumbre al bulevar de Bonne Nouvelle a estirar un poco las piernas y comprarme *Le Monde,* cuando una crónica del corresponsal del periódico en Cuba llamó bruscamente mi atención: "El órgano de las Fuerzas Armadas denuncia las maniobras contrarrevolucionarias del poeta Padilla". El artículo, firmado con las iniciales de Saverio Tutino —enviado especial asimismo del *Paese Sera*—, reproducía algunos pasajes de la filípica de *Verde Olivo* contra el poeta, a quien acusaba no solo de un catálogo

---

[2] Juan Goytisolo, «El gato negro que atravesó nuestras oficinas de la Rue de Bièvre», *Quimera* 29: 15 (1983).

de provocaciones literario-políticas, sino también —lo cual era mucho más grave— de haber "dilapidado alegremente" los fondos públicos durante la etapa en que había dirigido Cubartimpex. Según el autor del editorial, Padilla encabezaba a un grupo de escritores cubanos que se dejaban arrastrar por el sensacionalismo y las modas foráneas "creando obras cuya molicie se mezcla a la pornografía y la contrarrevolución"»[3].

Un poco antes de la proclamación pública del ganador del premio de la UNEAC (Unión de Escritores y Artistas de Cuba), Raúl Castro había hecho circular el rumor de que si se le daba el premio a Padilla, escritor «contrarrevolucionario», iba a haber «graves problemas»[4]. También la obra de un autor tan fiel hasta la fecha al régimen como Antón Arrufat, *Los siete contra Tebas,* ganador del premio de Teatro de la UNEAC, fue tachada de contrarrevolucionaria. El jurado, sin embargo, no consideraba el libro de Padilla como contrarrevolucionario, sino como crítico y de sobresaliente calidad literaria. Hay que destacar (y esto a menudo se olvida) que Padilla tenía a la vez palabras elogiosas e incluso emotivas, en ese mismo libro, para muchos de los elementos y autores que configuran el universo artístico de la revolución. Así lo ha visto Manuel Vázquez Montalbán en su libro *Y Dios entró en La Habana,* cuando concreta: «Padilla no solo es crítico, también elogia muchas realizaciones revolucionarias. Para Fidel, Padilla se resumía en dos palabras: mentiroso y desleal»[5].

Finalmente, la UNEAC aceptó la decisión del jurado y publicó *Fuera del juego* y *Los siete contra Tebas,* pero no dio ni a Padilla ni a Arrufat la visa para el viaje a Moscú ni los mil pesos incluidos en el premio. Además, obligó a agregar al poemario ganador un prólogo ajeno al autor y a sus ideas, en el que acusan a los escritores de colabo-

[3] Juan Goytisolo, art. cit., pág. 15.
[4] Manuel Díaz Martínez, «El caso Padilla: Crimen y castigo (Recuerdos de un condenado)», *Encuentro de la Cultura Cubana* 4-5: 90 (1997).
[5] Manuel Vázquez Montalbán, *Y Dios entró en La Habana,* El País/Aguilar, Madrid, 1998, pág. 338.

racionismo con el enemigo del Norte, basándose en criterios *estricta-mente artísticos:* «Nuestra convicción literaria nos permite señalar que esa poesía y ese teatro sirven a nuestros enemigos, y sus autores son los artistas que ellos necesitan para alimentar su caballo de Troya a la hora en que el imperialismo se dedica a poner en práctica su política de agresión bélica frontal contra Cuba»[6], criterios que luego, paradójicamente, se mezclan con otros no tan literarios, y que en ningún caso se definen, solo se declaran: «La Dirección encontró que los premios habían recaído en obras construidas sobre elementos ideológicos francamente opuestos al pensamiento de la Revolución»[7]. Por lo tanto, termina el glorioso prólogo, «la dirección de la UNEAC rechaza el contenido ideológico del libro de poemas y de la obra teatral premiados»[8].

Se reprochaba a Padilla «su desgana revolucionaria, su criticismo, su ahistoricismo, la defensa del individualismo frente a las necesidades sociales»[9], así como su «falta de conciencia con respecto a las obligaciones morales en la construcción revolucionaria»[10]. Por supuesto, aunque las obras ganadoras se publicaron, la edición no circuló, no llegó a las tiendas, y solo se difundió clandestinamente, entre los pocos que pudieron conseguir, no se sabe cómo, un ejemplar.

Después de estos acontecimientos, algunos escritores decidieron reaccionar: «Por consejo de Franqui —explica Goytisolo—, me puse en contacto con Cortázar, Fuentes, Vargas Llosa, Semprún y García Márquez, y, desde el despacho de Ugné Karvelis en Gallimard, intenté comunicarme telefónicamente con Heberto. Ante la inutilidad de mis llamadas —su número nunca contestaba—, resolvimos enviar un telegrama firmado por todos nosotros a Haydée Santamaría en el que, tras declararnos "consternados por las acusaciones calumniosas" contra el poeta, manifestábamos nuestro apoyo

[6] Lourdes Casal, ob. cit., pág. 62.
[7] Ibídem, pág. 58.
[8] Ibídem, pág. 63.
[9] Manuel Vázquez Montalbán, ob. cit., pág. 344.
[10] Ottmar Ette, *José Martí. Apóstol, poeta revolucionario: una historia de su recepción,* UNAM, México, 1995, pág. 233.

"a toda acción emprendida por la Casa de las Américas en defensa de la libertad intelectual". La respuesta telegráfica de Haydée —recibida dos días más tarde— nos llenó de estupor»[11]. Más adelante reproduce una parte del telegrama de la directora de la Casa de las Américas: «Inexplicable desde tan lejos puedan saber si es calumniosa o no una acusación contra Padilla. La línea cultural de la Casa de las Américas es la línea de nuestra revolución, la Revolución cubana, y la directora de las Américas estará siempre como quiso el Che: con los fusiles preparados y tirando cañonazos a la redonda»[12].

EL ARRESTO DE PADILLA Y LA PRIMERA CARTA ABIERTA

En 1971, Padilla y su esposa, la poetisa Belkis Cuza Malé, fueron arrestados por ser él «lo que entonces estaba de moda llamar escritor contestatario»[13]. Ella estuvo presa solo un par de días, pero Heberto quedó encarcelado durante varias semanas. El arresto del poeta provocó muchas reacciones y protestas, sobre todo entre los intelectuales que hasta entonces habían apoyado a la revolución castrista. Enseguida corrió la voz sobre la inminente estalinización de Cuba. Algunos escritores rompieron en ese momento para siempre sus lazos y su apoyo a la revolución, entre ellos Mario Vargas Llosa, Juan Goytisolo, Carlos Fuentes, Plinio Apuleyo Mendoza, Octavio Paz, Jean-Paul Sartre, etc., sin olvidar al revolucionario Carlos Franqui. Este había sido uno de los protagonistas principales del proceso que llevó a Castro al poder en 1959, y había abandonado la cúpula revolucionaria a principios de los sesenta, dado el carácter marxista que estaba adquiriendo la revolución, por la influencia de Raúl Castro y el sector radical del proyecto de la Sierra Maestra, una vez muerto Camilo Cienfuegos, en circunstancias nada claras.

---

[11] Juan Goytisolo, art. cit., pág. 17.
[12] Ibídem.
[13] Manuel Díaz Martínez, art. cit., pág. 95.

Sigue Goytisolo: «El autor de *Rayuela* me citó en su domicilio de la Place du Général Beuret y entre los dos redactamos la que luego sería conocida por "primera carta a Fidel Castro", carta que obtuvo la aprobación de Franqui, con quien nos habíamos mantenido al habla en el curso de su redacción. Conforme decidimos entonces, la misiva debía ser privada, a fin de que el destinatario atendiese a nuestras razones sin el inevitable efecto opuesto de una divulgación ruidosa. Únicamente en el caso de que, transcurrido un cierto tiempo, no obtuviéramos respuesta alguna nos reservaríamos el derecho de remitir una copia de aquella a los periódicos» [14]. En esas líneas, los firmantes solicitaban más informaciones sobre la detención de Padilla, en estos términos: «Los firmantes, solidarios con los principios y metas de la revolución cubana, se dirigen a usted para expresarle sus preocupaciones con motivo de la detención del conocido poeta y escritor Heberto Padilla, y pedirle quiera tener a bien examinar la situación que plantea dicha detención» [15]. Así, poco a poco, se iban recogiendo más firmas para la primera de las cartas. Obtuvieron un número de cincuenta y cuatro firmantes. El único que faltaba era García Márquez. Cuando ocurrió todo eso, estaba en Barranquilla con su familia. El estallido del *caso* le había pillado, tiempo antes, por sorpresa en Barcelona, donde también residía Plinio Apuleyo Mendoza. Para evadir el acoso de los periodistas, decidió irse, con Mercedes, durante un tiempo prudencial e indeterminado, a un lugar del Caribe sin remite postal ni teléfono, «a buscar el olor de la guayaba podrida» [16]. El horno no estaba para bollos. Así pasó una temporada larga. Plinio Apuleyo Mendoza intentó varias veces llamarlo, pero resultó imposible ponerse en contacto con él. Dejó varios mensajes, le envió un telegrama, pero no recibió respuesta. Pensó que no había recibido sus recados, y como habían tenido siempre las mismas opiniones sobre Cuba, se atrevió a poner la firma de su

---

[14] Juan Goytisolo, art. cit., pág. 18.

[15] VV.AA., «El caso Padilla. Documentos», *Libre* 95 (IX/XI-1971).

[16] Palabras textuales recogidas de una entrevista realizada en octubre de 2001. El entrevistado desea que su nombre no aparezca en el libro.

amigo bajo su responsabilidad. Lo explica él mismo en su libro *La llama y el hielo*:

> Llevábamos tanto tiempo hablando sobre el tema, con plena identidad de puntos de vista, que yo no podía abrigar duda alguna sobre su eventual reacción respecto a la detención de Padilla. Así lo creía honestamente. De modo que cuando resultó imposible localizarlo por teléfono, y el telegrama estaba a punto de ser enviado, yo le dije a Juan Goytisolo, tranquilamente, sin el menor recato:
> —Pon la firma de Gabo. Bajo mi responsabilidad.
> Pensaba que omitirla, por un problema para mí circunstancial, iba a prestarse a interpretaciones equívocas, cuando todos sus amigos, los escritores del *boom,* habían firmado ya [17].

Sin embargo, al parecer, García Márquez había recibido los mensajes y había contestado, pero hubo un retraso del correo. Supuestamente, había declarado que no iba a firmar nada «mientras no tuviera una información muy completa sobre el asunto» [18]. Algunos de nuestros entrevistados, que prefieren quedar en el anonimato, aseguran que Marbel Moreno, esposa de Plinio Mendoza, les comentó en cierta ocasión que el colombiano había firmado esa carta, pero luego se arrepintió, y Plinio cargó voluntariamente con las consecuencias del cambio de actitud de su amigo.

Como comenta Goytisolo sobre esta situación, «con su consumada pericia en escurrir el bulto, Gabo marcaría discretamente sus distancias de la posición crítica de sus amigos sin enfrentarse no obstante a ellos: el nuevo García Márquez, estratega genial de su enorme talento, mimado por la fama, asiduo de los grandes de este mundo y promotor a escala planetaria de causas real o supuestamente "avanzadas", estaba a punto de nacer» [19]. La verdad nunca se sabrá, porque Gabo insiste en que no firmó, Mendoza le cubre las espaldas, y otras personas cercanas afirman que sí, pero que quiso

---

[17] Plinio Apuleyo Mendoza, *El caso perdido. La llama y el hielo,* ob. cit., pág. 136.
[18] Ibídem.
[19] Juan Goytisolo, art. cit., pág. 18.

ocultar su anterior decisión en vista de la reacción de Fidel. Vázquez Montalbán nos comentaba que es un tema que permanecerá para siempre en el más absoluto misterio, por mucho que se intente dilucidar.

A principios de abril, una carta autoinculpadora escrita por el poeta empieza a circular, pero son muchas las dudas sobre la verdadera intención del autor. La mayoría de los intelectuales están convencidos de que no fue escrita por Padilla. Uno de ellos, Manuel Díaz Martínez, asegura que «nuestro poeta es tan autor de esta carta como de la *Divina comedia*» [20]. Probablemente la redactó el mismo Padilla, pero bajo amenaza, ya que ese método de intimidación fue corriente en el sistema de represión política de la revolución cubana. En efecto, y apoyándonos en testimonios de sus amigos más cercanos, Padilla confesaba en ese texto demasiados errores políticos, lo que hacía inviable su autoría. En 1992, en una conversación con Carlos Verdecia, lo confirmará él mismo: «La autocrítica esta fue escrita en parte por la policía, y en parte por otras personas. Hay párrafos en que yo quisiera poder identificar a la persona que los escribió. Hay algunos en que, por su grado de detalle, está evidentemente la mano de Fidel Castro. Yo quisiera tener el texto aquí a mano para que tú vieras» [21].

EL «HARAQUIRI» DE PADILLA: LA AUTOCRÍTICA

Pocos días después del crucial y falso autoinculpamiento, el poeta fue liberado, pero con una sola condición, que a la postre produciría el escándalo: la UNEAC organizó una reunión durante la cual Padilla tenía que leer su autocrítica delante de los miembros de esa organización y de muchos de sus amigos. El acto tuvo lugar el 29 de abril de 1971 como complemento a la carta. En esa oportunidad,

---

[20] Manuel Díaz Martínez, art. cit., pág. 95.
[21] Carlos Verdecia y Heberto Padilla, *La mala memoria. Conversación con Heberto Padilla,* Kosmos, Costa Rica, 1992, pág. 78.

además de reconocer su propia culpabilidad, acusó a otros escritores, amigos suyos, de «comportamiento contrarrevolucionario» en
sus obras. En esa abigarrada y sustanciosa nómina se encontraban su
propia esposa Belkis, Norberto Fuentes, Pablo Armando Fernández, César López, Manuel Díaz Martínez, José Yánez, Virgilio Piñe-
ra y Lezama Lima. La mayoría de los citados tomaron la palabra
durante la autocrítica para explicarse ante los micrófonos. Las escalofriantes palabras de Díaz Martínez acerca de esos minutos no
exigen mayores comentarios: «La autocrítica de Padilla ha sido publicada, pero una cosa es leerla y otra bien distinta es haberla oído
allí aquella noche. Ese momento lo he registrado como uno de los
peores de mi vida. No olvido los gestos de estupor —mientras Padilla hablaba— de quienes estaban sentados cerca de mí, y mucho menos la sombra de terror que apareció en los rostros de aquellos intelectuales cubanos, jóvenes y viejos, cuando Padilla empezó a citar
nombres de amigos suyos —varios estábamos de *corpore insepulto*—
que él presentaba como virtuales enemigos de la revolución. Yo me
había sentado justamente detrás de Roberto Branly. Cuando Heberto me nombró, Branly, mi buen amigo Branly, se viró convulsiva-
mente hacia mí y me echó una mirada despavorida, como si ya me
llevaran a la horca»[22].

Intelectuales españoles como Félix Grande han terciado, emi-
tiendo juicios que reparan en el sinsentido de la represión concreta a
Padilla, pero también en el absurdo efecto multiplicador que desen-
cadenó el caso en otros escritores cubanos de la época, como ocurrió
con el conocido escritor Norberto Fuentes, que años más tarde, y ya
fuera de Cuba, ha escrito obras en las que recuerda con amargura
aquellos momentos irrepetibles: «¿Imaginaban —se pregunta Grande— que el 29 de abril de 1971, durante la infamante autocrítica que
las autoridades políticas cubanas arrancaron al poeta Heberto Padilla, uno de los señalados con el dedo de Padilla (dedo imaginario tras
el que se ocultaba el dedo real de la represión del castrismo contra
los intelectuales cubanos, latinoamericanos y en general en todo el

---

[22] Manuel Díaz Martínez, art. cit., pág. 96.

planeta) sería precisamente el narrador Norberto Fuentes?»[23]. Como explica Nadia Lie en su artículo «Las malas memorias de Heberto Padilla»[24], Norberto Fuentes fue uno de los pocos intelectuales presentes en la autocrítica de Padilla que se defendió en ese momento, rechazando el calificativo de «contrarrevolucionario», palabra mágica que justificaba entonces, y aun ahora, cualquier tipo de represión política. Fuentes era, entonces, un joven escritor con proyección dentro del ámbito cultural de la revolución. Más tarde escribió *Hemingway en Cuba*[25], que tuvo una gran resonancia en la isla, y que fue valorada muy positivamente por Fidel Castro, con el que comenzó una relación más estrecha. Después participó en varias acciones, como corresponsal de guerra, junto a los internacionalistas cubanos. Como delegado de Fidel, recibió en 1989 la estatuilla de la Orden de San Luis y la «medalla de la Cultura Nacional».

En su autocrítica, Padilla se acusó a sí mismo de introducir la contrarrevolución en la literatura y agradeció a sus amigos, «responsables del Estado y del buen funcionamiento de la revolución», la magnanimidad demostrada, por el hecho de haberle dado la posibilidad de rectificar. Confesaba el *nuevo* Padilla: «Yo he cometido muchísimos errores, errores realmente imperdonables, realmente censurables, realmente incalificables, y yo me siento verdaderamente ligero, verdaderamente feliz después de toda esta experiencia que he tenido, de poder reiniciar mi vida con el espíritu con que quiero reiniciarla. Yo pedí esta reunión [...]. Yo he difamado, he injuriado constantemente a la revolución, con cubanos y con extranjeros. Yo he llegado sumamente lejos en mis errores y en mis actividades contrarrevolucionarias. [...] Es decir, contrarrevolucionario es el hom-

---

[23] Félix Grande, «Imaginaciones», *Cuadernos Hispanoamericanos* 504: 139-142 (1992).

[24] Nadia Lie, «Las malas memorias de Heberto Padilla», en P. Collard [con la colaboración de I. Jongbloet, M. E. Ocampo y Vilas (eds.)], *La memoria histórica en las letras hispánicas contemporáneas. Simposio internacional. Amberes, 14-19 de noviembre de 1994*, Col. Románica Gandensia, Librairie Droz, S. A., Ginebra, 1996, págs. 187-206.

[25] En la redacción de este texto intervinieron también Raúl Rivero —el poeta recientemente encarcelado con otros setenta y ocho intelectuales cubanos—, Eliseo Alberto y Marilyn Bobes.

58

bre que actúa contra la revolución, que la daña. Y yo actuaba y dañaba a la revolución»[26].

El «haraquiri» llega a su culminación cuando, en un alarde de histrionismo, se obliga al acusado a confesar su falta de lealtad al dueño de la isla y manifestar su dolor públicamente, para mover a todos los contrarrevolucionarios a guardar la unidad (¿uniformidad?) con el proyecto *salvador* del pueblo cubano y rectificar los rumbos torcidos. Como oveja descarriada que vuelve al redil, mirando hacia el suelo, con cara de «ya no lo haré más», interpreta: «Y no digamos las veces que he sido injusto e ingrato con Fidel, de lo cual nunca realmente me cansaré de arrepentirme»[27]. Además, la autocrítica alcanza no solo a los versos que ganaron aquel premio de infausta memoria, y al daño causado al líder máximo de la revolución, sino que se extiende hasta la interpretación de algunos de sus artículos y ensayos literarios, y al modo políticamente correcto de tratar a las figuras sólidas de la revolución frente a los que han desertado de ella. Por eso, debe retractarse de la crítica que profirió contra Lisandro Otero, y rechazar radicalmente la defensa —literaria, por supuesto— que hizo en su día de Cabrera Infante, por aquellas fechas ya exiliado en Londres: «Lo primero que yo hice al regresar a Cuba meses después fue aprovechar la coyuntura que me ofreció el suplemento literario *El Caimán Barbudo* con motivo de la publicación de la novela de Lisandro Otero *Pasión de Urbino,* para arremeter así despiadada e injustamente contra un amigo de años, contra un amigo verdadero como Lisandro Otero. [...] Lo primero que yo hice fue atacar a Lisandro. Le dije horrores a Lisandro Otero. ¿Y a quién defendí yo? Yo defendí a Guillermo Cabrera Infante. ¿Y quién era Guillermo Cabrera Infante, que todos conocemos? Guillermo Cabrera Infante había sido siempre un resentido, no ya de la revolución, un resentido social por excelencia, un hombre de extracción humildísima, un hombre pobre, un hombre que no sé por qué razones se amargó desde su adolescencia y un hombre que

[26] VV.AA., «El caso Padilla. Documentos», art. cit., págs. 97-98.
[27] Ibídem, pág. 102.

fue desde el principio un enemigo irreconciliable de la revolución»[28].

LA SEGUNDA CARTA ABIERTA

Muchos intelectuales se indignaron por esa autocrítica y se alejaron cada vez más de Castro y de su revolución. El número de cartas abiertas dirigidas al líder aumentaba, pero el ánimo del patriarca, que todavía no había resbalado hacia su otoño, continuaba impertérrito. En el Primer Congreso de Educación y Cultura que tuvo lugar en La Habana solo tres días después de la autocrítica de Padilla, «Fidel Castro produjo en su clausura uno de los más virulentos discursos que contra los intelectuales se hayan pronunciado jamás»[29]. Esto causó la división inmediata del grupo, hasta entonces tan unido, de los intelectuales que habían apoyado la revolución castrista. Cada oveja con su pareja, cada mochuelo a su olivo, y a quien Dios se la dé, san Pedro se la bendiga.

Hubo después una segunda carta conjunta de los intelectuales, redactada el 4 de mayo en el piso de Vargas Llosa, más severa que la primera, en la que los más de sesenta firmantes expresaban su «vergüenza y su cólera» frente a la autocrítica de Padilla, así como su inquietud por la radicalización, principio de aislamiento y negativa al diálogo de parte del gobierno cubano. Vargas Llosa afirmó luego haberla escrito él mismo: «Creemos un deber comunicarle nuestra vergüenza y nuestra cólera. El lastimoso texto de confesión que ha firmado Heberto Padilla solo puede haberse obtenido mediante métodos que son la negación de la legalidad y la justicia revolucionarias. El contenido y la forma de dicha confesión, con sus acusaciones absurdas y afirmaciones delirantes, así como el acto celebrado en la UNEAC, en el cual el propio Padilla y los compañeros Belkis Cuza,

---

[28] VV.AA., «El caso Padilla. Documentos», art. cit., pág. 98.

[29] César Leante, *Gabriel García Márquez, el hechicero,* Pliegos, Madrid, 1996, pág. 9.

Díaz Martínez, César López y Pablo Armando Fernández se some-
tieron a una penosa mascarada de autocrítica, recuerdan los momentos más sórdidos de la época del estalinismo, sus juicios prefabrica-
dos y sus cacerías de brujas. Con la misma vehemencia con que
hemos defendido desde el primer día la Revolución Cubana, que nos
parecía ejemplar en su respeto al ser humano y en su lucha por su liberación, lo exhortamos a evitar a Cuba el oscurantismo dogmático,
la xenofobia cultural y el sistema represivo que impuso el estalinismo en los países socialistas, y del que fueron manifestaciones fla-
grantes sucesos similares a los que están sucediendo en Cuba»[30].
Y sigue: «El desprecio a la dignidad humana que supone forzar a un
hombre a acusarse ridículamente de las peores traiciones y vilezas no
nos alarma por tratarse de un escritor, sino porque cualquier compañero cubano —campesino, obrero, técnico o intelectual— pueda ser
también víctima de una violencia y una humillación parecidas»[31]. El
grupo pedía con esta carta que se pusiera término al atropello de los
derechos humanos y que se volviera al espíritu original de esta revolución que les «hizo considerar [a la revolución] un modelo dentro
del socialismo»[32]. Es decir, no se trataba de enemigos de la revolución que aprovechaban un momento de debilidad del proceso para
intentar la desestabilización del sistema, sino de *camaradas* políticos,
igualmente comprometidos con un futuro socialista para América latina, que no podían soslayar lo obvio y pactar con la violencia gratuita y el atropello de las libertades más inalienables.

Esta vez, Cortázar no firmó. Después de haber leído las primeras
líneas, exclamó: «¡Yo no puedo firmar eso!»[33]. Julio Cortázar era uno
de los más acérrimos defensores del proyecto político y cultural de
esa isla del Caribe. Había participado siempre en todos los actos
de apoyo a la revolución y viajaba frecuentemente a Cuba. Después de
la primera carta, intentó reconciliarse con los cubanos. En cierta ocasión, cuando le pidieron escribir algo en una revista dedicada a Var-

---

[30] VV.AA., «El caso Padilla. Documentos», art. cit., pág. 123.
[31] Ibídem.
[32] Ibídem.
[33] Plinio Apuleyo Mendoza, *El caso perdido. La llama y el hielo,* ob. cit., pág. 139.

gas Llosa, declinó la invitación de un modo cortés, respondiendo con su acento marcadamente argentino: «Vos sabés todos los esfuerzos que yo he hecho por arreglar mi situación con los cubanos, esfuerzos constantes pero desgraciadamente poco recompensados...»[34]. Tuvo que dar explicaciones a Vargas Llosa, el cual reaccionó negativamente. Pero el acto más consciente de ese intento de reconciliación fue la carta que el argentino envió desde París a Haydée Santamaría, el 4 de febrero de 1972, contestando a la que ella le había escrito, molesta por la inclusión de su firma en la primera misiva a Castro, y conminándole, entre otras cosas, a decidirse de una vez para siempre a estar «con dios» y no «con el diablo»[35].

El autor de *Rayuela* se mostraba dolido por las dudas que había sembrado en Cuba su rúbrica en el texto colectivo, alegando que no fue posible tomar otra decisión, porque las informaciones que llegaban a París sobre lo ocurrido hablaban de torturas, campos de concentración, presiones, estalinismo, dominación soviética, etc. Cortázar, que se tomó la molestia de importunar a los miembros de la embajada cubana en París para que dieran una versión oficial de los hechos, y terciando para que la carta no saliera de las manos de Goytisolo hacia las costas caribeñas hasta que no se supiera toda la verdad, no recibió de los diplomáticos habaneros más que el silencio, las caras de circunstancias, los *dilata,* que le obligaron a sumarse al famoso y polémico texto. Escribe Julio: «Después de semanas de espera inútil, que equivalían por parte de Cuba a ignorar o despreciar el amor y la inquietud de sus sostenedores en Francia, a mí me resultaría imposible no asociarme a un pedido de información que un grupo de escritores se creía con derecho a hacerle a Fidel. Más claro, imposible: era una manera amistosa, de compañero a compañero, de decirle: "Hay cosas que se pueden aguantar hasta un cierto límite, pero más allá se tiene derecho a una explicación", porque lo contrario supone o desprecio o culpa. Ocho o diez días más pasaron des-

---

[34] Plinio Apuleyo Mendoza, *El caso perdido. La llama y el hielo,* ob. cit., págs. 139-140.
[35] Julio Cortázar, «Carta a Haydée Santamaría», *Obra crítica/3,* Alfaguara, Madrid, 1994, pág. 51.

pués de eso, sin que nadie de la embajada fuera capaz de comprender, a pesar de las advertencias, que esa primera carta se convertía en un derecho [...]. La imagen exterior de Cuba se vio falseada y amenazada por esa lamentable conducta consistente en no dar la cara»[36]. Confirma así que tomó el camino más difícil: firmar la primera y negarse a la segunda, explicando en otro escrito, titulado «Policrítica a la hora de los chacales», su modo sincero de seguir apoyando la revolución y ofreciéndose para ayudar en lo que hiciera falta.

Goytisolo nos cuenta otras reacciones después de la segunda carta abierta a Fidel: «A mi paso por Argel semanas antes di casualmente en la calle con Régis Debray, quien, tras ser liberado de su encierro boliviano por presión de los intelectuales de izquierda de Occidente, acababa de hacer una rápida visita a Cuba. Cuando le pregunté qué sabía de Padilla, el cual, en su polémica con *El Caimán Barbudo,* le había citado precisamente como un "hermoso ejemplo" de intelectual revolucionario, me contestó que era un simple agente de la CIA y merecía su suerte. Más tarde, ya en París, Simone de Beauvoir me refirió muy indignada que Sartre y ella habían tropezado en el bulevar Raspail con Alejo Carpentier y este, desconcertado y temeroso de comprometerse por el mero hecho de saludarles, les volvió bruscamente la espalda y pegó la nariz contra un escaparate. Según les habían informado unos amigos, los cubanos estaban propagando el rumor de que Sartre era igualmente un agente de la CIA»[37].

La respuesta, por lo tanto, de Cortázar respecto al *caso Padilla* fue previsible, pero no lo fue tanto la de García Márquez, ya que sigue constituyendo un enigma hasta la fecha, incluso para Plinio Apuleyo Mendoza, uno de los mejores amigos del mentor de Macondo. En su libro ya citado *El caso perdido. La llama y el hielo* aparecen a menudo frases como esta: «Cenamos juntos durante tres veces, hablando siempre obsesivamente de Cuba y del caso Padilla, sin poder ponernos de acuerdo»[38]. En un momento dado, Mendoza se

---

[36] Julio Cortázar, ob. cit., págs. 49-50.
[37] Juan Goytisolo, art. cit., págs. 21-22.
[38] Plinio Apuleyo Mendoza, *El caso perdido. La llama y el hielo,* ob. cit., pág. 141.

dio por vencido: «Hace años que, por falta de acuerdo entre posiciones irreconciliables, dejamos de hablar de este asunto», confiesa el periodista colombiano [39]. Curiosamente, en la mayoría de los ensayos donde se trata el *caso Padilla,* se suele decir que García Márquez firmó la primera carta dirigida a Castro. Jean-Pierre Clerc, por ejemplo, en *Les quatre saisons de Fidel Castro,* escribe: «Una primera carta, respetuosa, está dirigida al líder por unos cincuenta escritores, franceses, españoles, italianos y latinoamericanos, entre los cuales Beauvoir, Calvino, Cortázar, Fuentes, García Márquez, Mandiargues, Moravia, Sartre, Vargas Llosa» [40]. Y hay quien sostiene que «mientras Blanco Amor —al no diferenciar entre las diversas estrellas del *boom*— insinúa que García Márquez denuncia en esta ocasión al régimen castrista, Benedetti pretende que solo firmó una de las dos cartas famosas dirigidas a Fidel Castro, y Collazos declara que no firmó ninguna. Las tres afirmaciones se excluyen; la mentira es signo de la importancia del caso» [41].

Se trata más bien, a nuestro juicio, de una falta de información que de una mentira, pero es cierto que esta ambigüedad demuestra la importancia de la posición especial del Nobel colombiano en el caso. En un artículo publicado en Colombia en la revista *Semana,* Jon Lee Anderson pasa toda la responsabilidad a Plinio Apuleyo Mendoza, afirmando que «puesto que García Márquez estaba de viaje y sin que cupiera la posibilidad de comunicarse con él, Plinio se tomó la libertad de añadir su nombre a la lista de peticionarios» [42]. Y en cuanto a la segunda misiva, escribe: «Una segunda carta abierta de protesta fue firmada por todos los firmantes de la primera menos por Julio Cortázar y Gabriel García Márquez» [43].

---

[39] Plinio Apuleyo Mendoza, *El caso perdido. La llama y el hielo,* ob. cit., pág. 8.

[40] J.-P. Clerc, *Les quatre saisons de Fidel Castro. Biographie,* Seuil, París, 1996, pág. 257. (La traducción es nuestra.)

[41] K. Van den Berghe, *La nueva novela latinoamericana: boom y bumerang. Un estudio polisistémico,* Leuven, 1987, pág. 121.

[42] Jon Lee Anderson, «El poder de Gabo», *Semana,* 4-X-1999, pág. 60.

[43] Ibídem.

EL *BOOM* HACE «BOOM»: LA RUPTURA

El éxito de los barbudos en Sierra Maestra y la entrada triunfal en La Habana los primeros días de 1959 habían abierto una etapa de esperanzas en la historia de la civilización occidental. Una pequeña isla del Caribe iba plantando cara poco a poco al capitalismo internacional simbolizado en el poder estadounidense, y los años pasaban, consolidando una alternativa que podría extenderse a todo el territorio latinoamericano y que había cosechado el primer fruto continental con las elecciones chilenas que llevaron a Allende al poder. Pero fue, precisamente, el *caso Padilla* la primera gran fisura en el sistema, que produjo un desencanto bastante generalizado en un estamento que hasta entonces había apoyado en bloque y sin reservas al proyecto cubano: el intelectual. La trascendencia política, el eco, el prestigio del escritor comprometido en los países de *Nuestra América* está fuera de toda duda, y aunque la talla internacional de Heberto Padilla no fuera la de un Borges, un Darío, un Martí o un García Márquez, lo cierto es que el azar concurrió para que la resonancia internacional del caso asestara un duro golpe a la evolución del sistema revolucionario cubano

La primera consecuencia, nefasta para Fidel Castro y sus seguidores, fue la atomización de los protagonistas del *boom,* el descalabro de una unidad conseguida en torno al proyecto cubano. José Donoso lo expresa muy bien en su *Historia personal del boom:* «Creo que si en algo tuvo unidad casi completa el *boom* fue en la fe primera en la causa de la revolución cubana; creo que la desilusión producida por el *caso Padilla* la desbarató, y desbarató la unidad del *boom*» [44]. Muchos escritores de numerosos países, incluyendo España, sintieron lo mismo que Juan Goytisolo cuando afirmó ya en 1968 que Cuba había dejado de ser para él un modelo [45]. También naufragaron muchas relaciones personales, muchas amistades, como aquel intenso y profundo maridaje entre Vargas Llosa y García Márquez.

---

[44] José Donoso, *Historia personal del boom,* Alfaguara, Madrid, 1999, págs. 59-60.
[45] Juan Goytisolo, art. cit., pág. 15.

La esposa del escritor chileno José Donoso afirmaba que antes del suceso, «amistad, verdadera amistad, con profundo cariño, reconocimiento y admiración, era la que unía entonces a Mario Vargas Llosa y Gabriel García Márquez. [...] Se admiraban, disfrutando de su mutua compañía, de sus interminables conversaciones, de los paseos que juntos hacían por las calles de la ciudad, y Mario escribía sobre Gabo»[46]. María Pilar Donoso se refiere al libro que Vargas Llosa había publicado sobre el autor de *Cien años de soledad,* titulado *Gabriel García Márquez: historia de un deicidio,* trabajo con el cual había obtenido el grado de doctor por la Universidad Complutense de Madrid, y que constituyó uno de los mejores ensayos sobre la obra cumbre del colombiano, no superado en los treinta años restantes del siglo XX. Sin embargo, los dos grandes amigos se distanciaron, entre otras cosas, por razones políticas. El colombiano permaneció fiel a Castro, pero el peruano lo consideró, desde entonces y para siempre, como «la gran bestia negra a combatir»[47]. García Márquez asegura que el autor de *La ciudad y los perros,* en un momento dado, «dijo que el *caso Padilla* lo había separado de sus mejores amigos y toda la comunidad intelectual latinoamericana había sido afectada por el incidente»[48].

También Dasso Saldívar hace referencia a esta amistad y a su ruptura en su biografía sobre el Nobel, *Viaje a la semilla:* «Hasta que las contingencias de la vida, la amistad y la política los separó —aclara—, colocándolos en caminos diferentes e incluso opuestos, los dos harían honor al soterrado paralelismo de sus vidas cultivando una amistad intensa y extensa como pocas veces se había visto en la historia de las letras latinoamericanas»[49]. De hecho, desde entonces, rara es la vez que, en público o en privado, el uno expresa su opinión acerca del otro. Perece un pacto mutuo de no agresión, un respeto

---

[46] José Donoso, ob. cit., pág. 143.

[47] Dasso Saldívar, ob. cit., pág. 464.

[48] En Carlos Verdecia y Heberto Padilla, *La mala memoria. Conversaciones con Heberto Padilla,* Kosmos, Costa Rica, 1992, págs. 219-220.

[49] Dasso Saldívar, ob. cit., pág. 462.

absoluto de cada uno por la obra literaria (las dos mejores muestras, a nuestro juicio, del *boom)* y por las opiniones políticas divergentes.

Desde aquellas fechas, muchos criticaron a García Márquez, comenzando por su antiguo amigo. Vargas Llosa empieza a llamarlo «el cortesano de Castro —comenta Lee Anderson—, y el escritor cubano exiliado Guillermo Cabrera Infante lo acusa de sufrir de "delirium totalitarium"»[50]. Afortunadamente, no rompió con todas las amistades. A pesar de sus ideas distintas en cuanto a Cuba, García Márquez es todavía amigo de Plinio Apuleyo Mendoza y de algunos disidentes o exiliados cubanos como, por ejemplo, Eliseo Alberto, autor de un relato espeluznante sobre el control ideológico a los intelectuales en Cuba, titulado *Informe contra mí mismo* (1997).

EL AS BAJO LA MANGA: LAS CARTAS DE GARCÍA MÁRQUEZ

García Márquez explica su comportamiento frente al *caso Padilla* por el conocimiento directo y profundo de la revolución cubana, que se apoya sobre todo en fuentes desconocidas públicamente; una buena carta bajo la manga que le permite, según él, juzgar con mayor objetividad. En *El olor de la guayaba,* Apuleyo Mendoza entrevista a Gabo en 1982 y este apunta las razones que le empujaron a no distanciarse de la revolución. Cauto y poco amigo de datos concretos y contundentes, indica que posee «una información mucho mejor y más directa, y una madurez política que me permite una comprensión más serena, más paciente y humana de la realidad»[51]. Como en otras ocasiones, el periodista amigo de García Márquez se queda sin las respuestas que pretende. Además, Gabo puede hacer esa afirmación en el año 1982, cuando ya conoce muy bien la situación cubana y a sus líderes, pero no es una respuesta válida para el año 1971, pues por aquellas calendas el colombiano solo tenía información indirecta sobre Cuba. En *El caso perdido* da cuen-

---

[50] Jon Lee Anderson, art. cit., pág. 61.
[51] Plinio Apuleyo Mendoza, *El olor de la guayaba,* ob. cit., pág. 128.

ta de sus esfuerzos infructuosos, pues muchas de sus charlas sobre ese tema llegaron a un punto sin salida. Reproduce Mendoza una conversación:

«Si yo pudiera contarte ciertas cosas», suspira Gabo a veces.
«Si tú supieras.»
Sí, él es el depositario seguramente de secretos del poder que no puede revelar. Debe de conocer el largo contencioso que existe entre Castro y la Unión Soviética. Quizá allí se alojan, secretas, las razones de su adhesión[52].

Pero la realidad es más compleja de lo que parece. La adhesión incondicional de García Márquez al proceso revolucionario y, por lo tanto, el vacío crítico en casos como el de Padilla u otros posteriores, no se puede ver solo desde el punto de vista de las consecuencias de la dictadura, ya que hay elementos sociales y económicos que le hacen pasar por encima de los evidentes atentados contra la libertad de expresión. Mendoza, aunque se pronuncia en contra de los métodos estalinistas, hace un esfuerzo por comprender la postura radical de su amigo, cuando expone: «Para decirlo con su propio lenguaje: solo había dos sopas en el menú. Una sopa incluía probablemente cierto tipo de libertad, la posibilidad de escribir editoriales en los periódicos, de echar discursos en los balcones, de hacerse elegir senador o concejal, pero los niños se morían de hambre o quedaban analfabetos, o los enfermos agonizaban en cualquier parte sin poder llegar a un hospital. La otra sopa del menú no incluía la libertad tal como hasta entonces la habíamos admitido, pero la miseria no existía, los niños comían, recibían educación y techo, había hospitales para los enfermos y las desigualdades de origen eran suprimidas. Entre estas dos sopas, entre estas dos realidades, las únicas puestas sobre la mesa del mundo, había que elegir. Él había elegido. Naturalmente que yo no estaba de acuerdo con él»[53].

---

[52] Plinio Apuleyo Mendoza, *El caso perdido. La llama y el hielo,* ob. cit., pág. 144.
[53] Ibídem, págs. 142-143.

Obviamente, es difícil justificar actos de violencia física y psíquica en nombre de un régimen que pretende ser igualitario y resolver los problemas de supervivencia de un número elevado de población mísera, sobre todo cuando se sabe que, en esencia, el sistema tampoco ha logrado la igualdad entre todos los miembros de la sociedad. Quizá por eso se ha pronunciado con tanta cautela sobre este caso y ha esquivado siempre las respuestas claras.

EL «OCASO» DEL «CASO»: EL «ACOSO» A GABO

Pasados los primeros sinsabores y escándalos derivados de la autocrítica, Heberto Padilla fue puesto de nuevo en libertad. Trabajó como traductor hasta que, al cabo de diez años, consiguió el permiso para abandonar la isla gracias, precisamente, a la ayuda de García Márquez. Sabemos que el premio Nobel colombiano utiliza en muchas ocasiones su influencia sobre Castro para ayudar a salir de la isla a presos políticos. Así lo confirma Mendoza: «Su amistad con Castro le ha permitido intervenir con eficacia para obtener la libertad de un gran número de presos políticos. Tres mil doscientos, al parecer. Gracias a él, a Gabo, Heberto Padilla pudo salir de Cuba. Padilla lo llamó al hotel donde se alojaba, en La Habana. Lo vio. Solicitó su ayuda; la obtuvo»[54].

El último escollo que debía superar Gabo era el de la opinión pública. Fidel Castro nunca haría declaraciones demasiado extensas sobre una cuestión que, en principio, supone un problema menor en una época en la que la economía cubana se encuentra bastante resentida, a causa del fracaso del plan que había ideado el mismo líder para obtener una superproducción de azúcar, más conocida como la zafra de los diez millones. Por otro lado, durante una época, como ya hemos señalado, García Márquez evitó aparecer en público mientras se iba solucionando el caso, para no ser acosado con impertinencias, muy propias de algunos periodistas ávidos de sensacionalismo.

---

[54] Plinio Apuleyo Mendoza, *El caso perdido. La llama y el hielo,* ob. cit., pág. 144.

De hecho, la primera vez que García Márquez habló con profundidad y extensión sobre el tema fue en una entrevista concedida a Julio Roca, un periodista colombiano del *Diario del Caribe,* de Barranquilla, publicada en la revista *Libre* a finales del año 1971 como parte de una recopilación de artículos (entrevistas, cartas, discursos de Fidel Castro, etc.) relacionados con el *caso Padilla.* Casi paralelamente al final de los hechos, este periodista tuvo la oportunidad de hacerle una serie de preguntas bastante precisas. Fue al grano, se plantó y le invitó a enseñar las cartas.

En la primera parte de la entrevista, Julio Roca pregunta a García Márquez cuál va a ser su posición dentro del grupo de intelectuales latinoamericanos que se separan con claridad del proyecto de Castro. El colombiano, lejos de contestar frontalmente a la cuestión, niega que haya ruptura. Pretende que «el conflicto de un grupo de escritores latinoamericanos con Fidel Castro es un triunfo efímero de las agencias de prensa»[55]. Según García Márquez, no hay conflicto. Es el sistema mediático quien tergiversó los polos del *supuesto* problema y radicalizó las posturas, manipulando el discurso que pronunció Fidel Castro durante el Primer Congreso de Educación y Cultura (del 30 de abril al 6 de mayo de 1971), del cual solo se hicieron públicas sus partes más impactantes. No obstante, admite la dureza de algunas declaraciones, reconociendo que «en efecto hay algunos párrafos muy severos»[56].

Así, la culpa de la situación actual, según él, la tiene exclusivamente la prensa. «Los corresponsales extranjeros —insiste— escogieron con pinzas y ordenaron como les dio la gana algunas frases sueltas para que pareciera que Fidel Castro decía *lo que en la realidad no había dicho*»[57]. Una defensa a ultranza del dictador que trata de suavizar el contexto general en el que se produjo el enfrentamiento con los intelectuales. Ahora bien, sabemos muy bien que sus pala-

---

[55] Entrevista concedida al periodista Julio Roca de *Diario del Caribe,* de Barranquilla, en VV.AA., «El caso Padilla. Documentos», art. cit., pág. 135.

[56] Ibídem.

[57] Ibídem.

bras fueron crudas y crueles, y que su intención era clara. Según César Leante, refiriéndose concretamente a esa ocasión, «Fidel produjo durante su clausura uno de los más virulentos discursos que contra los intelectuales se haya pronunciado jamás» [58]. Otro de los aludidos, Apuleyo Mendoza, a pesar de su amistad con García Márquez, en su libro ya mencionado *El caso perdido. La llama y el hielo,* se lamentaba amargamente «de que Fidel, en un discurso pronunciado ante el Congreso Cultural reunido en La Habana, hubiese lanzado contra los firmantes del telegrama [...] un torrente de injurias, describiéndonos como una élite privilegiada, que frecuentaba "los salones de París" (como si estuviésemos en la época de Proust)» [59].

En esa entrevista, García Márquez confirma que *no* intervino en ninguna de las dos cartas (a veces llamadas telegramas) dirigidas a Fidel Castro: «Yo no firmé la carta de protesta porque no era partidario de que la mandaran» [60]. En los años ochenta, para ser más precisos en 1982 y 1984, explica a Plinio Apuleyo Mendoza su apoyo constante a la revolución cubana. Sin embargo, en el periodo del *caso Padilla,* el líder cubano y el premio Nobel colombiano no habían estrenado todavía la relación más que cordial que iba a unirles durante tantas décadas. Por eso, la respuesta guarda un cierto enigma. ¿Cómo se justifica su fe en la «vitalidad» y en la «buena salud» [61] de la revolución, y qué es realmente lo que le impide firmar una carta de desacuerdo y de protesta? Porque la finalidad ulterior de esas cartas no se reducía exclusivamente a una crítica burda a la revolución, sino que también y sobre todo trataba de encauzar positivamente un rumbo que había empezado a desviarse de los modos políticamente correctos. Además, en ese momento, sobre todo por lo que se refiere a la primera carta, los firmantes ignoraban cuál iba a ser la reacción de Castro; prueba de ello es la firma de Julio Cortázar en la primera de las misivas.

---

[58] César Leante, *Gabriel García Márquez, el hechicero,* ob. cit., pág. 9.
[59] Plinio Apuleyo Mendoza, *El caso perdido. La llama y el hielo,* ob. cit., pág. 137.
[60] Entrevista de J. Roca, art. cit., pág. 135.
[61] Ibídem.

En la última parte de su respuesta, añade el colombiano que «en ningún momento pondré en duda la honradez intelectual y la vocación revolucionaria de quienes firmaron la carta»[62]. El gesto de García Márquez, solidario con Castro pero a la vez solidario con los firmantes, le hace navegar entre dos lealtades: el servicio incondicional a la revolución, y el derivado de su pertenencia y liderazgo con respecto al grupo del *boom,* fenómeno más que literario que ha tomado un protagonismo hasta entonces desconocido en la cultura latinoamericana, transportando a la narrativa escrita en *Nuestra América* hasta las más altas cotas de la literatura mundial en la segunda mitad del siglo XX. Gabo es consciente del daño que puede hacer a la propia revolución y al futuro del socialismo en América una polarización absoluta de posturas encontradas. Confía en los firmantes y los considera todavía como revolucionarios, quizá para paliar el desprecio de Fidel Castro por los que han secundado el escrito de protesta. Los textos son muy claros, y en ningún momento pretenden desestabilizar los principios de la revolución. En la primera de las cartas, por ejemplo, se deja bien claro en el comienzo que los firmantes son claramente «solidarios con los principios y metas de la revolución cubana»[63]; y en la segunda, los firmantes se oponen a Castro y a sus actitudes pero se consideran plenamente revolucionarios. Y terminan expresando un deseo, sincero a todas luces: «Quisiéramos que la revolución cubana volviera a ser lo que en un momento nos hizo considerarla un modelo dentro del socialismo»[64].

No son ellos, sino el gobierno de Castro, quien está tomando tintes totalmente opuestos a los principios que animaron el proyecto original. No entienden esta involución «estalinista» ni están dispuestos a aceptarla; de ahí su énfasis en la lucha por la libertad de opinión. Desgraciadamente, a partir de ese momento se hizo cada vez más obvio que lo que existía en Cuba era, como dice Manuel Díaz Martínez, «una conspiración del gobierno contra la libertad de crite-

---

[62] Entrevista de J. Roca, art. cit., pág. 135.
[63] VV.AA., «El caso Padilla. Documentos», art. cit., pág. 95.
[64] Ibídem.

rio»[65]. Y un poco más adelante, refiriéndose a las famosas palabras de Castro «dentro de la revolución, todo; contra la revolución, nada» pronunciadas en su discurso a los intelectuales en 1961, añade: «Supimos, por fin, qué era lo que desde la ventana de Castro se veía dentro de la revolución y qué afuera»[66]. Cuando el dictador afirma que «para hacer el papel de jueces hay que ser aquí revolucionarios de verdad, intelectuales de verdad, combatientes de verdad»[67], está refiriéndose claramente a esos, en su opinión, falsos intermediarios, que se erigen en autoridad política y cultural de algo que solo atañe a su persona y a su equipo de gobierno, círculo en el que permanece exclusivamente quien acata de modo servil el criterio del patriarca.

Para completar el panorama, es muy revelador el sesgo que adquiere la posición del Nobel colombiano en su artículo de 1975 «Cuba de cabo a rabo»[68] acerca de la libertad de expresión. En ese texto, Gabo expresa sus esperanzas en el éxito seguro de tres acontecimientos próximos, a saber: el Primer Congreso del Partido Comunista, la instauración del poder popular mediante el voto universal y secreto, y el proyecto de la Constitución socialista. Añade también que en ese proceso de institucionalización se prestará, sin duda, «un interés específico al problema de las libertades de creación y de expresión»[69]. Es decir, García Márquez reconoce que las libertades de creación y expresión constituyen un problema grave en la isla, pero que en cierto sentido van a dejar de serlo porque «en su proyecto de Constitución los cubanos han resuelto el problema de una plumada: todas las formas de la creación artística son libres»[70]. Sin embargo, por lo que se refiere al contenido, el control sigue siendo tan férreo y

---

[65] Manuel Díaz Martínez, art. cit., pág. 92.

[66] Ibídem, pág. 94.

[67] Discurso de Fidel Castro, en VV.AA., «El caso Padilla. Documentos», art. cit., pág. 119.

[68] En Gabriel García Márquez, *Obra periodística 4: Por la libre (1974-1995)*, Mondadori, Madrid, 1999, págs. 61-90.

[69] Gabriel García Márquez, «Cuba de cabo a rabo», ob. cit., pág. 86.

[70] Ibídem, pág. 87.

desalentador como en las épocas más duras de los comienzos del proceso revolucionario: «No es tan feliz —añade el colombiano— el artículo siguiente que se refiere no ya a la forma sino al contenido de la creación artística. Este contenido —según el artículo propuesto— no debe oponerse en ningún caso a los principios de la Revolución» [71]. Y en el párrafo siguiente se acentúa aún más ese desacuerdo de García Márquez con la actitud del gobierno cubano: «La limitación es alarmante, sobre todo porque presupone la existencia de un funcionario autorizado para calificar de antemano la viabilidad de la obra. Pero además es inconsecuente, porque está en desacuerdo con el espíritu general de la Constitución, que es amplio y humano, y está también en desacuerdo con el espléndido sentido de emancipación creadora, de imaginación desaforada y de felicidad crítica que se respira hoy en todos los ámbitos de la vida cubana» [72].

El narrador colombiano es consciente del papel que desempeñan los escritores en las sociedades latinoamericanas, de la importancia de la libertad para estimular la creatividad del artista, y del buen momento en el que se encuentran las letras en el continente. De hecho, las restricciones operadas en el seno de la revolución cubana provocaron lo que en el ámbito de la crítica literaria se dio en llamar el «quinquenio gris», durante los primeros años setenta, debido a la considerable ausencia de obras de calidad en ese periodo, frente al florecimiento de otras literaturas como la mexicana, la peruana o la argentina. García Márquez, en su afán de proteger al escritor frente a la censura, pero también movido por un respeto hacia las decisiones del líder cubano, trata de cuantificar los aspectos positivos de unas directrices culturales alienantes. «Lo más curioso, e *injusto* —reflexiona—, es que en el fondo de esta disposición no se esconde un sentimiento de menosprecio por el artista, sino todo lo contrario: una valorización desmesurada de su importancia en el mundo» [73]. Es decir, la importancia de un intelectual es relativa por-

---

[71] Gabriel García Márquez, «Cuba de cabo a rabo», ob. cit., pág. 86.
[72] Ibídem.
[73] Ibídem.

que, siendo crucial su misión como despertador de la conciencia crítica de un país, nunca llegará a ser un elemento absolutamente desestabilizador de un sistema político o social, a no ser que ese sistema se encuentre ya en vías de extinción. Afirma Gabo respecto a la *desmesurada valorización* del papel del intelectual: «Esta idea lleva en sí la convicción de que una obra de arte puede desquiciar un sistema social y trastornar el destino del mundo. Si alguna vez eso fue posible o lo será alguna vez, no ha de ser por la potencia destructora de la obra de arte, sino por las erosiones internas e invisibles del propio sistema social. Después de recorrer Cuba de cabo a rabo no me queda el menor rastro de duda de que su Revolución está a salvo de los huracanes subversivos de los artistas»[74]. Parece que Fidel no lo tenía tan claro, ni entonces ni ahora, ya que sigue habiendo en la isla escritores prohibidos o censurados, bestias negras o personajes malditos, y la represión no ha cesado, a pesar de que la disidencia interna es cada vez mayor y ha obtenido un espacio en el contorno del gran lagarto verde. La fe de García Márquez en la maquinaria castrista y en el triunfo natural del socialismo en América latina es tal, que hace innecesario cualquier tipo de control artificial del mundo de la cultura. Si la revolución funciona, ella misma expulsará sin violencia los cuerpos extraños. Por eso, insiste, «cualquier escritor que ceda a la temeridad de escribir un libro contra ella, no tiene por qué tropezar con una piedra constitucional. Simplemente, la Revolución será ya bastante madura para digerirlo»[75].

La conclusión es nítida: si en 1971 no tenía suficientes argumentos para defender el proyecto de Castro, y por eso desapareció una temporada y sus respuestas posteriores fueron ambiguas, cuatro años más tarde su fe en el socialismo en general, y en el castrismo en particular, se han consolidado. Piensa que el sistema es viable, porque no solo conseguirá liberar a las clases bajas de la opresión a la que son sometidas, sino que también es capaz de asimilar las críticas internas, incorporarlas al juego de fuerzas que constituyen el entra-

---

[74] Gabriel García Márquez, «Cuba de cabo a rabo», ob. cit., pág. 86.
[75] Ibídem, págs. 87-88.

mado del equilibrio social, e incluso aprovecharlas para solidificar el desarrollo y el progreso de la isla.

García Márquez sobre Castro y el «caso Padilla»

Volviendo a la entrevista de Julio Roca en 1971, la pregunta sobre el *caso* no pudo ser más clara: «¿Está usted con o contra Castro en relación con el caso del poeta Padilla?»[76]. Como ya es costumbre en la opinión pública, todos los problemas relacionados con Cuba se formulan siempre en forma de dilema en el que no caben matices. Al cubano que sale de su país o al exiliado que reside en cualquier parte del mundo, instintivamente, el vecino de la escalera de enfrente, el que ocupa el asiento de al lado en el tren, el que comparte escaño en el tribunal de una tesis doctoral, el que desayuna en la misma barra del bar y a la misma hora, el que espera en la cola del cine justo detrás de él, etc., le pregunta: «¿De Cuba o de Miami?». Esta burda simplificación provoca habitualmente, y con mucha razón, las iras de los cubanos, a los que resulta muy desagradable comenzar una conversación sabiendo que, a priori y antes de abrir la boca, ya le han colocado un cartel incómodo, cualquiera que sea su signo. García Márquez, que siente la cubanía de un modo especial, es incapaz, sin embargo, de decantarse, tratándose del *caso,* por una postura sólida y unitaria, no sabemos si debido al desconocimiento real de algunos detalles, o bien a la incapacidad para oponerse frontalmente a Castro en algo que a todas luces fue un error político y un abuso de poder. Con su respuesta «yo, personalmente, no logro convencerme de la espontaneidad y sinceridad de la autocrítica de Heberto Padilla»[77], o cuando dice «el tono de su autocrítica es tan exagerado, tan abyecto, que parece obtenido por métodos ignominiosos»[78], o bien cuando reconoce que no se puede llamar a Padilla un autor contrarre-

---

[76] Entrevista de J. Roca, art. cit., pág. 136.
[77] Ibídem.
[78] Ibídem.

volucionario, su actitud parece clara, y su desacuerdo con Castro, obvio. Ahora bien, nunca habrá una alusión directa a quien fue, en última instancia, el responsable del proceso, y mucho menos la insinuación de un fallo en el sistema ideológico que sustenta la revolución. Al contrario, solo se atreve a señalar el efecto negativo que la posición del poeta censurado puede acarrear en el futuro del país: «Yo no sé si de veras Heberto Padilla le está haciendo daño a la revolución con su actitud —indica—, pero su autocrítica sí le está haciendo daño, y muy grave»[79]. Es decir, Padilla, según Márquez, sin ser enemigo de la revolución, es quizá la causa, de modo inconsciente, de ciertos perjuicios que no se sabe hasta dónde pueden dañar el esfuerzo de Castro por construir una sociedad mejor.

Seguidamente, y como consecuencia casi directa de lo ya ampliamente conversado, el periodista pregunta si se puede hablar de cierto estalinismo en la política interior de Cuba, a lo que García Márquez contesta que se va a saber dentro de poco porque, si es así, «lo va a decir el propio Fidel»[80]. Queda patente una vez más su confianza en el líder máximo, pero lo más relevante es que no niega la posible presencia del estalinismo en Cuba. Hubiera podido dar su propia opinión, negar con rotundidad o evadir la cuestión. Sin embargo, esa respuesta evidencia que Gabo piensa que posee un conocimiento bastante profundo de la estrategia de Castro para intentar salir airoso del grave problema que ha ido creciendo con el tiempo. Por eso, cuando el periodista colombiano le pregunta si va a romper entonces con la revolución, su respuesta no puede ser más clara: «Por supuesto que no»[81]. Y vuelve a insistir en que no ha existido ruptura alguna entre los intelectuales latinoamericanos y el gobierno cubano: «De los escritores que protestaron por el *caso Padilla* —asegura—, ninguno ha roto con la revolución cubana, hasta donde yo sé»[82]. Jugamos con la ventaja, a treinta años vista, de poder

---

[79] Entrevista de J. Roca, art. cit., pág. 136.
[80] Ibídem.
[81] Ibídem.
[82] Ibídem.

analizar estos textos conociendo la evolución de los acontecimientos. Sabemos, por consiguiente, que al producirse el *caso Padilla* la desbandada fue considerable. Tal vez no era tan obvio en ese momento, pero tampoco se puede decir que nada hacía sospechar un desenlace así. Por eso, cabe afirmar que Gabo era consciente de las consecuencias que podía tener su decisión y, aunque su postura adquirió ciertos atisbos de crítica, la entrevista terminaba con un voto de confianza hacia la revolución y una constatación de su solidaridad con ella, que «no puede afectarse por un tropiezo en la política cultural, aunque ese tropiezo sea tan grande y tan grave como la sospechosa autocrítica de Heberto Padilla»[83]. Las cartas estaban echadas, pero los faroles y los comodines pasaban de mano en mano sin que la opinión pública tuviera la menor idea, como en las escenas más expectantes de *El golpe.* García Márquez, que no había pisado suelo cubano desde su intervención en Prensa Latina, tratará de acercarse cada vez más a las barbas del poder, a través de sus declaraciones y utilizando sus contactos personales. Con el tiempo, Gabo ha llegado a ser uno de los mejores embajadores de la revolución y del socialismo en el ámbito internacional, y Castro se ha convertido poco a poco en uno de los críticos *literarios* más decisivos para las obras del Nobel colombiano.

---

[83] Entrevista de J. Roca, art. cit., pág. 136.

SEGUNDA PARTE

EL PODER Y LA GLORIA

4

LA TENTACIÓN DEL PODER

Todo esto te daré si, postrándote ante mí, me adoras.» Algo parecido le dijo el diablo a Jesús. Se considera una de las tres tentaciones más fuertes que el hombre puede recibir: la del poder, la del dominio sobre lugares o personas. En Barcelona aseguran que ese hecho ocurrió en el monte Tibidabo (del latín *tibi* 'a ti', *dabo* 'daré'), porque lo que se veía desde ahí era digno de ser poseído (Barcelona y toda la comarca). En *Crónica de una muerte anunciada*, Bayardo San Román, advenedizo que desea casarse con Ángela Vicario, ejerce su poder comprando la casa más bonita y cara del pueblo, y la que más gustaba a Ángela. Y la compra humillando a su dueño, el viudo de Xius. Este, que por nada del mundo escucharía una oferta, ya que todo lo que hay en ella le recuerda a una vida entera compartida con su mujer, termina por ceder, cuando Bayardo le pone sobre la mesa una cantidad al menos veinte veces mayor que la real. Las lágrimas que derrama al aceptar el trato son la prueba de haber sucumbido ante el poder impuesto por el dinero de Bayardo.

Ejercer un poder es uno de los placeres más reconfortantes que el hombre puede sentir. Creerse o saberse dueño de algo o de alguien es una tendencia que todo hombre desea y disfruta. Este placer se agudiza cuando la experiencia de la propia vida lo ha ido negando sistemáticamente. Basta leer el primer tomo de las memorias de Gabo, *Vivir para contarla*, para darse cuenta de que, en el caso del colombiano, eso fue así hasta una edad madura. Una infancia pobre, una familia de muchos hermanos y pocos recursos materiales, un ambiente social mísero, unos primeros trabajos que ni siquiera le daban para mantenerse, la constante necesidad de pedir dinero o empeñar sus manuscritos, etc. Más tarde, una vida vagabunda en Europa, un matrimonio que no logra asentarse en un lugar con un mínimo de estabilidad económica hasta la publicación de *Cien años de soledad*. Pero en 1967 García Márquez tiene cuarenta años. La vida hasta ese momento ha tenido más sinsabores que placeres, y solo ahora comenzará a experimentar las mieles del poder, pero a su modo.

La fascinación por el poder

Se puede estar a favor o en contra, pero es muy difícil aparentar indiferencia hacia una personalidad tan arrolladora como la de Castro. No es solo su poder y el modo de ejercerlo; son también la capacidad de seducción, sus indudables dotes humanas, su coraje, los que provocan adhesiones incondicionales pero también odios viscerales. Cualquier persona que viaje a la isla va a encontrar gente que, a pesar de llevar toda su vida nadando en la miseria, opinan que Castro es una especie de pequeño dios, aunque ya no en edad de jugar. Y los hay que, aun viviendo medianamente bien, no pueden disimular un gesto ostensible de desprecio cada vez que lo ven aparecer en televisión. Las posturas son mucho más encontradas, por ejemplo, cuando los medios de comunicación de la isla y los de Miami cruzan sus dardos al comentar la misma noticia. La fantasía popular cubana cuenta que, durante la visita del Papa a Cuba, iban un día paseando los dos por las playas del Este. Hacía algo de viento, y al Santo Padre se le voló el solideo blanco que suele llevar siempre en la cabeza, con tan mala fortuna que cayó al agua y se lo llevaba la corriente. Rápidamente, en un gesto de cortesía diplomática, pero también de afecto y solidaridad, Fidel se fue hacia la orilla y comenzó a andar sobre las aguas sin hundirse, hasta que llegó al solideo, lo agarró, se volvió por el mismo recorrido sin mojarse y entregó al Papa su prenda sana y salva. Al día siguiente, el *Granma* anotó en primera página el siguiente titular: «UN NUEVO MILAGRO: FIDEL ANDA SOBRE LAS AGUAS COMO JESUCRISTO». En cambio, los titulares del *Miami Herald* vaticinaron: «LA MUERTE DEL DICTADOR CUBANO ESTÁ CERCA: YA NI SABE NADAR» [1].

En la isla, todos están pendientes de su salud, algunos porque quieren que nada ni nadie cambie, otros porque les gustaría que hubiese otro régimen, y eso no será posible hasta que Castro desaparezca definitivamente. Joaquín Navarro Valls, jefe de la Oficina de Prensa del Vaticano, que acompaña al Papa en cada uno de sus viajes, nos contó en verano de 2001, en la finca cartagenera de su familia, que tuvo que realizar varias visitas a Cuba antes del encuentro con el Papa. En una de ellas se entrevistó con los miembros de la curia habanera antes de acudir a una cita con Castro, y alguien le comentó que se rumoreaba que el líder estaba muy mal de salud por un cáncer de próstata, y que si podía averiguarlo cuando lo viera. Navarro no le dio más importancia al asunto, pero llegó la cena con Fidel, y este le agasajó con un magnífico vino español. Después de varias horas de charla amistosa, de vino en abundancia, de buena comida, el portavoz del Vaticano no sabía cómo interrumpir la animada y abigarrada conversación del cubano para decirle que necesitaba ir al baño un momento. Al término de la velada pudo por fin satisfacer sus necesidades, pero Fidel no hizo ademán alguno de acompañar en el gesto a su invitado. Al día siguiente, Navarro Valls volvió a la curia para comentar los pormenores de algunos de los actos que tendrían lugar durante el periplo papal, y al final comentó, divertido: «Por cierto, en cuanto a la salud del Comandante, no sé si tendrá algún tipo de cáncer; lo que sí puedo asegurarles es que de próstata no es» [2].

García Márquez es de los que admira profundamente al líder cubano, y muchos piensan que el apoyo constante que ofrece a Cuba y

---

[1] Cuento relatado por Manuel Vázquez Montalbán, *Y Dios entró en La Habana*, ob. cit., pág. 328.

[2] Entrevista con Joaquín Navarro Valls, 5 de agosto de 2001.

a su presidente es consecuencia de su admiración por el poder. Jorge Masetti dice que el colombiano «es un hombre a quien le gusta estar en la cocina del poder», y Jon Lee Anderson, que durante varios meses en 1999 le interrogó sobre los más variados temas de la política y la literatura de América, concluye que esa fascinación puede tener su origen en «la emoción que él siente por haberse elevado tanto socialmente desde sus humildes raíces»[3]. De hecho, después de preguntar a una señora de Bogotá sobre el particular, esta le contestó: «Recuerde que Gabo salió de un pueblucho de mierda de la costa y fácilmente hubiera podido terminar como esos muchachos que venden gafas de sol en la playa»[4]. Estas palabras, que muestran el evidente resquemor de los habitantes del interior por los costeños, son, sin embargo, una especie de homenaje al escritor. Asegura Jon Lee que, para la inmensa mayoría de los colombianos, García Márquez es el orgullo nacional, y las rivalidades regionales no hacen sino confirmar la sinceridad del afecto hacia la persona.

Pero esta atracción del escritor por el poder que no tuvo en sus orígenes es algo más profundo, pues merodea alrededor de todo lo que está relacionado con su ejercicio. La mayoría de los autores que se refieren a esta fascinación se basan en sus novelas. Es evidente que muchas de sus obras cuentan las historias de dictadores, de coroneles o de generales. Los ejemplos más obvios son *El coronel no tiene quien le escriba, El general en su laberinto, El otoño del patriarca* o *Cien años de soledad.* Y existe, además, un vínculo entre ese interés particular y su amistad con Fidel Castro y otros dirigentes de izquierda, a partir del momento en que decide comprometerse de un modo más concreto en la política activa, también a su manera. En una entrevista de 1972, contesta a Plinio Apuleyo Mendoza: «Soy un comunista que no encuentra dónde sentarse. Pero a pesar de eso yo sigo creyendo que el socialismo es una posibilidad real, que es buena solución para América latina, y que hay que tener una militancia más activa. Yo intenté esa militancia en los comienzos de la revolución

---

[3] Jon Lee Anderson, art. cit., pág. 52.
[4] Ibídem.

cubana, y trabajé con ella, como recuerdas, unos dos años, hasta que un conflicto transitorio me sacó por la ventana. Eso no alteró en nada mi solidaridad con Cuba, que es constante, comprensiva y no siempre fácil, pero me dejó convertido en un francotirador desperdigado e inofensivo»[5].

Pero esas afinidades, que empezarán a dar sus primeros frutos en la segunda mitad de los setenta, se venían caldeando desde mucho antes. El 18 de abril de 1958 publica un artículo en *Momento* titulado «Mi hermano Fidel», en el que pone de manifiesto el contraste entre el revolucionario barbudo y la actitud inaceptable del dictador Fulgencio Batista, que es, en el fondo, «un perseguido dentro del palacio presidencial»[6]. Todavía no ha conocido en persona al que luego será su mejor amigo, pero ya hay ciertos matices que manifiestan una sintonía y presagian un futuro encuentro. La admiración es patente en este primer texto, y aprovecha unas palabras de su hermana —«Yo no admiro a Fidel como hermana. Lo admiro como cubana»[7]— para regalarle unos piropos. Dice de él: «Esa preocupación por los problemas de sus semejantes, unida a una voluntad inquebrantable, parecen constituir la esencia de su personalidad»[8]. El mismo Plinio Mendoza, su amigo colombiano, de quien se alejó políticamente después del *caso Padilla,* trata de entender la actitud del premio Nobel en cuanto al tema cubano a través de esta fascinación. En su libro *El caso perdido. La llama y el hielo* comenta la admiración de García Márquez por el caudillo latinoamericano. Sostiene que el colombiano no se interesa en lo más mínimo por la burocracia, sino por el hombre que tiene el poder en sus manos: «Obviamente, las simpatías de García Márquez van actualmente hacia el caudillo y no a la burocracia. [...] A él, lo sé, la burocracia no le dice nada. [...] El caudillo, en cambio, forma parte de su paisaje geográfico e histó-

[5] Entrevista concedida a Plinio Apuleyo Mendoza para la revista *Libre,* en 1972, bajo el título «El encuentro de dos camaradas». Publicada más tarde en *Triunfo* (1974).

[6] Gabriel García Márquez, «Mi hermano Fidel», ob. cit., pág. 457.

[7] Ibídem, pág. 455.

[8] Cit. por Pedro Sorela, *El otro García Márquez. Los años difíciles,* Oveja Negra, Bogotá, 1988, pág. 244.

rico, subleva los mitos de su infancia, habita recuerdos ancestrales, está latente en todos sus libros. Con él, con el caudillo, con su aventura de soledad y poder, con su destino inmenso y triste de dispensador de dichas e infortunios (tan parecido a Dios), es solidario»[9].

Y agrega, estableciendo el vínculo entre esta solidaridad y su amistad con Castro: «En esa perspectiva debe situarse su adhesión a Fidel. Fidel se parece a sus más constantes criaturas literarias, a los fantasmas en los que él se proyecta, con los cuales identifica su destino de modesto hijo de telegrafista llegado a las cumbres escarpadas de la gloria; Fidel es un mito de los confines de su infancia recobrado, una nueva representación de Aureliano Buendía. Si alguien busca una clave de su fervor castrista, ahí tiene una de dieciocho quilates»[10].

César Leante, escritor cubano exiliado que dirige en Madrid la editorial Pliegos, en su libro titulado *García Márquez, el hechicero*, hace varias referencias a la admiración de parte de García Márquez hacia los caudillos latinoamericanos, y piensa que en este sentido hay algo de obsesión, a juzgar por el espacio que dedica al tema en sus obras y por sus opciones políticas: «El apoyo incondicional de García Márquez a Fidel Castro —indica— cae en buena parte dentro del campo psicoanalítico [...] cual es la admiración que el criador del Patriarca ha sentido, siempre y desmesuradamente, por los caudillos latinoamericanos brotados de las montoneras. Verbigracia, el coronel Aureliano Buendía, pero sobre todo el innominado dictador caribeño que como Fidel Castro envejece en el poder»[11]. Sin embargo, García Márquez insiste en que los lazos que los unen son de amistad, y ello se explica solo por afinidades naturales, independientemente del carácter de liderazgo político o la ideología: «Los amigos se establecen —comenta en el libro de Juan Luis Cebrián— por afinidades humanas. O sea, que los escritores son mis amigos no por ser escritores o intelectuales, sino por esa conexión especial que uno siente res-

---

[9] Plinio Apuleyo Mendoza, *El caso perdido. La llama y el hielo,* ob. cit., págs. 81-82.
[10] Ibídem, pág. 82.
[11] César Leante, *Gabriel García Márquez, el hechicero,* ob. cit., págs. 16-17.

pecto al otro. La fama da acceso prácticamente a la posibilidad de toda clase de amistades, y los jefes de Estado no se escapan. Lo que pasa es que con unos quedan los lazos y con otros no. También la amistad con ellos se establece más bien por ciertas afinidades humanas o literarias»[12]. Queda claro que él no ve el origen de esas amistades en la atracción ejercida por el reflejo del héroe de su infancia, sino más bien como mera casualidad y como resultante de la afinidad de intereses. Jon Lee Anderson escribe en su reportaje que, «por supuesto, García Márquez niega tener una obsesión por el poder: "No es mi fascinación con el poder —me dijo—. Es la fascinación que por mí sienten aquellos que están en el poder. Son ellos quienes me buscan y confían en mí"»[13]. Y sigue: «Cuando le repetí esa afirmación a uno de los mejores amigos de García Márquez en Bogotá estalló en risa. "Bueno, es lo que él dice, pero también contiene una verdad. Todos los presidentes latinoamericanos quieren ser sus amigos, pero él también quiere ser amigo de ellos. Desde que le conozco siempre ha tenido ese deseo de mantenerse cerca del poder. Gabo adora los presidentes. A mi mujer le encanta molestarlo diciéndole que a él se le para hasta con ver un viceministro"»[14].

VUELA, VUELA, PALOMITA

De esta forma se entiende mejor su actitud en el campo político latinoamericano y el papel que desempeña en Cuba desde finales de los setenta. César Leante advierte que «es considerado en Cuba como una especie de ministro de cultura, jefe de cinematografía y embajador plenipotenciario, no del Ministerio de Relaciones Exteriores, sino directamente de Castro, que lo emplea para misiones delicadas y confidenciales que no encarga a su diplomacia»[15]. Juan

---

[12] Juan Luis Cebrián, ob. cit., pág. 80.
[13] Ibídem.
[14] Jon Lee Anderson, art. cit., pág. 65.
[15] César Leante, *Gabriel García Márquez, el hechicero,* ob. cit., pág. 34.

Luis Cebrián llamó a García Márquez en uno de sus artículos «un mensajero político». Sostiene que «en realidad, no es sino un amigo de unos cuantos poderosos a los que trae y lleva mensajes, algunos importantes a la hora de salvar vidas humanas, liberar gente o mejorar la suerte de alguien. Él disfruta con esta especie de secretitos al oído entre jefes de Estado. Le fascina la confidencialidad de los encargos y se mueve en ella como pez en el agua» [16]. En 1977, García Márquez contestó a un cuestionario hecho por la revista mexicana *Hombre Mundo,* con más de treinta aproximaciones a su personalidad y aficiones. Ante la pregunta sobre su ocupación favorita, contestó sin pestañear: «Conspirar» [17].

Por eso, ciertas amistades le ofrecen unas satisfacciones personales que van más allá del simple trato afable y confiado: «García Márquez es verdaderamente un buen amigo de Fidel Castro. Eso le ha permitido a veces realizar tareas de Estado, hacer encargos, traer y llevar mensajes con discreción, que es algo que le encanta y que lo mismo cumple con Mijail Gorbachov que con Felipe González, Belisario Betancur o Carlos Andrés Pérez» [18]. César Leante, por esa razón, habla de Gabo como de «un llevaitrae, un cartero, un correveidile de Castro» [19], y cuenta detalles que muestran las tendencias nada ocultas de Gabo: «Curiosamente para ir al Lejano Oriente, como señaló un periodista, escogió el camino más largo: partiendo de México, Madrid, París, Moscú y por fin Tokio. El novelista dice que como tiene "pánico" a los aviones, programa sus viajes en etapas cortas. Sin embargo, en este viaje hay sospechas de que puede haber otras razones. Pues apenas puso los pies en Barajas llamó… a Felipe González. De haber telefoneado a Cela, a Delibes, a Torrente Ballester o a cualquier otro escritor, no habría llamado la atención, pues son colegas suyos. Pero se puso en contacto inmediatamente con el presidente del Gobierno español (antes, cuando era ministro de Cultura,

---

[16] Juan Luis Cebrián, ob. cit., pág. 49.

[17] Cf. Alfonso Rentería, *García Márquez habla de García Márquez,* Rentería Editores, Bogotá, 1979, pág. 157.

[18] En César Leante, *Gabriel García Márquez, el hechicero,* ob. cit., pág. 33.

[19] César Leante, *Fidel Castro: el fin de un mito,* Pliegos, Madrid, 1991, pág. 46.

llamaba también a Solana: parece que Gabo prefiere los políticos a los escritores, y a lo mejor es por eso que no llama a Semprún)»[20].

El colombiano realiza esa labor porque piensa que es necesaria, dadas las circunstancias por las que atraviesan Cuba y el resto de los países latinoamericanos. No se siente como el siervo manejado a sus anchas por el señor, ni como la paloma que instintivamente lleva los recados adonde lo necesita su rey, sino como un trabajo que su conciencia latinoamericana le exige: «Es mi deber poner todo al servicio de lo que es la revolución de América latina, y concretamente, al servicio de la defensa de la Revolución Cubana, que es en estos momentos uno de los deberes primordiales de todo revolucionario latinoamericano»[21]. En el monólogo concedido al periodista Juan Luis Cebrián, subraya claramente la estrecha relación entre Castro y el porvenir de América latina: «En los últimos diez años es mucho lo que se ha logrado en relación con una conciencia latinoamericana de gobiernos disímiles. Cada día hay una mayor unidad de acción y, digan lo que digan, el campeón en eso es Fidel»[22].

Uno de los textos que mejor muestra la imagen que tiene Gabo de su amigo es la introducción al libro de Gianni Minà *Habla Fidel*, donde se presenta a un personaje que roza la categoría del mito. Su imagen física es desestabilizadora e imponente: «Tal vez no es consciente del poder que impone su presencia, que parece ocupar de inmediato todo el ámbito, a pesar de que no es tan alto ni tan corpulento como parece a primera vista»[23]. Luego, es un caudillo (lo nombra él mismo así en este artículo[24]) que se preocupa por los individuos: «La esencia de su propio pensamiento podría estar en la certidumbre de que hacer trabajo de masas es fundamentalmente ocuparse de los individuos»[25].

[20] César Leante, *Fidel Castro: el fin de un mito,* ob. cit., pág. 45.

[21] Orlando Castellaños, «García Márquez en dos partes», *Prisma del Meridiano* 80(35): 31 (1976).

[22] Juan Luis Cebrián, ob. cit., pág. 81.

[23] Gabriel García Márquez, Introducción al libro de Gianni Minà, *Habla Fidel,* Edivisión Compañía, México, 1988, pág. 14.

[24] Ibídem, pág. 23.

[25] Ibídem, pág. 17.

Acude donde están las cuestiones que hay que solucionar, no se queda en su despacho sin preocuparse: «Como no es un gobernante académico atrincherado en sus oficinas, sino que va a buscar los problemas donde estén, a cualquier hora se ve su automóvil sigiloso, sin estruendos de motocicletas, deslizándose aun a altas horas de la madrugada por las avenidas desiertas de La Habana, o en una carretera apartada»[26].

Es también un hombre a quien le gusta el riesgo, la aventura: «El mayor estímulo de su vida es la emoción del riesgo»[27]. Y su única meta es ganar[28]. Explica también que sus intenciones son rectas, y que le interesa conocer la realidad objetiva de los sucesos que pasan, antes que caer en las trampas subjetivas del oscuro territorio del dominio: «Me he preguntado muchas veces si su afán de la conversación no obedece a la necesidad orgánica de mantener a toda costa el hilo conductor de la verdad en medio de los espejismos alucinantes del poder»[29].

Después le regala uno de los mejores piropos, al sugerir que su concepto de historia y de comunidad política emula al de los dos grandes inspiradores de la idiosincrasia latinoamericana: «Su visión de la América latina del porvenir es la misma de Bolívar y Martí: una comunidad integral y autónoma capaz de mover el destino del mundo»[30].

La conclusión no puede ser más apologética: se describe a un hombre que roza la perfección y la santidad, un nuevo mesías: «Este es el Fidel Castro que creo conocer, al cabo de incontables horas de conversaciones, por las que no pasan a menudo los fantasmas de la política. Un hombre de costumbres austeras e ilusiones insaciables, con una educación formal a la antigua, de palabras cautelosas y mo-

---

[26] Gabriel García Márquez, Introducción al libro de Gianni Minà, *Habla Fidel*, ob. cit., pág. 12.
[27] Ibídem, pág. 16.
[28] Ibídem, pág. 18.
[29] Ibídem, pág. 26.
[30] Ibídem, pág. 23.

dales tenues, e incapaz de concebir ninguna idea que no sea descomunal. Sueña con que sus científicos encuentren la medicina final contra el cáncer, y ha creado una política exterior de potencia mundial en una isla sin agua dulce, ochenta y cuatro veces más pequeña que su enemigo principal. Es tal el pudor con que protege su intimidad, que su vida privada ha terminado por ser el enigma más hermético de su leyenda. Tiene la convicción casi mística de que el logro mayor del ser humano es la buena formación de su conciencia, y que los estímulos morales, más que los materiales, son capaces de cambiar el mundo y empujar la historia. Creo que es uno de los grandes idealistas de nuestro tiempo, y que quizá sea esta su virtud mayor, aunque también su mayor peligro» [31].

Estas palabras, de finales de los ochenta, no hacen sino corroborar los elogios que, desde mitad de los setenta, le estaba dedicando en sus declaraciones. En 1975, después de su primer viaje a toda la isla, dice que Fidel «ha logrado suscitar en el pueblo el sentimiento más simple pero también el más codiciado y esquivo de cuantos han anhelado desde los más grandes hasta los más ínfimos gobernantes de la historia: el cariño. Lo ha conseguido, por supuesto, con su inteligencia política, con su instinto y su honradez, con su capacidad de trabajo casi animal, con su identificación profunda y su confianza absoluta en la sabiduría de las masas, y con la visión universal con que afronta hasta los problemas más insignificantes del poder cotidiano» [32]. Su vinculación personal con él, a lo largo de los años, llega a ser tan estrecha, que a finales de los noventa responde a Manuel Vázquez Montalbán: «Probablemente, si Fidel desaparece antes que yo, no vuelva a Cuba. De hecho, esta isla es como el paisaje de una amistad» [33].

---

[31] Gabriel García Márquez, Introducción al libro de Gianni Minà, *Habla Fidel*, ob. cit., págs. 26-27.

[32] Gabriel García Márquez, «Cuba de cabo a rabo», en *Obra periodística 4: Por la libre (1974-1995),* ob. cit., pág. 85.

[33] Manuel Vázquez Montalbán, ob. cit., págs. 560-561.

LA SENDA ESTRECHA

Para llegar al paraíso no hay que olvidar que la senda es estrecha y la puerta angosta, y solo al final del camino el peregrino olvida los sinsabores de la caminata. Gabo comenzó a recorrer esos vericuetos a partir de 1958. Quizá entonces pensaba de otra manera; sin embargo, ponerse a andar no fue suficiente. Con aquellos primeros artículos sobre el revolucionario Fidel, pendiente en la Sierra Maestra del movimiento de piezas de Batista, las puertas no se le abrieron enseguida. Se le veía predispuesto, positivo, interesado, condescendiente, pero no había quemado las naves ni su apoyo era incondicional. Años más tarde, como dice Vázquez Montalbán, Fidel le comentaría irónicamente que en aquellos textos iniciáticos de fines de los cincuenta «nadaba y guardaba la ropa» [34].

Al año siguiente, su participación en la «Operación Verdad» jugó a su favor, y su papel en Prensa Latina parecía catapultarle definitivamente hacia el oasis esperado; pero ese derrotero se truncó. A mitad de los sesenta —nos contaba Elizabeth Burgos, biógrafa de Rigoberta Menchú, en su apartamento del Barrio Latino de París—, Gabo pidió a la escritora y activista venezolana que le introdujera en la difícil y escurridiza maraña de la élite revolucionaria. Burgos había ingresado en el Partido Comunista de Venezuela en 1958 para luchar contra la dictadura de Pérez Jiménez. Por esas fechas, Gabo vivía en Venezuela y llegó a conocerla. Precisamente cuando cae el venezolano, García Márquez concibe la idea de escribir una novela que hable sobre el poder y los dictadores. Más adelante, Elizabeth se traslada a Cuba y vive los primeros pasos de la revolución, muy ligada a la cúpula revolucionaria, sobre todo al Che, con quien prepara, ayudados por Régis Debray, la expedición a Bolivia donde el argentino encontraría la muerte. En 1966 actuó como delegada en la Conferencia Tricontinental, que suponía un esfuerzo más de la izquierda internacional por apoyar las revoluciones latinoamericanas contra el imperialismo. En esos años no consiguió conectar al escritor con el

---

[34] Manuel Vázquez Montalbán, ob. cit., pág. 299.

proyecto cubano, y a principios de los setenta marchó a Chile para trabajar al servicio de Allende.

Perdida esa baza, Gabo lo intentó, aunque ponía sus condiciones, con el que era todavía, en aquella época, el marido de Burgos: Régis Debray. Este intelectual y político francés también estaba ligado a la revolución cubana desde el principio. Llegó a Cuba en 1961, viajó con el Che a Bolivia y allí fue apresado. Tras la muerte del argentino, fue condenado a treinta años de cárcel, pero en 1971 fue puesto en libertad, gracias a las gestiones de De Gaulle, del novelista André Malraux y del filósofo Jean-Paul Sartre, el cual había apoyado también la revolución desde los comienzos, pero se había distanciado a raíz del *caso Padilla.* En los ochenta fue asesor de Mitterrand para asuntos de América latina. Cuando Gabo acudió a él, acababa de salir de prisión. Estando en La Habana, reunido con Fidel Castro y Carlos Rafael Rodríguez, director del poderoso Instituto Nacional de Reforma Agraria, y uno de los «antiguos comunistas», ascendido hasta vicepresidente del Consejo de Estado, propuso a sus interlocutores que sería conveniente invitar al escritor García Márquez a Cuba, quizá a la Casa de las Américas, como se había hecho con otros escritores comprometidos como Cortázar o Vargas Llosa. Debray nos contaba todo esto una tarde fría de enero, conversando en el salón de su apartamento de la calle Odéon en París. Techos altos, suelos de parqué, libros por todas partes, cuadros valiosos, sabíamos que la persona que conversaba con nosotros tenía más de una cicatriz a causa de las torturas que sufrió en la cárcel de Camiri hace unos treinta y cinco años. Ni Castro ni Rodríguez mostraron interés en invitar al colombiano, porque no se fiaban de su grado de compromiso. Les parecía que sus artículos en defensa de la revolución y de la figura de Fidel no eran del todo claros. Sin embargo, algunas declaraciones de ese año ya eran palmarias, sobre su deseo de visitar la isla y conocer bien el paraíso cubano. González Bermejo, en la revista *Triunfo* de noviembre de 1971, le sondea:

—Hace poco declaraste en una entrevista que las cosas que te interesan en el mundo son la música de los Rolling Stones, la Revolución cubana y cuatro amigos. Resúmeme tu vinculación con la Revolución cubana.

—Yo creo en la Revolución cubana todos los días.

—¿Cuál es el aspecto que más te importa de la Revolución cubana?

—Me importa que haga su socialismo tomando en cuenta sus propias condiciones, un socialismo que se parezca a Cuba y nada más que a Cuba: humano, imaginativo, alegre, sin óxido burocrático. Esto es formidable para toda América latina, cuyas condiciones son muy parecidas a las de Cuba.

—¿Cuándo vas a Cuba?

—En cualquier momento. El borrador de mi libro lo tendré terminado en diciembre, y espero poder ir a Cuba los primeros meses del año que viene. Si yo no he ido antes a Cuba es por razones puramente prácticas: tenía que terminar mi novela[35].

Si Gabo no fue a Cuba entonces, ya sabemos por qué es, y no son precisamente razones prácticas, sino muy teóricas. Gabo debió de entender el mensaje anterior de Castro a Debray, pero no actuó, o no pudo, hasta 1975. Terminada de escribir su siguiente novela, *El otoño del patriarca,* lo intentó de nuevo. El asunto del *borrador* esconde una verdad más amarga para él. Pero ese es otro tema, y tendrá que ser tratado en otro momento.

[35] Alfonso Rentería, *García Márquez habla de García Márquez,* ob. cit., pág. 63.

5

ESE VIEJO GOBIERNO DE DIFUNTOS Y FLORES: EL PATRIARCA EN SU OTOÑO

Sin duda alguna, una de las épocas más interesantes de la vida de García Márquez es el periodo que va desde la publicación de *El otoño del patriarca,* en 1975, a la concesión del premio Nobel de Literatura, en 1982. En esa etapa se consolida su amistad con Fidel Castro y, en menor escala, con otros presidentes de países europeos y americanos. En Cuba, el panorama cultural adquiere nuevos vuelos, lejos ya del primer mazazo a la revolución que supuso el *caso Padilla,* y superado el «quinquenio gris» —los primeros setenta—, donde se publicaron bastantes obras de poca calidad. Es el momento en que se crea el Ministerio de Cultura, cuyo primer titular será Armando Hart, uno de los hombres fuertes del régimen desde los primeros años. Con esa institución, Cuba programará una estrategia para fomentar el incremento del patrimonio cultural. Políticamente, culmina la inserción en el bloque soviético mediante la aprobación de una Constitución basada en un 32 por 100 en el modelo de Stalin de 1936[1], y que fue aceptada en referéndum por el 95 por 100 de los votantes cubanos en 1976.

---

[1] Datos ofrecidos por el excelente estudio de Leonel-Antonio de la Cuesta, *Constituciones cubanas. Desde 1812 hasta nuestros días,* Ediciones Exilio, Nueva York, 1974.

En el terreno económico, la década de los setenta comienza con el fracaso de la zafra de los diez millones de toneladas de azúcar, plan alentado por Castro para reactivar la economía general del país, que se quedó en 8,5 millones y que hizo descuidar la producción de una gran cantidad de productos de primera necesidad. Para contrarrestar esta situación, la URSS comienza a mandar, a partir de la mitad de la década de los setenta, una ayuda anual de 4.000 millones de dólares, a lo que hay que sumar los beneficios generados por el macroprecio del azúcar y el níquel exportados por Cuba a los países del Este, más los precios irrisorios del petróleo recibido, del que una parte se utiliza para el consumo y otra para la reventa en el mercado mundial a precios internacionales. A todo esto hay que añadir los 300 millones de dólares en créditos de los países occidentales desde fines de los sesenta hasta esos años. Por último, un Castro reforzado emerge desde las bambalinas, ya que, a partir de ahora, concentrará una cantidad de poder hasta entonces impensable: será el presidente del Consejo de Estado, continuará siendo jefe supremo de las Fuerzas Armadas (con estos dos cargos puede asumir la dirección de cualquier organismo central, a la vez que fiscaliza el sistema judicial y el trabajo de los órganos del poder popular), preside el Consejo de Ministros y el Comité del Consejo de Ministros (habilitado este último para resolver cuestiones urgentes sin veto alguno de poder), y es el primer secretario del Partido Comunista de Cuba (partido único que posee todo el poder político de la isla), como lo era desde los comienzos de la revolución. Para sellar el sistema y poner la contratuerca, Raúl Castro (su hermano) se consolida como número dos del régimen al aparecer como segundo en jerarquía en cada uno de los órganos mencionados [2].

Constituido, entonces, Castro como patriarca plenipotenciario y omnipresente en un país cuya recuperación es alentada desde los países del Este y los países occidentales (excepto Estados Unidos) en

[2] Algunos de estos datos han sido extraídos del artículo de Pío E. Serrano, «De la revolución al modelo totalitario (1959-1998)», en VV.AA., *Cien años de historia de Cuba (1898-1998)*, Verbum, Madrid, 2000, págs. 239-240.

términos que cualquier otro país del Tercer Mundo hubiera firmado sin vacilar, la situación de la isla mejora ostensiblemente, gracias a una organización económica más eficiente, una mayor racionalidad en la gestión productiva, una utilización más eficaz de las inversiones y un énfasis en el entrenamiento gerencial, un predominio de la conciencia económica sobre la política, una mejora de los precios del azúcar y la postergación del pago de la deuda a la URSS junto con la apertura de nuevos préstamos y la circulación de créditos de las economías de mercado. En esas circunstancias se produce la publicación de *El otoño del patriarca* (1975) por el colombiano y el acercamiento definitivo a las barbas del poder insular.

Un día de mayo de 1975 las librerías de toda Colombia se llenan de papel firmado por Gabo, que cuenta la historia de un dictador latinoamericano que acaba de morir. Ese mismo día, como si se tratara de la noche de Navidad o Reyes Magos, las tiendas permanecen abiertas hasta que los cientos de miles de ejemplares desaparecen. Eso ocurrió hacia las diez de la noche[3]. Más tarde pasará algo parecido en otros países del entorno hispánico. Gabo no publicaba una novela desde 1967, *Cien años de soledad*. Era, por lo tanto, una ocasión esperada con ansiedad no solo por los colombianos, sino por medio mundo. El autor de la novela más apreciada del siglo XX en lengua española, después de ocho años, publicaba una nueva historia de militares macondianos, caribeños, jefes de Estado, poderosos en vías de extinción. Pero ¿qué hubo antes de esa fecha, entre los acontecimientos ya referidos de la invasión checa, donde tuvo sus más y sus menos con Fidel, y los sucesos del *caso Padilla,* que terminaron en 1971? Fueron años de periodismo militante y de estudio intenso para la recreación histórica del dictador. Nunca estuvo en Cuba en esa etapa, ni en los sesenta después de su trabajo en Prela, aunque alguna publicación, como *Expreso* de Lima, en su edición del 10 de julio de 1975, afirmara que hizo un viaje a la isla a fines del 67 y principios del 68. Se supone que habría sido para presentar su novela anterior, pero no queda constancia en los periódicos cubanos

---

[3] Pedro Sorela, ob. cit., pág. 233.

de esos años ningún viaje de Gabo a la isla. Amigos muy vinculados al escritor, como Roberto Fernández Retamar, presidente de la Casa de las Américas, o Dasso Saldívar, biógrafo de Gabo, nos han insistido en sendas entrevistas personales sobre esa larga ausencia del colombiano desde los primeros sesenta hasta el mismo año 1975 [4]. Pues bien, entre *Padilla* y el primer viaje de 1975 hay que destacar dos momentos importantes de acercamiento a las simpatías ideológicas de la revolución: la defensa de Allende y la crítica a Pinochet, y la participación en la revista *Alternativa*.

Allende fue el primer líder de izquierda radical que gana unas elecciones en América latina. Hasta entonces, todos los presidentes socialistas o comunistas habían llegado al poder, como Fidel Castro, por las armas. Este hecho produjo un estallido de optimismo en la izquierda latinoamericana, que vio abiertas las puertas a la posible disolución del terrorismo imperialista de Estados Unidos en los países de *Nuestra América,* gracias al frente Norte-Sur que se inauguraba en los setenta con la consolidación del régimen de Castro y el triunfo de la izquierda en el cono Sur. Desgraciadamente para las perspectivas de la izquierda, esas esperanzas tuvieron una corta vida, debido al golpe de Estado de Pinochet en 1973, que terminó con la vida del presidente comunista y del régimen chileno.

En ese momento, un García Márquez comprometido desde siempre con la izquierda latinoamericana dio el do de pecho, estrelló el puño contra la mesa y decidió convertirse en un político activo, desde su pantalla de escritor de fama. Al enterarse del bombardeo del palacio de la Moneda, tomó la firme decisión de no publicar más obras de ficción hasta que cayera el nuevo dictador (decisión que hizo pública en 1975, nada más publicar la novela sobre el dictador donde deseaba ridiculizar la figura de Pinochet y otros patriarcas latinoamericanos), e incluso se tomó la molestia de escribirle un telegrama, no precisamente de felicitación: «El pueblo chileno —escribía el colombiano— no permitirá jamás que lo gobierne una pandilla de

---

[4] Dasso Saldívar rescata de sus archivos otro viaje, en 1973, pero muy corto y sin repercusiones para el colombiano.

criminales como ustedes, que están a sueldo del imperialismo norteamericano»[5].

En 1974, urgido por la necesidad de contrarrestar el efecto nocivo que, desde su punto de vista, estaba generando el régimen chileno, publicó el libro *Chile, el golpe y los gringos,* obra poco conocida
pero que tuvo una gran difusión en aquellos años de aguas turbulen-
tas. En las primeras páginas hablaba con mucha fuerza del bloqueo
que Estados Unidos había impuesto sobre Chile en la época de
Allende, y cómo Cuba había colaborado para ayudar al país amigo
con el envío de un barco de azúcar gratis, justo en el momento en
que en Chile ya había manifestaciones populares por la carencia de
alimentos. También hablaba con términos harto elogiosos de la visita
que por aquellas fechas había hecho Fidel Castro a Chile, solidari-
zándose con el régimen de Allende y lanzando un mensaje de esperanza para ese pueblo que sufría carencias patentes[6]. A Dios gracias,
las amenazas de Gabo no se cumplieron, ya que durante el largo
mandato de Pinochet nos han llegado dos de las obras más importantes del premio Nobel colombiano: *Crónica de una muerte anunciada* (1981) y *El amor en los tiempos del cólera* (1985), además de
otra novela de menor importancia pero igualmente magistral, *El general en su laberinto* (1989), justo en los últimos estertores del gobierno de Pinochet. En 1975 decide «gastarse la fama en política»,
llevar hasta las últimas consecuencias su compromiso ideológico:
«De una manera u otra —confesó más tarde—, creo haber tenido
siempre una posición muy consecuente. Sin embargo, es mucho más
activa, mucho más militante, probablemente por un problema de
conciencia, a partir del golpe militar en Chile [...]. Entonces, en ese
momento, y francamente por primera vez en toda mi vida, empecé a
considerar que lo que yo tenía que hacer en política era más importante de lo que podía hacer en literatura». En un número de *Prensa
Latina* fue todavía mucho más claro: «¿Qué hago con esta fama?

---

[5] Pedro Sorela, ob. cit., pág. 240.

[6] Gabriel García Márquez, *Chile, el golpe y los gringos,* Editorial Latina, Bogotá,
1974, págs. 20 y 21.

¡Coño! —me dije—. Me la gasto en política. Es decir, la pongo al servicio de la revolución latinoamericana»[7]. En el número 188 de *Alternativa,* de noviembre de 1978, contesta a una entrevista titulada «La realidad se ha vuelto populista». Al principio, todas las preguntas tienen carácter político, hasta que el entrevistador cambia de tercio, e interviene:

> ALT: Bueno, basta de política. ¿Por qué no nos cuentas cómo va tu trabajo literario?
>
> GGM: Sí, carajo, es que a ustedes se les olvida que yo lo que soy es un escritor. Y estoy tratando de encontrar tiempo para escribir. Sigo fiel a mi promesa de no volver a publicar ficción hasta que caiga Pinochet. Pero veinticuatro horas después de que caiga —y va a caer— publico un libro de cuentos de latinoamericanos en Europa en el que vengo trabajando hace tiempo [pág. 6].

Se refiere Gabo a los *Doce cuentos peregrinos,* que vieron la luz un poco más tarde de esas veinticuatro horas prometidas, ya que el libro se publicó en 1992. Pero ya hemos adelantado que hubo tres novelas en medio. De todas formas, todavía hay algunas alusiones en entrevistas de los ochenta. En 1983, cuando su obra *Crónica de una muerte anunciada* era un clásico, se defiende ante una pregunta sobre aquella antigua promesa: «Aquellas declaraciones las hice tras la publicación de *El otoño del patriarca.* Francamente, estaba furioso. Había estado siete años trabajando en ese libro, y lo primero que me preguntaron fue qué planes tenía para después de esa novela. Cuando me hacen semejantes preguntas invento toda clase de respuestas, lo que sea con tal de dejarlos contentos. En realidad, no tenía ningún plan inmediato de escribir otra novela, y esa respuesta eliminaba de paso aquella repugnante pregunta de las entrevistas posteriores»[8]. No se puede asegurar, por lo tanto, que su decisión hubiera sido tan firme. Quizá pensaba que Pinochet duraría menos.

---

[7] Pedro Sorela, ob. cit., págs. 245-246.
[8] En *Playboy,* marzo de 1983, pág. 26.

Algunos comentan que es un gran jugador de póquer, como su amigo Fidel. Nosotros no lo sabemos, pero esto puede llamarse, sin temor a equivocarnos, un gran farol. Lo que queda claro es que el efecto publicitario de su actitud fue enorme, lo cual quizá contribuyó, por un lado, a crear un ambiente contrario al régimen dictatorial chileno, y por otro, a generar una gran expectación con respecto a su obra posterior. Por eso, no es de extrañar que la primera edición de *Crónica de una muerte anunciada* (1981) marcara un récord histórico impensable, pues se lanzaron simultáneamente 999.999 ejemplares en todos los países de habla hispana, y se agotaron en un abrir y cerrar de ojos. Una obra que, como él mismo afirmó, fue escrita «en calzoncillos, de nueve de la mañana a tres de la tarde durante catorce semanas sin tregua, sudando a mares en la pensión de hombres solos donde vivió Bayardo San Román los seis meses que estuvo en el pueblo»[9]. Además, el efecto «antipinochet» tuvo repercusiones posteriores, al publicar en 1986 un nuevo libro sobre temas chilenos, *La aventura clandestina de Miguel Littin en Chile,* acerca de un director de cine que se introduce en el país para filmar una película de contenido crítico, obra que, junto con otras del mismo autor, el mismo Pinochet mandó quemar públicamente en Valparaíso en 1987. Por lo visto, un espectáculo semejante no se veía en el mundo civilizado desde los tiempos de Hitler. Posteriormente, Gabo ha comentado este peculiar acontecimiento con ironía, humor y cierto orgullo, por considerar que una decisión de ese calibre significa que el efecto producido por su obra ha traspasado los límites de lo previsto o deseado.

El otro aspecto al que hacíamos referencia como antecedente «comprometido» de la novela del dictador fue la participación en la revista *Alternativa.* En 1974 se funda en Bogotá la revista de ese nombre, semanario radical de izquierdas con información general, que consiguió romper el cerco clandestino de las publicaciones de esa índole, hasta entonces relegadas a la distribución casi personal y a una existencia efímera. Por fin una revista radical conquistaba los

---

[9] Pedro Sorela, ob. cit., pág. 251.

quioscos colombianos, gracias a una financiación ciertamente «militante», pues muchos radicales aportaban buenas cantidades de dinero para que tuviera una presencia digna y dilatada. García Márquez apoyó desde el principio la iniciativa, encabezando el consejo de administración y publicando allí sus escritos más revolucionarios, algunos de los cuales, cómo no, sobrevolaban la isla y sus problemas. Títulos como «Cuba de cabo a rabo», «Los meses de tinieblas: El Che en el Congo», «Una nación entera en la escuela primaria», etc., parecían más bien textos apologéticos escritos por sobrevivientes de la Sierra Maestra que artículos de un periodista extranjero sin intereses nacionales. Con estas credenciales, el año de la publicación de *El otoño del patriarca* fue también el de la entrada paulatina, a pie firme, en Cuba, del hombre que, en cinco o seis años, iba a convertirse en el político sin cartera más poderoso de América latina, y quién sabe si también del mundo occidental.

PATRIARCAS DE LAS CUATRO ESTACIONES

La novela en la que Gabo estudia la figura del dictador está relacionada con su fascinación por el poder. En la lexicología posmoderna se suelen utilizar sintagmas como «erótica del poder» o «borrachera de poder» para denominar el vicio en el que incurre aquel que ha experimentado profundamente el placer de mandar en una institución cualquiera. Generalmente, los que han gobernado de un modo absoluto, no piensan en abandonar el poder, y se sienten muy cómodos en su papel de dueños de todo lo que les rodea, porque les permite ser arbitrarios y actuar con perfecta autodeterminación. Una atracción que se autoalimenta y es insaciable. García Márquez, que tiene un olfato especial para detectar animales políticos ávidos de poder, proyectó una obra que pudiera encarnar el prototipo de dictador eterno, y tardó casi veinte años en culminar el trabajo.

En un artículo del 30 de septiembre de 1981, titulado «Los idus de marzo», explica cómo se generó su fascinación por los secretos, miserias y grandezas del poder: «Mi preocupación por los misterios del poder tuvo origen en un episodio que presencié en Caracas por la época en que leí por primera vez *Los idus de marzo,* y ahora no sé a ciencia cierta cuál de las dos cosas ocurrió primero. Fue a principios de 1958. El general Marcos Pérez Jiménez, que había sido dictador de Venezuela durante diez años, se había fugado para Santo Domingo al amanecer. Sus ayudantes habían tenido que izarlo hasta el avión con una cuerda, pues nadie tuvo tiempo de colocar una escalera, y en las prisas de la huida olvidó su maletín de mano, en el cual llevaba su dinero de bolsillo: trece millones de dólares en efectivo. Pocas horas después, todos los periodistas extranjeros acreditados en Caracas esperábamos la constitución del nuevo Gobierno en uno de los salones suntuosos del palacio de Miraflores. De pronto, un oficial del Ejército en uniforme de campaña, cubriéndose la retirada con una ametralladora lista para disparar, abandonó la oficina de los conciliábulos y atravesó el salón suntuoso caminando hacia atrás. En la puerta del palacio encañonó un taxi, que le llevó al aeropuerto, y se fugó del país. Lo único que quedó de él fueron las huellas de barro fresco de sus botas en las alfombras perfectas del salón principal. Yo padecí una especie de deslumbramiento: de un modo confuso, como si una cápsula prohibida se hubiera reventado dentro de mi alma, comprendí que en aquel episodio estaba toda la esencia del poder. Unos quince años después, a partir de ese episodio y sin dejar de evocarlo, o sin dejar de evocarlo de un modo constante, escribí *El otoño del patriarca»* [10].

En la entrevista con Jon Lee Anderson, concreta que lo que más le llamó la atención de esa escena fue la rapidez con que decidió quién sería el sucesor, como si el poder, esa realidad tan sagrada, pudiera tratarse de un modo tan natural. «Pocos instantes después de la retirada del general —apunta Jon Lee— se había logrado un acuerdo en la habitación: el nuevo gobernante venezolano sería el contraalmirante Wolfgang Larrazábal.» Y Gabo señala: «No podía creer que fuese en esa forma en que se definiera el poder. En ese mo-

---

[10] Gabriel García Márquez, «Los idus de marzo», en *Notas de Prensa (1980-1984)*, Mondadori, Madrid, 1991, págs. 162-163.

mento ocurrió algo»[11]. En otra entrevista, concedida al diario *El País* en 1978, se produce el siguiente diálogo:

> —Por último, me gustaría que explicase por qué le atraen tanto los dictadores, los hombres poderosos como Franco, Torrijos, Fidel...
>
> —Torrijos, muerto de risa, me dijo muchas veces que lo que me ocurre es que tengo debilidad por los dictadores. Todo gobierno es un gobierno de clase, pero la personalidad de los individuos tiene una gran importancia, particularmente en América latina. Allí el caudillismo está dentro de la más pura tradición histórica y pasará mucho tiempo antes de que se pueda exterminar por completo. Eso no quiere decir que no se pueda hacer una revolución con su caudillo, de la misma forma que ustedes piensan, según parece, que la pueden hacer con un rey[12].

Pocos meses después de recibir el premio Nobel, en marzo de 1983, una revista tan literaria y cultural como *Playboy* publica una de las mejores y más extensas entrevistas realizadas al autor colombiano, la cual, por otro lado, es bastante poco conocida. Nosotros supimos que existía gracias a un colombiano con el que coincidimos en una recepción en Nueva York. Habíamos ido al Graduate Center de la City University of New York para impartir una conferencia, en un edificio maravilloso situado en la misma esquina de la calle 34 y la Quinta Avenida de Manhattan, justo enfrente del Empire State, y en el aperitivo que los anfitriones ofrecen después de este tipo de actos comentamos nuestro tema de investigación con este colombiano, que se encontraba realizando sus estudios de doctorado en esa universidad. Nos dio el dato, y nos pusimos a buscar el texto, lo cual no fue fácil, porque cuando preguntamos a la directora del departamento dónde podíamos encontrar números atrasados de *Playboy,* puso una cara de espanto. «No me imaginaba eso de vosotros», comentó impresionada. Cuando le aclaramos las intenciones, nos ayudó a buscar la sede en Nueva York, pero no fue posible acudir allí

---

[11] Jon Lee Anderson, art. cit., pág. 58.
[12] Alfonso Rentería, ob. cit., pág. 172.

porque ya habían cerrado, y al día siguiente salíamos temprano para Boston. Todavía pasó algo más de un año, lanzando recados a amigos periodistas de Perú, Estados Unidos, Puerto Rico, pero el texto no aparecía. Y en la *web page* cualquiera puede adivinar cuáles son las únicas imágenes con las que uno se topa... hasta que hace unos meses alguien tuvo la «simpleza» de llamar al 1003 y preguntar por la sede de *Playboy* en España. Nos dieron un número de teléfono de Barcelona, y a los tres días el artículo estaba en nuestro poder, gracias a una gestión rápida del servicio de atención al cliente de la empresa. Pero solo nos enviaron el artículo, fotocopiado, y no el ejemplar entero de la revista, con su portada correspondiente y los pósteres interiores. Hacia el final de la entrevista (págs. 25 y 26 del número) aparece el siguiente diálogo:

«PLAYBOY»: Nos han contado que usted descartó el primer borrador de *El otoño del patriarca* porque parecía un epígono de *Cien años de soledad*. ¿Es cierto?

GARCÍA MÁRQUEZ: En parte es cierto. Intenté escribir la novela tres veces. La primera vez que lo hice, el argumento se basaba en mis recuerdos de La Habana de 1959. Había cubierto como periodista el proceso contra uno de los principales generales de Batista, que fue juzgado, por haber cometido crímenes de guerra, en un gran estadio de béisbol. Lo que a mí me interesaba eran las posibilidades literarias de desarrollar esa situación. Así que cuando empecé a escribir *El otoño del patriarca* pensé que su estructura podía basarse en el monólogo interior del protagonista sentado en medio del estadio. Sin embargo, poco después de empezar a escribir, descarté por completo esa idea. No era verosímil. Los dictadores latinoamericanos, los más importantes, o bien han muerto en la cama o han debido escapar llevándose grandes fortunas. Cuando decidí escribir la novela por segunda vez, lo hice en forma de biografía novelada, y esta versión, en efecto, se parecía mucho estilísticamente a *Cien años de soledad*. Así es que, con pesar, también tuve que descartarla. Sinceramente, no comprendo por qué tanta gente esperaba que *El otoño del patriarca* se pareciese a *Cien años de soledad*. Supongo que si hubiera querido asegurarme el éxito comercial, lo mejor que podría haber hecho es continuar *Cien años de soledad* toda mi vida. Podría haber utilizado la típica triquiñuela de Hollywood: *El regreso del coronel Aureliano Buendía.* Finalmente decidí recurrir a una estructura basada en monólogos múltiples, lo que permite reflejar la vida del pueblo bajo la dictadura. Hay distintas voces que cuentan lo mismo desde perspectivas diferentes. Más tarde tuve que superar un nuevo obstáculo: yo nunca había vivido en un régimen dictatorial de viejo cuño. Para poder hacer la novela precisaba saber cómo era la vida diaria en países con dictaduras de muchos años. En la época en que escribía la novela había dos países de interés en este sentido: España y Portugal. Mercedes y yo decidimos, pues, trasladarnos a la España del franquismo, más concretamente a Barcelona. Pero una vez que estuvimos en España, comprobé que algo fallaba en la ambientación del libro, todo era demasiado frío. Así es que volvimos a mudarnos en busca de una mejor disposición para escribir la novela. Esta vez fuimos al Caribe, tras haber permanecido mucho tiempo lejos. Cuando llegamos a Colombia, algún periodista me preguntó: «¿Qué ha venido a hacer en su país?». A lo que respondí: «Quiero acordarme del olor de las guayabas». Después recorrimos todas las islas del Caribe, no para tomar notas, simplemente para vivir allí. De regreso a Barcelona reanudé la escritura del libro sin ningún esfuerzo.

De esa época queda un testimonio clarísimo de la obsesión con la que Gabo se había entregado a los abismos y misterios del poder. Cuenta su amigo Teodoro Petkoff que un día, en Barcelona, después de haber comentado el manuscrito, todavía no publicado, de *El otoño del patriarca,* salió a colación el «tema» de Franco. De repente, el colombiano dijo a Petkoff, pensativamente: «¿Qué será el poder? Es como si fuera una pelotica que algunos tienen en la mano y a la cual acarician constantemente» [13].

García Márquez no escribe con prisa ni con superficialidad. Cada texto que da a las prensas es algo meditado, trabajado, decidido conscientemente, elaborado hasta la saciedad. Se sabe que *El co-*

---

[13] Teodoro Petkoff, «Los tiempos de la izquierda», *Cambio.com,* 7-X-2002, pág. 1, en <http://66.220.28.29/calle22/portada/articulos/81/>.

ronel no tiene quien le escriba tuvo once borradores antes de ser publicada la versión definitiva, y también que para un cuento de once páginas utilizó quinientos folios. Por eso no extraña que, para una novela tan importante desde el punto de vista de sus obsesiones e intereses personales, políticos e ideológicos, recorriera un camino tan largo, de muchos años y redacciones múltiples. Porque se trata de exponer una completa radiografía del poder, más concretamente del poder absoluto y en soledad, tal como lo han vivido los dictadores más eximios. Para ello García Márquez se somete a un duro entrenamiento que consiste en leer biografías de dictadores, novelas que traten sobre personajes que han ejercido el poder de modo absoluto, y recabar información sobre caudillos contemporáneos, algunos todavía en activo. De las fuentes clásicas, el personaje que más le interesa es Julio César. Uno de los libros que más le ayudó fue la novela de Thorton Wilder *Los idus de marzo,* con la que trabajó varias veces y en ocasiones diferentes, sobre todo para la redacción de *El otoño del patriarca,* «como una fuente deslumbrante de la grandeza y las miserias del poder» [14]. Pero esa personalidad histórica le sedujo de tal modo, que indagó en otras fuentes: «Antes de *Los idus de marzo* —explica—, lo único que yo había leído sobre Julio César eran los libros de texto del bachillerato, escritos por los hermanos cristianos, y el drama de Shakespeare, que, al parecer, le debe más a la imaginación que a la realidad histórica. Pero a partir de entonces me sumergí en las fuentes fundamentales: el inevitable Plutarco, el chismoso incorregible Suetonio, el árido Carcopino y los comentarios y memorias de guerra del propio Julio César» [15].

Otro personaje clásico que está presente en el dictador caribeño es Edipo Rey, que conecta con el patriarca en múltiples aspectos: Edipo gobierna un mundo cerrado donde los acontecimientos ocurren de un modo inexorable, y el hombre acaba siendo víctima de su propio destino. El espacio real de Tebas, recreado magistralmente por Sófocles,

---

[14] Gabriel García Márquez, «Los idus de marzo», en *Notas de prensa (1980-1984),* ob. cit., pág. 162.

[15] Ibídem, pág. 163.

se convierte en un lugar mítico indefinido, dispuesto a ser testigo de la conclusión trágica. Además, el pueblo aparece como anónimo y despersonalizado, una masa que representa más bien un coro de voces. «Como si fuera un corifeo griego. Aunque los moldes narrativos utilizados son bien diferentes, como corresponde a épocas muy distantes en la creación literaria, ambas obras participan del mismo espíritu: la dialéctica entre el poder supremo, representado por un solo individuo, y el pueblo, ejemplificado en el anonimato de la muchedumbre» [16].

Sin embargo, las fuentes más importantes se mueven en el ámbito latino y en la época actual. Comenzando por figuras como Moctezuma, Juan Manuel Rosas, etc., los dictadores más familiares son los que él mismo reconoce como fuentes inmediatas: «Mi experiencia de escritor —advierte en un artículo del verano de 1981— más difícil fue la preparación de *El otoño del patriarca*. Durante casi diez años leí todo lo que me fue posible sobre los dictadores en América latina, y en especial del Caribe, con el propósito de que el libro que pensaba escribir se pareciera lo menos posible a la realidad. Cada paso era una desilusión. La intuición de Juan Vicente Gómez era mucho más penetrante que una facultad adivinatoria. El doctor Duvalier, en Haití, había hecho exterminar los perros negros en el país, porque uno de sus enemigos, tratando de escapar de la persecución del tirano, se había escabullido de su condición humana y se había convertido en perro negro. El doctor Francia, cuyo prestigio de filósofo era tan extenso que mereció un estudio de Carlyle, cerró a la República del Paraguay como si fuera una casa, y solo dejó abierta una ventana para que entrara el correo. Antonio López de Santana enterró su propia pierna en funerales espléndidos. La mano cortada de Lope de Aguirre navegó río abajo durante varios días, y quienes la veían pasar se estremecían de horror, pensando que aun en aquel estado aquella mano asesina podía blandir un puñal. Anastasio Somoza García, en Nicaragua, tenía en el patio de su casa un jardín

---

[16] José Manuel Camacho Delgado, *Césares, tiranos y santos en «El otoño del patriarca». La falsa biografía del guerrero*, Diputación Provincial, Sevilla, 1997, pág. 142. Algunas de las ideas anteriores han sido extraídas de la misma fuente.

zoológico con jaulas de dos compartimentos: en uno estaban las fieras, y en el otro, separado apenas por una reja de hierro, estaban encerrados sus enemigos políticos. Martines, el dictador teósofo de El Salvador, hizo forrar con papel rojo todo el alumbrado público del país, para combatir una epidemia de sarampión, y había inventado un péndulo que ponía sobre los alimentos antes de comer, para averiguar si no estaban envenenados [...]. En síntesis, los escritores de América latina y el Caribe tenemos que reconocer, con la mano en el corazón, que la realidad es mejor escritor que nosotros. Nuestro destino, y tal vez nuestra gloria, es tratar de imitarla con humildad, y lo mejor que nos sea posible» [17].

En fin, a esta lista podrían añadirse Melgarejo en Bolivia, Trujillo en la República Dominicana, Machado o Batista en Cuba, Porfirio Díaz en México, Estrada Cabrera en Guatemala, Óscar Benavides en Perú o Maximiliano Hernández en El Salvador, es decir, patriarcas de las cuatro estaciones: algunos ya habían concluido su invierno y descansaban en una tumba, otros comenzaban su primavera de poder, otros se encontraban en el apogeo del verano y había quienes permanecían todavía, después de largos años de gobierno, en su otoño particular. En cuanto a Franco, no dudó en hacerle partícipe del festín de tiranos, siendo testigo de su otoño y de su largo invierno, casi confundido con la eternidad. En 1978 contesta a las preguntas que Ángel Harguindey le hace para *El País* en los siguientes términos:

AH: Casi con unanimidad todos los comentarios y críticos literarios señalaron que la realidad de la muerte de Franco superó en sordidez y dramatismo la muerte descrita en su novela. Desde la perspectiva del creador de *El otoño del patriarca*, ¿qué reflexiones le produjo la larga agonía y muerte de Franco?

GGM: Es probable que en este caso, y hablando concretamente del proceso de la muerte de Franco, creo que la realidad superó la

---

[17] Gabriel García Márquez, «Algo más sobre literatura y realidad», en *Notas de Prensa (1980-1984)*, ob. cit., pág. 121.

ficción, pero tienes que reconocer que la ficción fue precedente y que los dueños de Franco no dejaron esa realidad a merced de Dios, sino que ellos mismos se encargaron de manipularla. Franco tuvo una muerte que hubiera sido irreal en literatura [...]. Cuando yo empecé a planear *El otoño del patriarca* me di cuenta, primero, de que no me quería perder la experiencia que habían tenido los españoles bajo un régimen dictatorial como el de Franco y, después, no quería privarme de esa experiencia de vivir una dictadura al antiguo estilo para trabajar en el libro. El pacto que tenía conmigo mismo de no venir a España se me convirtió en un interés de signo contrario: el de venir a España a esperar que muriera Franco. Había pensado estar tres años y me quedé siete. Llegué a la conclusión de que Franco no se moriría nunca y empecé a temer que era un experimento de la eternidad [18].

Ciertamente, el ámbito hispánico, sobre todo en *Nuestra América,* es propicio a la figura del caudillo, verdadero «animal mitológico de América latina», según García Márquez [19], ya que «la personalidad de los individuos tiene una gran importancia, particularmente en América latina. Allí el caudillismo está dentro de la más pura tradición histórica y pasará mucho tiempo antes de que se pueda exterminar» [20]. Esa es la razón por la que «el tema del dictador ha sido una constante de las letras latinoamericanas —afirma Gabo— desde sus orígenes, y lo seguirá siendo más a medida que se tenga una más amplia perspectiva histórica sobre el personaje» [21].

Con todos estos ingredientes, García Márquez trata de dar una visión general del poder como actitud política de dominio, pero también como tendencia universal. El dictador es solo la extensión pública del pequeño tirano que todos llevamos dentro y con el que convivimos hasta que se pone de manifiesto. Es uno de los grandes

---

[18] En Alfonso Rentería, ob. cit., pág. 170.

[19] Entrevista de Eva Norvind para la revista *Hombre de Mundo* de 1977. Cit. en Alfonso Rentería, ob. cit., pág. 152.

[20] En Alfonso Rentería, ob. cit., pág. 172.

[21] Ibídem, pág. 152.

misterios de la humanidad, imposible de descifrar. El intelectual solo puede describirlo, asombrarse ante esa realidad y descubrir las pautas generales a través de las cuales se pone en movimiento, pero nada más. En la obra del colombiano es posible rastrear unas pautas de comportamiento que delimitan las tendencias vitales de esos animales mitológicos, asombrosamente coincidentes. Por lo general «suelen tener estrechas relaciones con su madre, participan de una ambición y vanidad desmesuradas, son megalómanos, excéntricos, dados a la vida disipada en muchos casos y en otras ocasiones a la vida espartana, haciendo del trabajo una auténtica religión. Son egocéntricos hasta límites insospechados, lo que les invita a prácticas mesiánicas de todo tipo. La mayoría se creen inmortales y viven al máximo de sus posibilidades. Casi todos [...] son conscientes de la división que existe entre el poder y el gobierno, por lo que suelen delegar en personas de confianza el ejercicio gubernamental y se reservan para sí todos los mecanismos de control de la sociedad. Practican además el nepotismo y suelen confundir con el mayor descaro las fronteras entre lo público y lo privado, gobernando el país como si fuera una más de sus muchas propiedades»[22].

No se vayan todavía, aún hay más. Hemos bajado un momento, aprovechando que ha parado un poco de nevar en Bruselas, a buscar unas copias de las fotos en las que el Nobel colombiano, como Forrest Gump, posa con algunos presidentes muy peculiares.

---

[22] José Manuel Camacho Delgado, ob. cit., págs. 172-173.

6
¿QUIÉN FALTA EN LA FOTO DE FAMILIA?

No solo los lectores más avezados, no solo los más perversos, sino cualquier testigo de la obra del premio Nobel colombiano y del capítulo que nos antecede habrá notado una ausencia singular: el dictador latinoamericano que más tiempo ha estado en el poder en el siglo XX, que continúa en el poder relativamente joven y saludable en lo que llevamos del XXI, y que ha entrado en el *Guinness* de los récords por el discurso más largo de la historia (más de nueve horas), no salió en la foto de los patriarcas. Solo hay dos posibilidades: o no es un dictador, o quien hizo la instantánea lo ha dejado fuera por algún motivo.

En líneas generales, la izquierda latinoamericana y europea se niegan a llamar dictador a Castro, y lo único que aducen como argumento es que lleva más de cuarenta años resistiendo un bloqueo descomunal y desafiando con éxito al país más poderoso del mundo. Cierto, loable y admirable; pero resistir un bloqueo deleznable y combatir al gran monstruo no es sinónimo de respeto a las libertades fundamentales ni garantía para la democracia. Es más, ese desafío ha generado un régimen de los más férreos, cerrados y caudillistas de toda la historia de Latinoamérica, se quiera aceptar o no.

Y aunque García Márquez intenta no pisar en falso y llevarse a su patriarca lejos de las barbas de la revolución cubana, el hecho es que las similitudes, involuntarias, entre el protagonista de *El otoño del patriarca* y Castro son obvias, salvando las exageraciones propias del estilo apocalíptico de García Márquez, pues se trata de un hombre de un país del Caribe que «gobernaba como si se supiera predestinado a no morirse jamás» [1], y «cuando lo dejaron solo otra vez con su patria y su poder no volvió a emponzoñarse la sangre con la conduerma de la ley escrita sino que gobernaba de viva voz y de cuerpo presente a toda hora y en todas partes con una parsimonia rupestre pero también con una diligencia inconcebible a su edad» (11); era omnipresente «pues siempre parecía que se desdoblaba, que lo vieron jugando dominó a las siete de la noche y al mismo tiempo lo habían visto prendiendo fuego a las bostas de vaca para ahuyentar los mosquitos en la sala de audiencias» (12); era más temido que querido, ya que «nadie le ha dicho nunca lo que piensa de veras sino que todos le dicen lo que saben que usted quiere oír mientras le hacen reverencias por delante y le hacen pistola por detrás» (27), y «cuanto más ciertos parecían los rumores de su muerte, más vivo y autoritario se le veía aparecer en la ocasión menos pensada para imponerle otros rumbos imprevisibles a nuestro destino» (45); «se estimaba que en el transcurso de su vida debió tener más de cinco mil hijos, todos sietemesinos, con las incontables amantes sin amor que se sucedieron en su serrallo» (48), y muy pocos tenían —y este es el caso actual de García Márquez— «bastante confianza con él para pedirle la liberación de un preso o el perdón de un condenado a muerte» (63); además, los instrumentos de propaganda del poder interpretan los hechos históricos, políticos y hasta naturales como triunfos del régimen, «pues los órganos oficiales proclamaron el paso del cometa como una victoria del régimen contra las fuerzas del mal» (80); siempre iba con su uniforme, pues así lo encontraron cuando murió (82, 121, 176).

Asimismo, se presentaba con frecuencia por sorpresa en muchos lugares: «En los orígenes de su régimen aparecía en los pueblos a la

---

[1] Gabriel García Márquez, *El otoño del patriarca,* RBA, Barcelona, 1995 (1.ª ed., 1975), pág. 10. A partir de ahora, todas las citas de esa obra se harán dentro del texto sobre la base de esta edición, con el número de página entre paréntesis.

hora menos pensada sin más escolta que un guajiro descalzo con un machete de zafra y un reducido séquito de diputados y senadores que él mismo designaba con el dedo según los impulsos de su digestión, se informaba sobre el rendimiento de las cosechas y el estado de salud de los animales y la conducta de la gente [...] y aunque parecía adormilado por el calor no dejaba sin esclarecer un solo detalle de cuanto conversaba con los hombres y mujeres que había convocado en torno suyo» (84); rápidamente se había convertido en un mito: «su leyenda había empezado mucho antes de que él mismo se creyera dueño de todo su poder» (87); a veces el narrador recuerda viejos tiempos en que el patriarca «aún se creía mortal y tenía la virtud de la duda y sabía equivocarse» (89); a veces no le era fácil distinguir a los súbditos fieles de los contrarrevolucionarios: «sin poder distinguir en aquel matorral de ovaciones quiénes eran los buenos patriotas de la patria y quiénes eran los matreros porque todavía no habíamos descubierto que los más tenebrosos eran los que más gritaban que viva el macho, carajo, que viva el general» (94); de vez en cuando procuraba «que nadie se quedara sin comprobar que él era otra vez el dueño de todo su poder con el apoyo feroz de unas fuerzas armadas que habían vuelto a ser las de antes desde que él repartió entre los miembros del mando supremo los cargamentos de vituallas y medicinas y los materiales de asistencia pública de la ayuda exterior» (101); continuamente los órganos oficiales cuidaban, por medio del engaño, la imagen pública de la revolución: «dieron fe pública de que habían encontrado las cárceles clausuradas, la patria en paz, cada cosa en su puesto, y no habían hallado ningún indicio para confirmar la suspicacia pública de que se hubieran o se hubiesen violado de intención o de obra, por acción u omisión, los principios de los derechos humanos, duerma tranquilo, mi general» (105).

Como ocurre con todos los dictadores conocidos, expulsaba a quien le era molesto: «Dio la orden de que pusieran al nuncio en una balsa de náufrago con provisiones para tres días y lo dejaran al garete en la ruta de los cruceros de Europa para que todo el mundo sepa cómo terminan los forasteros que levantaban la mano contra la majestad de la patria, y que hasta el Papa aprenda desde ahora y para siempre que podrá ser muy Papa en Roma con su anillo al dedo en su poltrona de oro, pero que aquí yo soy el que soy yo, carajo, polle- rones de mierda» (137); y no pensaba en la sucesión ni dejaba que nadie se preocupara por ello: «Se había negado en sus instancias se- niles a tomar ninguna determinación sobre el destino de la patria después de él, había vencido con una invencible terquedad de viejo a cuantas sugerencias se le hicieron» (160), porque «al fin y al cabo cuando yo me muera volverán los políticos a repartirse esta vaina como en los tiempos de los godos, ya lo verán, decía, se volverán a repartir todo entre los curas, los gringos y los ricos, y nada para los pobres, porque esos estarán siempre tan jodidos que el día en que la mierda tenga algún valor los pobres nacerán sin culo» (160-161). «No había otra patria que la hecha por él a su imagen y semejanza con el espacio cambiado y el tiempo corregido por los designios de su voluntad absoluta» (161), y con las lecciones sobre cómo se ejerce el poder muy bien aprendidas: «Se lo hizo repetir tantas veces cuan- tas creyó necesarias para que el niño no olvidara nunca que el único error que no puede cometer ni una sola vez en toda su vida un hom- bre investido de autoridad y mando es impartir una orden que no esté seguro de que será cumplida» (181), con un conocimiento asombroso de la psicología de los que comparten con él algunas mi- gajas de poder: «Nadie tiene necesidad ni ganas de matarme, ustedes son los únicos, mis ministros inútiles, mis comandantes ociosos, solo que no se atreven ni se atreverán a matarme nunca porque saben que después tendrán que matarse los unos a los otros» (235); de vez en cuando sentía la urgencia de recordar que había sido «proclamado comandante supremo de las tres armas y presidente de la república por tanto tiempo cuanto fuera necesario para el restablecimiento del orden y el equilibrio económico de la nación» (238), etc.

No es extraño, por lo tanto, que algunos críticos hayan reparado en esos paralelismos: Plinio Apuleyo Mendoza, por ejemplo, escribe que «Fidel se parece a sus [de García Márquez] más constantes cria- turas literarias»[2]. García Márquez se construyó de niño la imagen de

---

[2] Plinio Apuleyo Mendoza, *El caso perdido. La llama y el hielo,* ob. cit., pág. 82.

un héroe que, bajo la influencia de las historias de su abuelo, se convirtió en un caudillo latinoamericano. Este caudillo, como afirma Apuleyo Mendoza, vuelve en la mayoría de sus novelas, entre las que encontramos *El otoño del patriarca*. César Leante no solo lo menciona más explícitamente, sino que también llama la atención sobre el hecho de que esta novela era la única de García Márquez que no se publicó enseguida en Cuba. Asegura que hubo un «veto inicial de Castro»[3], aunque nosotros no hemos encontrado el documento que lo acredite. Estas son las palabras de Leante: «Cuando en 1981 apareció la edición cubana de *Crónica de una muerte anunciada,* en la contraportada del libro podía leerse esta nota: "La Casa de las Américas ha publicado *Cien años de soledad, El coronel no tiene quien le escriba, La mala hora, La hojarasca* y todos sus cuentos. Su novela *El otoño del patriarca* ha disfrutado de una gran difusión en el mundo entero". Esto es, disimuladamente se estaba confesando que en Cuba se había publicado toda la narrativa de García Márquez, excepto *El otoño del patriarca*»[4].

En ese sentido, pudo ocurrir que esas similitudes que han sido expuestas también fueran advertidas por el propio Castro. Así lo deduce César Leante: «¿Por qué la exclusión de esta obra tan importante en su novelística? Sencillamente, porque a Fidel Castro no le había gustado; y no le gustó porque veía en el protagonista de la novela, esto es, en el Patriarca, rasgos suyos»[5]. Y añade que Fidel Castro «sospechaba que su personalidad y su conducta no le habían sido ajenas a García Márquez para configurar su personaje. O si no había habido intencionalidad, sí existían muy raras coincidencias. Rasgos y, sobre todo, comportamientos del caudillo podían ser fácilmente atribuibles a Castro, y el lector medio cubano lo percibiría. De ahí que se optara por silenciar la obra»[6]. Finalmente, agrega: «No le faltaba razón a Castro para advertir en el Patriarca característ-

---

[3] César Leante, *Gabriel García Márquez, el hechicero,* ob. cit., pág. 29.

[4] Ibídem, págs. 21-22.

[5] Ibídem, pág. 22.

[6] Ibídem.

118

ticas que podían ser —o eran— suyas. Así, del mismo modo que García Márquez consideraba que "el poder absoluto resume toda la grandeza y toda la miseria humanas", él, Castro, como dictador absoluto, resumía esa grandeza y esas miserias. Había realizado la hazaña de derrocar a Batista para instalarse a perpetuidad en el poder, superando así con creces al tiranuelo anterior»[7].

César Leante menciona también el hecho de que cuando tuvieron que editar un comentario sobre la novela en la revista *Casa de las Américas* escogieron a un periodista colombiano, Manuel Mejía Vallejo, que no escribió una crítica muy positiva y que «ponía en duda su calidad de gran novela»[8]. Y no se limita el crítico y poeta cubano a mencionar el vínculo que asocia a esos dos personajes, sino que también enumera los rasgos y comportamientos que tienen en común. Uno de ellos es el carácter protector y benefactor del dictador, imagen propagada por todos los medios de comunicación que él manipula: «El Patriarca utiliza la propia propaganda para preservar su poder y asegurar la fe del pueblo en él. Su mayor prioridad es la preservación de su imagen y su posición de autoridad. El diluvio de consignas ("¡Fidel, Fidel, Fidel!", "¡Comandante en Jefe, ordene!", Máximo Líder), de reproducción de todos sus discursos por todos los medios de divulgación, de retratos y efigies suyas que inundan el país, conjuga la simetría entre Castro y el Patriarca»[9]. Y es particularmente interesante la coincidencia entre los patriarcas aludidos y los exonerados en cuanto a la actitud frente a los intelectuales. El mundo de la cultura, sobre todo en los niveles más elevados, siempre ha estado ligado a la disidencia, la independencia, al espíritu contestatario. Por eso los dictadores no se sienten cómodos en ese ambiente, y pueden tomar dos posturas: o despreciarlo o intentar controlarlo. El *caso Padilla* fue solo uno más de los miles de ejemplos que se podrían aducir. Cada intelectual cubano podría contar su historia, o contársela a Eliseo Alberto para que la incorporara a la siguiente edi-

[7] César Leante, *Gabriel García Márquez, el hechicero,* ob. cit., pág. 23.
[8] Ibídem.
[9] Ibídem. pág. 28.

ción de *Informe contra mí mismo,* publicada de nuevo hace muy poco en la editorial Alfaguara. Hay un texto en *El otoño del patriarca* que no necesita más glosas:

> Nunca volvimos a oírle aquella frase hasta después del ciclón cuando proclamó una nueva amnistía para los presos políticos y autorizó el regreso de todos los desterrados salvo los hombres de letras, por supuesto, esos nunca, dijo, tienen fiebre en los cañones como los gallos finos cuando están emplumando de modo que no sirven para nada sino cuando sirven para algo; dijo, son peores que los políticos, peores que los curas, imagínense, pero que vengan los demás sin distinción de color para que la reconstrucción de la patria sea una empresa de todos, para que nadie se quedara sin comprobar que él era otra vez el dueño de todo su poder con el apoyo feroz de unas fuerzas armadas que habían vuelto a ser las de antes... [101].

Además del *caso Padilla* y otras historias personales, un episodio colectivo de 1980 reproduce el mismo esquema: el caso del *Mariel.* En ese año, miles de cubanos se refugiaron en la embajada del Perú, esperando autorización para emigrar de la isla. Al final, Fidel Castro permitió a la mayoría que se fuera. Salieron, sobre todo, delincuentes comunes, criminales, homosexuales, agentes secretos que querían infiltrarse en Miami, enfermos mentales... Es decir, gente que no pudiera perjudicar la imagen del gobierno. Sin embargo, no fue tan fácil que emigraran los intelectuales, los universitarios, aunque también marcharon algunos profesionales. El nombre más relevante de ese episodio fue Reinaldo Arenas, que aprovechó una confusión en torno a su nombre para «colarse» en la embarcación que le llevaría no precisamente al cielo. En su obra autobiográfica *Antes que anochezca,* no ausente de exageraciones y fantasías propias del artista alucinado, rememora esa anécdota, que queda también reflejada en la película de Julián Schnabel *Before Night Falls* (título homónimo del libro, en inglés), magistralmente interpretada por Javier Bardem, quien estuvo a punto de ganar el Oscar al mejor actor del año por su identificación con el escritor cubano.

César Leante añade, a estos puntos comunes, la importancia de la política y del poder tanto para el dictador de García Márquez como para su amigo Fidel Castro: «García Márquez presenta ante todo a su dictador como un animal político, y si alguien vive para, por y en función de la política es Fidel Castro. No solo es su pasión, sino su razón de ser. La política le es tan consustancial como sus entrañas. Otros aman el dinero, el bienestar. Fidel Castro no, Fidel Castro solo ama el poder» [10].

A pesar de ello, César Leante opina que sería un error considerar esta novela como una crítica indirecta de García Márquez al líder cubano: «la intención de García Márquez no fue nunca condenar a su héroe» [11]. Es cierto que uno siente más bien a lo largo de toda la novela la simpatía y la admiración que tiene por él. «Es un caudillo entrañable, mítico, como el Patriarca, como Aureliano Buendía, y en nombre de esta mitificación está dispuesto a perdonarle todos sus horrores, todos sus crímenes» [12]. Esta última reflexión es determinante, porque la lectura repetida de los libros consultados indica que es lícito suponer que García Márquez nunca criticaría abiertamente al líder cubano. Lógicamente, un hombre que ha decidido politizar su vida hasta los tuétanos en un sentido muy concreto no puede comenzar su campaña personal provocando al que va a ser, y él ya lo intuye hace tiempo, el hombre que va a aglutinar no solo los intereses de su pueblo, sino los de toda la América latina, dispuesta a no ceder terreno frente al enemigo del Norte. Pero las semejanzas están ahí, y son obvias.

Cuenta García Márquez, en su entrevista con Jon Lee Anderson, que otro de los grandes amigos (y, sin embargo, dictadores) del colombiano, el general panameño Omar Torrijos, nada aficionado a la lectura, se había empapado con gusto de *El otoño del patriarca*. «Me dijo —recuerda Gabo— que era mi mejor libro. Cuando le pregunté por qué lo pensaba, se inclinó hacia mí y me dijo: "Porque es cierto;

---

[10] César Leante, *Gabriel García Márquez, el hechicero,* ob. cit., págs. 28-29.
[11] Ibídem, pág. 29.
[12] Ibídem.

todos somos así"» [13]. Es lógico pensar, y así lo sugieren ciertos datos, que también Fidel opine lo mismo y se lo haya comentado al autor de la magnífica obra. Ningún dictador se salva. Las similitudes llegan, incluso, hasta Stalin. En los artículos de 1957 (y publicados en 1958) en los que el colombiano escribe sobre la Cortina de Hierro, después de haber viajado por la Unión Soviética, alude a la visita al mausoleo de Stalin en la Plaza Roja, donde podía observarse a simple vista que el tirano tenía manos de doncella. Casualmente, el dictador caribeño de la novela aparece muerto en las primeras páginas, y el narrador colectivo repara en «las manos lisas de doncella con el anillo del poder en el hueso anular» (9), mientras que, hacia la mitad de la obra, otro narrador personal muy cercano a la acción ve «los ojos ineludibles, la mano de doncella dormida que arrancó un guineo del racimo más cercano y se lo comió de ansiedad» (92); cuando alcanza una edad muy provecta, aunque indefinida, se afirma que «era más viejo y más remoto de lo que nadie hubiera podido imaginar, salvo las manos lánguidas sin los guantes de raso que no parecían sus manos naturales de militar sino las de alguien mucho más joven y compasivo» (184-185).

¿DESAGRAVIO SIN AGRAVIO?

En tiempos difíciles es normal que a las personas se les pida el propio tiempo, las manos de doncella o de labrador, los ojos que alguna vez tuvieron lágrimas, las viejas piernas andariegas, el pecho, el corazón, incluso la lengua. Hasta ahí, bien; porque ya se sabe que, en tiempos difíciles, se necesita todo lo que uno pueda dar. El problema viene cuando, después de ese tremendo sacrificio, se le dice al hombre que eche a andar [14]. Al escritor y al intelectual le quedan dos opciones: o claudicar ante la presión del poder, o presentar con sutileza

---

[13] Jon Lee Anderson, art. cit., pág. 64.

[14] Este es el argumento que, de un modo magistralmente poético, desarrolla Heberto Padilla en el poema que abre el libro *Fuera del juego,* el cual generó la polémica ya aludida. Cf. Ángel Esteban y Álvaro Salvador, *Antología de la poesía cubana,* Verbum, Madrid, 2002, págs. 206-207.

los puntos de vista diferentes. Cuando le preguntan a Silvio Rodríguez si su canción más emblemática, *Ojalá,* contiene material subversivo o crítico en los intersticios de las comas y los puntos, él siempre responde que la canción está dedicada a una relación amorosa frustrada; pero ya hay hasta tesis doctorales que sugieren el posible desengaño con respecto al sistema político, sobre todo en la segunda parte de la canción, cuando anota: «Ojalá que el deseo se vaya tras de ti, / a tu viejo gobierno de difuntos y flores». Entonces llega el estribillo, uno de los segmentos musicales mejor logrados de toda la obra de nuestro cantautor, que, en esa línea de interpretación, bien podría aludir a la omnipresencia que es connatural a todos los dictadores, y que hemos visto reflejada en las citas de la novela de García Márquez:

> Ojalá se te acabe la mirada constante,
> la palabra precisa, la sonrisa perfecta.
> Ojalá pase algo que te borre de pronto:
> una luz cegadora, un disparo de nieve.
> Ojalá por lo menos que me lleve la muerte,
> para no verte tanto, para no verte siempre
> en todos los segundos, en todas las visiones:
> ojalá que no pueda tocarte ni en canciones.

Silvio escribe esto hacia 1969, cuando es un cantautor joven que, por otro lado, ya ha tenido algún problema con la autoridad. Poco a poco, y gracias a su indudable talento y a su propaganda revolucionaria, se convertirá en el artista más destacado de su generación, y el que más contribuirá a que la revolución sea exportable, desde el punto de vista ideológico y desde el artístico. Su genialidad queda fuera de toda duda y llega a ser un símbolo tanto musical como político para la juventud latinoamericana y europea de los setenta y los ochenta. Evidentemente, tampoco puede enturbiar esa carrera con alusiones directas al régimen, por lo que cualquier mención debe hacerse dentro de las estrictas normas de la sutil ambigüedad. Nunca sabremos si esos versos contienen veneno ideológico, pero la versatilidad del texto es clara. Lo mismo ocurre en *El otoño del patriarca,* por lo que García Márquez enseguida se aprovisiona de argumentos y actitudes que demuestren su fidelidad a los principios de lucha contra el imperialismo y de estricta filiación revolucionaria. Por eso da dos pasos importantes a partir de 1975: la escritura de un libro sobre las nefastas consecuencias del bloqueo en Cuba, y la interpretación ortodoxa y apologética de la intervención cubana en Angola. De esto hablaremos en las próximas páginas, pero antes hay que añadir una última reflexión: ¿necesita Gabo convencer a Fidel, aunque él no se lo pida, de la *fidel*idad al líder, de su pureza de intención a la hora de redactar *El otoño del patriarca*? Probablemente, no; pero algo de eso puede haber en *El general en su laberinto*. Hay críticos que aseguran que la escritura de esa obra, y su publicación en 1989, fue un desagravio por la anterior novela del dictador. Elizabeth Burgos y Jacques Gilard, a los que hemos entrevistado a lo largo y ancho de la geografía francesa durante los últimos dos años, están convencidos de que fue «un premio de consolación» a Fidel, y solo a él, aunque el texto sobre el Patriarca pudiera haber molestado a otros presidentes relacionados con el escritor colombiano. Vázquez Montalbán nos comentaba que, aunque las alusiones nunca son directas, es posible que *El general en su laberinto* tenga esa intención, ya que, incluso dentro del ámbito político cubano, la novela anterior sobre el Patriarca se había tomado por algunas personas como un aviso a Castro, para que no decidiera mantener el poder hasta el fin del mundo. Y, como dice Gabo en la entrevista con Jon Lee, «Fidel no es como todos nosotros. Piensa que tiene todo el tiempo del mundo por delante. Simplemente, la muerte no está incluida en sus planes»[15].

Bolívar es, junto con Martí y algún líder soviético como Lenin, el verdadero inspirador de la revolución que hicieron los barbudos en la Sierra Maestra. La huella de los diferentes marxismos, comunismos o socialismos es menos firme y ha evolucionado en Cuba según el grado de acercamiento a los países del Este en los primeros treinta años de la revolución, o a la cuota de poder e influencia que hayan

---

[15] Jon Lee Anderson, art. cit., pág. 64.

tenido líderes cercanos a Castro como su hermano Raúl, el Che o Carlos Rafael Rodríguez, por ejemplo. Sin embargo, el paradigma autóctono es siempre invariable e indiscutible. Martí es en Cuba el punto de mira de cualquier propuesta política o cultural, y Bolívar, el modelo continental. Si el prócer cubano sirvió a Castro para unificar a todos los isleños frente a los peligros que vienen de fuera, Bolívar es la piedra de toque de la revolución entendida como proyecto continental latinoamericano. Hemos visto cómo, en diferentes etapas, Fidel está pensando en un futuro que involucra no solo a Cuba, sino a todo el orbe de *Nuestra América*. Ahí está esa primera actividad en 1948 en Bogotá, luego el apoyo al Chile de Allende, a las guerrillas contra las dictaduras conservadoras y, últimamente, al gobierno elegido de forma democrática en Venezuela en la persona de Chávez. La utopía americana, la idea de una América del Sur unida políticamente para contrarrestar los instintos imperialistas del capitalismo yanqui, ha sido siempre una baza, un unicornio azul que Castro ha perseguido sin descanso. Frente a aquellos que critican a Fidel por sus posiciones excesivamente radicales y personalistas, Gabo siempre lo ha defendido, porque también cree en la utopía, como lo hizo Bolívar. En la entrevista concedida a Gianni Minà, se refiere a su amigo cubano:

> Yo le hago críticas en privado pero no en público. En esta época los que han sido estalinistas se consideran en el derecho de ajustarnos las cuentas a los que nunca lo hemos sido. Para nuestros países, el problema es la independencia nacional, la autonomía, y Cuba la tiene. Cuba ha sido una barrera para la expansión de Estados Unidos. Castro es un seguidor de utopías, como Bolívar [16].

Lo mismo cuenta Alfredo Bryce Echenique en sus *Antimemorias,* después de haber pasado algunas temporadas en Cuba muy cerca del colombiano: «Si había alguien que criticaba a Cuba, pero den-

---

[16] Cit. por Manuel Vázquez Montalbán, *Y Dios entró en La Habana,* ob. cit., pág. 303.

tro de Cuba, y a Fidel, pero cara a cara a Fidel, era Gabo. Y, si bien este escritor extraordinario y campechano [...] siempre ha sido considerado el procastrista por excelencia, el último que queda hasta hoy en que "proso" estas páginas, tal vez, yo pienso que Gabo también, además vivía en Cuba porque allí se le dejaba vivir en paz, trabajar en paz, tomar decisiones en paz, aislarse cuando le daba la gana, en paz, y porque el Caribe fue siempre su taza favorita de té, como dicen los ingleses»[17].

Comenta Vázquez Montalbán que aunque ha habido muchos que han asociado el retrato de Bolívar con Fidel, este pudo leer la novela «como si él fuera Bolívar o como si él nada tuviera que ver con Bolívar»[18], y señala que el mismo Gabo descalifica a quienes frivolizaban con esa especulación, pues el colombiano había dado a leer el texto al líder cubano antes de su publicación, como suele hacer desde los años ochenta con todas sus novelas. Sin embargo, el carácter continental y antiimperialista de la revolución que inicia Castro tiene mucho de bolivariano. Tanto Gabo como Fidel han expresado en alguna ocasión un deseo: la unidad del mundo latinoamericano alrededor de un proyecto socialista. En Bolívar, esa unidad —salvando el socialismo, claro está, por estrictas razones históricas— fue una obsesión, como relata el colombiano en su novela de 1989: «Su ilusión final era extender la guerra hacia el sur, para hacer cierto el sueño fantástico de crear la nación más grande del mundo: un solo país libre y único desde México hasta Cabo de Hornos»[19]. Y páginas más adelante recuerda la gloria de aquel 8 de febrero de 1826, con esa entrada triunfal en Lima y una recepción donde Bolívar repetía a diestro y siniestro: «En la vasta extensión del Perú no queda ya ni un solo español». «Aquel día —continúa García Márquez— estaba sellada la independencia del continente inmenso que

[17] Alfredo Bryce Echenique, *Permiso para vivir. Antimemorias,* Peisa, Lima, 1994, pág. 408.

[18] Manuel Vázquez Montalbán, ob. cit. pág. 303.

[19] Gabriel García Márquez, *El general en su laberinto,* La Oveja Negra, Bogotá, 1989, págs. 53-54. A partir de ahora, todas las citas de esta obra aparecerán en el texto sobre la base de esta edición, con el número de página entre paréntesis.

126

él se proponía convertir, según sus propias palabras, en la liga de naciones más vasta, o más extraordinaria, o más fuerte que ha aparecido hasta el día sobre la tierra» (80). Ciertamente, esto es solo una base, pues lo mismo se podría decir de algunos otros líderes latinoamericanos posteriores a Bolívar, como es el caso de Martí; y, en general, es algo que nos gustaría ver también a muchos que ni somos políticos, ni somos latinoamericanos, pero que guardamos una cierta prevención contra la prepotencia estadounidense anglosajona y sentimos cualquier manifestación de cultura hispánica como si fuera también nuestra.

Ahora bien, las similitudes entre los dos líderes van más allá del deseo de una América latina unida y poderosa. En el voluminoso edificio habanero de veinte plantas en la esquina entre Infanta y Manglar, Virgilio López Lemus nos encendió una pequeña luz, con la que nos incorporamos a una gran estancia, abierta al horizonte. Este poeta e investigador cubano, autor de uno de los primeros libros publicado en Cuba sobre el colombiano, *Gabriel García Márquez, una vocación incontenible,* nos recibió en su apartamento y, con la ayuda de un buen café, nos condujo hacia los misterios del horóscopo. Sabiendo que García Márquez es muy supersticioso, y conociendo tan bien la vida y la obra de los dos próceres, es probable que reparara en que tanto Fidel, que nació un 13 de agosto, como Bolívar, que lo hizo un 24 de julio, son Leo. Eso tampoco tendría mucha importancia si no fuera porque muchos de los rasgos de carácter que los relacionan son los que cualquier publicación sobre los signos del Zodíaco aduce como propias de Leo, los cuales, por otra parte, son aquellos que se describen con más énfasis en la obra de García Márquez. El león es siempre orgulloso, arrogante, tiene un afán de superación desmedido y unas aptitudes sensacionales para el liderazgo. No es tímido ni introvertido, suele hipnotizar con sus virtudes a sus amigos y familiares hasta dominarlos casi por completo, tiene una capacidad de convicción envidiable, dotes de mando, un porte majestuoso, acostumbra a mirar con cierto desdén a las personas mediocres, vulgares o no comprometidas, comunica con aire de superioridad cómo deben comportarse los que están a su alrededor, por lo que muchos de ellos son educadores, políticos o psiquiatras; son buenos oradores y cuidan mucho la imagen, los gestos y los movimientos en sus intervenciones públicas, por lo que resultan a veces algo teatrales; son o procuran ser casi siempre el centro de la atención por donde pasan; son vanidosos, el halago les estimula, poseen un sentido especial para organizarse, organizar y distribuir sabiamente las obligaciones a los demás; les fascina la responsabilidad para con los débiles y desvalidos, se comportan casi siempre de modo cordial y generoso, valoran la amistad hasta grados extremos, son sumamente astutos y tienen una capacidad especial para racionalizar todo con frialdad.

Así, no parece tan casual que García Márquez enfatice el ímpetu con que Bolívar se sobrepone a las dificultades, y a la propia decrepitud, pues «sus ademanes resueltos parecían ser de otro menos dañado por la vida» (12), o tenga una concepción de la existencia como una lucha constante para conseguir sus propósitos, sin miedo a la muerte: «Siempre tuvo a la muerte como un riesgo profesional sin remedio. Había hecho todas sus guerras en la línea de peligro, sin sufrir ni un rasguño, y se movía en medio del fuego contrario con una serenidad tan insensata que hasta sus oficiales se conformaron con la explicación fácil de que se creía invulnerable. Había salido ileso de cuantos atentados se urdieron contra él, y en varios salvó la vida porque no estaba durmiendo en su cama» (16). En algunos momentos, parece casi una biografía de Fidel, sobre todo cuando llega a las últimas consecuencias de sus decisiones revolucionarias o políticas, desafiando los atentados de los enemigos, demostrando su valor y su optimismo como quien no ve los peligros o no quiere verlos. La novela habla de «los ojos de loco feliz» (33) de Bolívar, de «la embriaguez de su gloria» (24), de cómo los que «lo conocían mejor se preguntaban por la razón de su buen ánimo» (33), o del modo en que, cuando estaba próximo a morir, se sobreponía a su enfermedad: «El estado de ánimo del general no se correspondía con su postración, pues actuaba como si los males que lo estaban matando no fueran más que molestias banales» (249), etc., elementos de tenacidad y valentía que observamos constantemente en las apariciones públicas de Fidel, incluso en los momentos en los que ha atravesado por las mayores dificultades.

Pero ahí no terminan las coincidencias. Estos Leo llenos de orgullo y moral de victoria apenas tienen hígado para aceptar las derrotas. Esa palabra no entra en sus diccionarios. Bolívar «no tenía la paciencia de los buenos jugadores, y era agresivo y mal perdedor, pero también era astuto y rápido y sabía ponerse a la altura de sus subalternos» (68). Es también Gabo quien habla de Fidel en el mismo sentido: «Una cosa es segura: esté donde, cuando y con quien esté, Fidel Castro viene a ganar. No creo que haya peor perdedor en todo el mundo. Su comportamiento frente a una derrota, incluso en las cosas más pequeñas de la vida cotidiana, parece someterse a una ley personal inmutable: sencillamente, no la reconocerá, y no descansará hasta haber invertido las condiciones y haberla convertido en una victoria»[20]. «Nunca quise perder —afirma el cubano en la revista *Revolución*— y casi siempre me las arreglo para ganar»[21].

Igual que Bolívar hacía trampas, o celebraba con excesivo ruido y afectación las victorias (como en el episodio de las partidas de ajedrez, págs. 202-203) u obligaba a sus adversarios en el juego a alargar las sesiones hasta que se le ponían de cara, Fidel manipula cualquier tipo de competición. Anota Vázquez Montalbán: «Sus hermanas cuentan que cuando niño, el padre, don Ángel, compró equipos de jugadores de béisbol para que Fidel pudiera jugar entonces su deporte preferido, pero cuando iba perdiendo los partidos, desde la autoridad que le daba ser el hijo del proveedor de los bates y la pelota, suspendía el encuentro. Algunas madrugadas Fidel ha presenciado el cierre de *Granma* y propone jugar al ping-pong, a 11 tantos, pero si a 11 tantos pierde, la partida se alarga a 21 o hasta 31 a veces»[22].

Por último, además de las notas que los identifican con los Leo más genuinos, resalta el colombiano algunos detalles de Bolívar que

---

[20] Fidel Castro Ruz, *My Early Years,* Melbourne y Nueva York, 1998, Prólogo de García Márquez, pág. 18.

[21] Cit. por Manuel Vázquez Montalbán, ob. cit., pág. 14.

[22] Ibídem.

le son especialmente gratos y que guardan mucha relación con gustos o virtudes afines al cubano, como la gran memoria (76), la costumbre de llegar sin avisar a algún lugar, saludar a la gente del pueblo y hablar con todos preguntándoles por sus preocupaciones cotidianas (46), el modo de exigir a sus súbditos que estén absolutamente en contra o absolutamente a su favor, sin medias tintas (79), el conocimiento de la buena cocina y la pasión por la comida exquisita (51) y, sobre todo, la afición a la literatura. Gabo comenta a menudo que su amistad con Fidel nació ligada a los gustos literarios, y es de sobra conocida la afición del líder cubano a los textos históricos, sobre todo los que relatan la biografía de los grandes protagonistas del acontecer humano, las gestas militares, las teorías políticas más destacadas, etc.

En *El general en su laberinto* es un tema recurrente, y es fácil que Fidel, al leer la obra, se haya sentido identificado también por esa vía. Ya en las primeras páginas se cita la lectura del libro *Lección de noticias y rumores que corrieron por Lima en el año de gracia de 1826* (15), es decir, un texto acerca de la época en que Bolívar palpó la gloria, el poder y la fama de un modo casi absoluto y en el lugar donde aquello ocurrió. El general «había sido un lector de una voracidad imperturbable, lo mismo en las treguas de las batallas que en los reposos del amor, pero sin orden ni método. Leía a toda hora, con la luz que hubiera, a veces paseándose bajo los árboles, a veces a caballo bajo los soles ecuatoriales, a veces en la penumbra de los coches trepidantes por los pavimentos de piedra, a veces meciéndose en la hamaca al mismo tiempo que dictaba una carta» (98). Cuando Bolívar, en su otoño, se dispone a partir hacia el destierro, lleva consigo un botiquín, algunas cosas de valor, y libros como «el *Contrato Social* de Rousseau, y *El Arte Militar* del general italiano Raimundo Montecuccoli, dos joyas bibliográficas que pertenecieron a Napoleón Bonaparte y le habían sido regaladas por sir Robert Wilson, padre de su edecán» (38). En la misma página hace referencia a los seiscientos libros que llevaba consigo y que tres años antes, en el comienzo de su decrepitud, tuvo que abandonar en Quito. Además, Bolívar también escribe poesía (68), compone octavas reales (85), etc.

¿Deudas saldadas? ¿Desagravio sin agravio anterior? Nunca se sabrá. Lo cierto es que las semejanzas están ahí. *El otoño del patriarca* se publica en un momento en que el creador de Macondo se está acercando a los huracanes donde el poder no cesa de dar vueltas, y sus dos siguientes novelas eran deudas que tenía consigo mismo: *Crónica de una muerte anunciada* (1981) llevaba treinta años en el armario de las buenas ideas esperando un último empujón, y la historia de amor «en los tiempos del cólera» (1985) era otro de sus retos, ya que se trataba, por un lado, de exorcizar la imagen que tenía grabada de la relación que unió a sus padres y, por otro, de experimentar con el género narrativo más antiguo y común en la literatura universal. Cumplida la tarea, y antes de terminar el libro de cuentos peregrinos que venía prometiendo desde los setenta, 1989 fue el año del homenaje a los dos delimitadores de las primaveras. Por azares del destino, ese invierno coincidió con el ocaso de los dioses tutelares, que agonizaron azuzados por el rigor de un viento gélido procedente del Este.

7
«Reina del Caribe»:
El desembarco definitivo

La primera vez que la oímos pensamos que se trataba de una canción dedicada a una mujer, quizá a una jinetera. «Quiero hacerlo otra vez, quiero ser tu rey. Ya soy tu esclavo, tu cliente, tu guardián... Tú me haces disfrutar, y jugando me enseñaste a amarte, Reina del Caribe.» Pero Málaga está muy cerca de Granada, y algún amigo *boquerón* nos aclaró que los chicos del grupo malagueño Danza Invisible, además de ser grandes admiradores de la cultura cubana y haber cantado una versión bastante pop de «Yolanda», frecuentaban un bar de la capital de la Costa del Sol, y allí solían pasar largos ratos jugando con una máquina que tiene dos mandos en la parte inferior, los cuales se accionan, uno con cada mano, desde las esquinas. El pasatiempo consiste en golpear una bola de acero con los mandos para mandarla a la parte alta de la máquina, donde hay una serie de objetos repartidos en una superficie inclinada, de 90 por 60 centímetros, que simbolizan realidades propias del entorno caribeño, y cada una tiene asignada una cantidad determinada de puntos. Si se consigue golpear muchas veces a cada uno de los objetos sin que la bola se cuele entre los dos mandos y se hunda definitivamente en el fondo de la máquina, una pantalla va sumando puntos, y si se llega a una cantidad aceptable, un golpe seco y una luz en la pantalla indican que se ha ganado una partida gratis. La máquina se llama «Reina del Caribe», y quien la domina consigue ser el «Rey de la Reina del Caribe». En su honor, los componentes de Danza Invisible, que supuestamente habrán sido coronados cientos de veces «Reyes de la Reina del Caribe», compusieron la canción. Algo parecido le ocurrió a García Márquez en la segunda mitad de los setenta: la «Reina del Caribe», Cuba, se rindió a sus pies no solo por su magnífica literatura, sino también por su decisión de «gastarse parte de su fama» en la política de la isla. En julio de 1975 hizo un breve viaje a Cuba, y en octubre de ese mismo año realizó una nueva visita de seis semanas con su hijo Rodrigo. Como contrapunto paradójico al sonado fracaso del desembarco yanqui en Playa Girón, a principios de los sesenta, que coincidió también con la renuncia de Gabo a su puesto en Prensa Latina, el desembarco de este colombiano quince años más tarde acabó en matrimonio indisoluble.

El Hotel Nacional, hoy rehabilitado y lujoso, pero entonces de una categoría media, fue su primera residencia, y la familia Diego, conocida por haber sido cuna de artistas e intelectuales de primera fila, su primera amistad. Eliseo Diego, el padre de esa privilegiada estirpe, es sin lugar a dudas uno de los mejores poetas que ha dado Cuba. Perteneció a la generación de *Orígenes,* junto con otros poetas destacados como José Lezama Lima, Cintio Vitier y Gastón Baquero. En 1993 recibió el premio internacional Juan Rulfo, considerado como el «Nobel latinoamericano», y la muerte, que es esa pequeña jarra, con flores pintadas a mano, que hay en todas las casas y que uno jamás se detiene a ver, le sorprendió meses más tarde, ya comenzado 1994. Lichi Diego, el más conocido de sus hijos, terminó siendo amigo íntimo de Gabo, y colaborando con él en proyectos cinematográficos, primero en la Escuela de Cine de San Antonio de los Baños y luego en México. Con él hablamos en Huelva, durante un curso de verano en la Universidad Internacional de Andalucía en agosto de 1999; pero quien mejor nos introdujo en el mundo del Gabo de los setenta fue Fefé, otra de las hijas de Eliseo, que nos recibió en la casa de los Diego en El Vedado, el barrio de La Habana que queda entre Coppelia y el río.

En uno de esos primeros viajes a Cuba, en el verano de 1975, Gabo se presentó en el domicilio de la familia, llamó al timbre y en el mismo umbral comentó: «Me han dicho que aquí vive un buen escritor... Seguro que visitaré mucho esta casa». Ciertamente, fueron las primeras amistades del colombiano en Cuba. Poco antes, cuando ya tenía decidido su desembarco, los amigos residentes en México María Luisa Elío y Jomi García Ascot, a quienes había dedicado *Cien años de soledad,* le comentaron que conocían a unos cubanos escritores, y que ellos podían ser su primer contacto en la isla. Dicho y hecho. La química funcionó. La erudición y la genialidad de Eliseo enseguida conectaron con la ironía y el humor de Gabo. Las visitas se hicieron muy frecuentes, varias cada año. Aunque viviera en el Nacional, todos los días aparecía por la casa de El Vedado. Las charlas se alargaban hasta altas horas de la noche, menudeaban los whiskies y se hablaba de literatura. «A papá le gustaban —recuerda Fefé— las novelas raras, de temas extraños; también las esotéricas. Gabo las conocía todas, lo había leído todo. Su cultura literaria era impresionante. Y hacían competencia, para ver quién conocía más títulos y argumentos.» También se hablaba de las obras propias, tanto de la poesía de Eliseo como de las novelas del colombiano. En una ocasión la diatriba era sobre el pretendido realismo de las historias de Gabo. «Papá le preguntó —aclara— que, si eso es así, cómo se explicaban pasajes como el de la ascensión de Remedios la Bella al cielo en una sábana. Él contestó que eso también era real, porque la gente del pueblo decía que una muchacha de la localidad se había ido al cielo. Luego, si lo comentaban, era porque había ocurrido.» Estas veladas transcurrían en un ambiente muy relajado y de confianza, sencillo y alegre. Gabo era en aquella casa uno más de la familia, y no el gran escritor al que hubiera que tratar de un modo especialmente cortés. «Yo llegaba del trabajo por la tarde —enfatiza Fefé— y me encontraba a Gabriel con Mercedes. Siempre iban juntos y casi nunca vino solo. De hecho, ella era la que llamaba siempre para avisar que llegaban. Al verlos allí, yo reaccionaba de la misma manera que si fueran mis hermanos o mis tíos.»

Otras personas que intervinieron en el acercamiento progresivo de Gabo a Fidel y la cúpula fueron Norberto Fuentes y Conchita Dumois. El primero era en los comienzos de los setenta un joven escritor muy bien relacionado en las altas esferas del poder, protegido por Raúl Castro. Su libro *Condenados de Condado,* sobre la contrarrevolución cubana en la Sierra del Escambray, fue premio Casa de las Américas en 1968. Continuó publicando relatos, crónicas, etc., y recibió información privilegiada para escribir un texto sobre la intervención en Angola, casualmente en la época en que Gabo conoce a Fidel y este propone al colombiano realizar unos reportajes sobre el mismo tema. Finalmente, su libro *Hemingway en Cuba* (1985) supuso un hito en la relación entre Norberto y Fidel, hasta el momento en que aquel se exilió, gracias a la mediación de Gabo. Conchita Dumois, en cambio, había conocido a Gabo quince años antes, en la época de Prensa Latina. Ella trabajaba también en la agencia, y era la segunda mujer de Ricardo Masetti. Cuando el argentino y Gabo abandonan el proyecto periodístico y la isla, ella permanece en Cuba y continúa teniendo unas buenas relaciones con el gobierno. Masetti muere en la guerrilla en Salta; Gabo se instala en México. Cuando el colombiano vuelve a Cuba a partir de 1975, toman contacto nuevamente y esta le acerca a Piñeyro, otro de los hombres clave del gobierno cubano, que había tenido una amistad muy especial con Ricardo Masetti y su hijo Jorge, y que trabajaba muy unido a la actividad de los generales Ochoa y De la Guardia. Pero lo que hará que Fidel se fije en Gabo es su gran reportaje sobre la isla, el aperitivo de un libro que todavía no ha visto la luz.

CUBA DE CABO A «GABO»

Tal como se va desarrollando su vida en la «Reina del Caribe», nuestro hombre en La Habana vuelve a publicar algunos artículos periodísticos con tema cubano. Lo hizo en los finales de los cincuenta y principios de los sesenta. Más tarde se agotó su vinculación con la isla. Ahora, y sobre todo en sus colaboraciones para *Alternativa,* la posición de apoyo político e identificación con el lugar es cada vez más clara. Uno de esos artículos, quizá el más comprometido, es «Cuba de cabo a rabo». Se publicó originalmente en tres partes:

«La mala noche del bloqueo», en el número 51 de esa revista, de agosto de 1975; «La necesidad hace parir gemelos», en el número 52, también de agosto; y «Si no me creen, vayan a verlo», número 53, de septiembre de 1975. En 1999, la editorial Mondadori sacó el cuarto volumen de la obra periodística del colombiano, *Por la libre,* que recoge trabajos desde 1974 hasta 1995.

El comienzo es espectacular, y va a marcar la tónica general, apologética y totalmente entregada, de las treinta páginas que componen la unión de esas tres partes: «La cruda verdad, señoras y señores, es que en la Cuba de hoy no hay un solo desempleado, ni un niño sin escuela, ni un solo ser humano sin zapatos, sin vivienda y sin sus tres comidas al día, ni hay mendigos ni analfabetos, ni nadie de cualquier edad que no disponga de educación gratuita a cualquier nivel, ni nadie que no disponga de asistencia médica oportuna y gratuita, y medicinas gratis y servicios hospitalarios gratuitos a cualquier nivel, ni hay un solo caso de paludismo, tétanos, poliomelitis o viruela, y no hay prostitución, ni vagancia, ni raterismo, ni privilegios individuales, ni represión policial, ni discriminación de ninguna índole por ningún motivo, ni hay nadie que no tenga la posibilidad de entrar donde entran todos, o de ver una película o cualquier otro espectáculo deportivo o artístico, ni hay nadie que no tenga la posibilidad inmediata de hacer valer estos derechos mediante mecanismos de protesta y reclamo que llegan sin tropiezo hasta donde tienen que llegar, inclusive a los niveles más altos de la dirección del Estado»[1].

Acto seguido, como un nuevo Bartolomé de Las Casas que ha registrado el último rincón de la isla, ha visto todo lo visible y lo invisible, e incluso ha buscado testigos, afirma que nadie le ha contado nada, pues esas conclusiones han sido fruto de un viaje extenso de seis semanas, con un guía y un chófer que lo han acompañado para que pueda recorrer con provecho, de cabo a rabo, toda la superficie

---

[1] Gabriel García Márquez, «Cuba de cabo a rabo», *Obra periodística 4: Por la libre (1974-1995),* ob. cit., pág. 61. A partir de ahora, las alusiones a este trabajo se citarán en el texto sobre la base de esta edición, con el número de la página entre paréntesis.

del gran lagarto verde. Su grado de compromiso con esa realidad aumenta conforme avanza el reportaje: «Recorrí el país por centímetros cuadrados, desde el bellísimo y misterioso valle de Viñales, donde las nubes amanecen bajo las palmeras, hasta los caserones silenciosos de Santiago de Cuba, cuyos patios perfumados de jazmines se prolongan hasta la Sierra Maestra, y desde el abolido infierno de presidiarios de la isla de Pinos, donde el promedio de edad es de quince años, hasta el espléndido mar de Matanzas, donde está naciendo el poder popular. He conversado con obreros y soldados, con campesinos y amas de casa, con niños de escuela y con algunos de los dirigentes más altos del Estado, y creo haber comprobado que no hay un solo lugar en la isla donde no haya llegado la Revolución con la misma intensidad, ni hay una sola persona que no se sienta responsable del destino común. Cada cubano parece pensar que si un día no quedara nadie más en Cuba, él solo, bajo la dirección de Fidel Castro, podría seguir adelante con la Revolución hasta llevarla a su término más feliz. Para mí, sin más vueltas, esta comprobación ha sido la experiencia más emocionante y decisiva de toda mi vida» (62).

Demasiado perfecto para ser verdad. Estas primeras descripciones de la isla parecen casi las del paraíso terrenal, y no simplemente el *locus amoenus* típico de la literatura clásica castellana. No en vano circula por toda la geografía cubana el chiste que compara esa tierra con el lugar que habitaban los primeros padres de la historia:

—¿Sabes que estoy por creer que Adán y Eva eran cubanos?

—¿Y qué te hace pensar eso?

—Pues que no tenían ropa, andaban descalzos, no les dejaban comer manzanas y les decían que estaban en el Paraíso.

No es comprensible el maniqueísmo con que escribe el colombiano. Al parecer, por sus palabras, en la isla absolutamente todos sus habitantes tienen acceso a todo tipo de bienes, son perfectamente felices y están integrados con el mayor de sus agrados en el sistema que les han impuesto (no precisamente por las urnas), y además gozan de una libertad ilimitada de movimientos, de pensamiento y expresión. Eso, que no ha ocurrido nunca en la historia del universo, ni en el más platónico, aristotélico, rousseauniano, comunista, capitalista, cristiano, protestante, oriental, occidental de los posibles regímenes políticos, señoras y señores, en Cuba es así de cabo a rabo. Cuando Bartolomé de Las Casas escribe su *Historia de las Indias,* después de varias décadas (algo más de seis semanas) de permanencia en tierras americanas, asegura que entre los indios no hay hurto, fuerza que hombre alguno haga a mujer, muerte violenta, discusiones acaloradas, insultos, y que, en definitiva, todos son felices, es decir, bienaventurados, mientras que todos los españoles que han pasado al Nuevo Mundo son unos explotadores, incivilizados, etc. No hay término medio. Gabo, el nuevo Bartolomé, no se da cuenta de que hace un flaco favor a la isla al dar solamente una pequeña parte de lo que corresponde a la información objetiva y veraz sobre Cuba. Con ese comienzo, o bien se ha dejado llevar por la pasión, que ciega el entendimiento, o bien ha querido quedar bien con aquellos que poseen el control de las estructuras de poder en Cuba. El escritor colombiano, que en sus novelas huye del realismo ramplón y nunca cae en la presentación radical y simplista de los personajes, aquí habla claramente de buenos y malos, indios y *cowboys,* los que se han quedado en la isla y son revolucionarios hasta la médula, y los que se fueron y son unos desertores, cegados por el espejismo de las pálidas lombrices del queso capitalista.

En las siguientes páginas aborda el tema del bloqueo y de la cobardía de aquellos que se han ido a vivir a Estados Unidos u otros países donde hay más posibilidades económicas y más confort, como si fuera inexplicable e inadmisible que alguien se sienta mal cuando lo persiguen, lo encarcelan por su manera de pensar, lo despiden de su trabajo por no estar de acuerdo con el sistema de gobierno, o simplemente se quiere ir porque no se siente libre en un país de partido único y obligatorio, donde toda la prensa es estatal, donde los medios de producción están al cien por cien en manos del Estado, y donde se predica la igualdad radical de todos mientras la cúpula vive lujosamente, los amigos de la cúpula (también algunos extranjeros) disfrutan de esas ventajas, y el resto de la población no tiene ninguna posibilidad de mejorar su estatus social y económico, a no ser que salga del país. En el colmo del maniqueísmo, todo lo positivo que hay en Cuba se debe a Fidel y la revolución, y todo lo negativo que en algún momento pueda haber, como la penuria, la escasez, algún conflicto racial, algún desorden público o desacatamiento a la autoridad, etc., se debe al bloqueo. Nadie defendería lo contrario, y todos somos conscientes del esfuerzo que supone para un país pequeño y débil la resistencia frente al imperialismo de los poderosos, pero no se puede caer en el extremo simplón e infantil de cargar con todas las culpas al enemigo. Este reportaje, que es ciertamente amplio y con un nivel de documentación encomiable, pierde fuerza, como cualquier argumentación, al convertirse en una propaganda y una apología de algo que se considera perfecto y sin falla posible.

Casi al final, dedica un par de páginas a la figura de Fidel Castro, su indudable y envidiable carisma, su fuerza expositiva, su inteligencia. Para esta época todavía no ha coincidido con él ni ha trabado esa profunda amistad que los une desde finales de los setenta. Pero prepara el camino. «Esta madurez —insiste— se advierte en todos los aspectos de la vida cotidiana de Cuba, y de manera especial, por supuesto, en la propia persona de Fidel Castro. La primera vez que lo vi con estos mis ojos misericordiosos fue en aquel mismo año grande e incierto de 1959, y estaba convenciendo a un empleado del aeropuerto de Camagüey de que tuviera siempre un pollo en la nevera para que los turistas gringos no se creyeran el infundio imperialista de que los cubanos nos estamos muriendo de hambre. Entonces tenía unos treinta y dos años, y era óseo y pálido, con la misma barba adolescente que nunca se acabó de poblar, y producía la impresión de una fuerza física y una voluntad de granito que no le cabían dentro del cuerpo, pero algo en su mirada delataba la debilidad recóndita de un corazón infantil [...]. Eran los tiempos de la didáctica obsesiva e implacable en que aparecía en la televisión sin ningún anuncio para explicar un problema concreto y difícil de la Revolución incipiente, y hablaba sin parar desde las cuatro de la tarde hasta la medianoche, sin tomar agua, sin concederle a nadie ni una pausa para orinar, y desmenuzaba el asunto y lo volteaba al revés y al derecho hasta volverlo de una simplicidad elemental» (84). Pasados dieciséis años, en 1975, casi el tiempo que Gabo lleva sin aparecer por la isla, la reflexión que se hace el colombiano acerca del líder máximo tiene que ver con otra de sus obsesiones literarias y personales: el poder. Piensa Gabo que Castro no es el típico dictador latinoamericano cegado por la posesión del poder. Hemos visto cómo en *El otoño del patriarca* no hay indicios de alusiones al sistema castrista ni a la persona que tiene la llave de todas las casas. En una entrevista de 1975 dice claramente que lo admira porque ha corrido el riesgo del poder durante esos dieciséis años y no se ha manchado con la presión de su erótica[2].

BLOQUEANDO EL BLOQUEO: PRIMER ENCUENTRO CON CASTRO

Pero lo que le llevó definitivamente a pertenecer a la élite revolucionaria y constituyó el verdadero inicio de la amistad con Castro fueron los proyectos sobre el bloqueo y sobre la intervención cubana en Angola. Probablemente, la idea de escribir un libro sobre el bloqueo estadounidense, para «bloquear» sus funestas consecuencias, al menos en el nivel de la opinión pública, ya estaba en los primeros pasos que realizó en la isla, o incluso antes. El periódico cubano *Granma,* en su edición del 30 de julio de 1977, afirmaba que García Márquez llevaba tres años trabajando sobre ese tema, desde 1974. Sin embargo, Fefé declaró que al principio no hablaba tanto del proyecto, y solo hacia 1976 esta idea se hizo común en las visitas de Gabo a la casa de los Diego. Fue, sin duda, uno de los episodios más divertidos de esa época. Para realizar ese trabajo periodístico, Gabo se dedicaba a recorrer las calles de La Habana con una grabadora o con material para escribir y entrevistaba a los que iba encontrando a su paso. Su idea era mostrar cómo la mayoría de las dificultades que los cubanos tienen en su vida cotidiana para desenvolverse en su actividad laboral, familiar y social eran consecuencia de la escasez generada por el bloqueo yanqui. Así, recogía anécdotas concretas, y por las tardes las comentaba en el entorno familiar de los Diego. Ex-

---

[2] Alfonso Rentería, ob. cit., pág. 99.

plicaba, con un tremendo sentido del humor y capacidad narrativa, cómo un hombre intentaba encajar, en el motor de un coche, una pieza de camión, o cómo una madre de familia podía cocinar un plato suculento y en apariencia sofisticado con materiales pobres y escasos, cómo se las arreglaban los viandantes para subir a los autobuses y a los taxis cuando escaseaban, de dónde sacaban una cuerda y cómo la mantenían tensa de pared a pared para tender la ropa, etc.

Una de las historias que Fefé recordaba nos llamó especialmente la atención: era la época en que se pusieron de moda las medias extranjeras, modelos muy caros, que llevaban en la parte trasera de las piernas una raya vertical desde el principio hasta el mismo pie. Como en Cuba no se fabricaban, las mujeres solían pintar la línea con un rotulador negro. En esa proliferación de anécdotas, el mismo hecho de narrarlas constituía para Gabo una fuente de elementos mágicos o fantásticos, pues él exageraba, amplificaba, reinventaba o llenaba de efectos cómicos los sucesos que, sin tanto *realismo mágico,* habían ocurrido en verdad.

Poco a poco, el proyecto fue tomando cuerpo y dándose a conocer en el entorno cubano y latinoamericano. En un reportaje exclusivo hecho por Bernardo Marqués en junio de 1976 (servicio especial de Prensa Latina) para ser publicado en *Alternativa* en agosto de ese mismo año, el periodista se encuentra con el escritor, que ha «venido a La Habana para continuar un libro que sobre la revolución cubana prepara: *Cuba: la vida cotidiana durante el bloqueo*»[3]. La primera reacción del colombiano ante las preguntas es de prevención: «Verás —le dice—, no me gusta hablar de los libros que estoy escribiendo; me parece que lo más importante es escribirlos. No obstante, te digo: tengo pánico a los historiadores (y que me perdonen) y yo sé que este periodo ellos lo van a tratar con cifras y datos, a fondo, pero esta batalla secreta y cotidiana del pueblo cubano, su imaginación para solucionar los problemas, su fuerza moral para sobrevivir al bloqueo y no perder ni un ápice de su temperamento, de su buen

---

[3] Bernardo Marqués, «García Márquez: pasado y presente de una obra», *Alternativa* 93: 6 (9/16-VIII-1976).

humor, yo sé que se va a perder, y me he propuesto que no se pierda»⁴. Ante la pregunta sobre el género literario del libro, comenta que se trata de «un reportaje. O no: como una novela, si aquí no hay que imaginar nada, la realidad te lo entrega todo, completo. Es un viejo sueño que, ya ves, cumplo ahora. Este es un pueblo peleador, un pueblo que sabe defender sus derechos. Si te das una vuelta por las colas, o te subes a un ómnibus o andas por ahí, por las calles, sabes exactamente cómo va a ser la vida cuando se instaure el poder popular. Y fíjate: ahora que va a haber elecciones en Cuba, unas elecciones donde participará todo el pueblo, de verdad, el enemigo hace cuanto tiene a su alcance para extender un manto de silencio alrededor de ellas. Y es de risa porque se han pasado la vida diciendo que la represión en Cuba y la falta de libertades y otras tantas carajadas, y ahora ni una palabra»⁵.

Es, por lo tanto, una publicación que no solo comenta hechos más o menos jocosos sobre la escasez, sino un alegato a favor del sistema íntegro vigente en Cuba, frente al imperialismo estadounidense. Para García Márquez, Cuba no solo es un pueblo optimista, sino además *libre,* donde al parecer todos sus habitantes están satisfechos del régimen que los gobierna. Esto contrasta con la proliferación de anécdotas y cuentos que circulan por la isla. De hecho, una de las últimas veces que visitamos La Habana, al encontrarnos con un viejo amigo, le preguntamos:

—Hombre, Óscar, ¿qué tal os va por aquí últimamente?

—Bueno, no nos podemos quejar.

—Oye, entonces las cosas van bastante bien.

—No, no, que ¡¡¡no nos podemos quejar!!!

La censura ha llegado hasta los intelectuales absolutamente comprometidos con la revolución, incluyendo a Gabo. En una carta que le envía el escritor colombiano a Roberto Fernández Retamar, desde México, el 2 de noviembre de 1976, para colaborar con un artículo en el número 100 de la revista *Casa de las Américas,* señala al

---

⁴ Bernardo Marqués, «García Márquez: pasado y presente de una obra», art. cit.
⁵ Ibídem.

gunas de las vicisitudes por las que está pasando su investigación sobre Cuba y el bloqueo: cómo ha cambiado su visión del país desde la primera vez que estuvo en 1959 y cuáles son las «prioridades» en las que debe poner su esfuerzo narrativo:

> Digno y paciente Roberto Fernández Retamar a quien Haydée guarde en su Santo Reino:
>
> Fayad Jamís me dice que todavía no es demasiado tarde, pero yo temo que sí, aunque espero que no. De todos modos ahí va: es un fragmento del libro sobre Cuba, que he separado para ti porque tal vez es el más personal. No pudo ir antes porque yo no estaba satisfecho con mi primera visión babilónica de aquella Habana de 1959, y tratando de hacer la evocación más justa y bella se me han ido los meses, agravados por la insensata idea de los comunistas colombianos de precandidatizarme para la presidencia de la república: ¡qué locura! El hecho es que teniendo ya la gloria me vine de Colombia la semana pasada huyendo del poder, y en largos golpes he tratado de arreglar lo que no me gusta del artículo, y no lo he logrado. Te lo mando, pues, mutilado, aunque convencido de que la mutilación no se notará en una *avant-première* de la Casa.
>
> El libro se demora aún: primero, porque los altos poderes de allá me metieron en otros oficios prioritarios, y segundo, porque mis ilusiones de que fuera un rápido trabajo periodístico han fracasado en una ciénaga de lirismo que es ya como parte de mis memorias. En todo caso, estaré allá en La Habana el 30 de noviembre, por unas dos semanas, para la instalación de la Asamblea Nacional[6].

Los «poderes de allá». Gabo ya tiene quien le diga, a finales de 1976, qué cosas son importantes y cuáles deben o pueden esperar. Y tanto han esperado, que ese libro todavía no se ha publicado, aunque existe, y está terminado. Esperando. ¿A qué? Dasso Saldívar piensa que será un libro póstumo, pero no se sabe si a la muerte de

---

[6] Roberto Fernández Retamar, «Sobre una primera lectura de *Cien años de soledad* —y otra lectura», *Casa de las Américas* 209: 89-90 (1997).

Fidel, a la de Gabo o a la de los dos. En 1977 vuelve a la carga y decide ponerle punto final. Pero tropieza con otro problema, esta vez personal y obsesivo en cada obra del colombiano: la estructura. Si hacemos un breve repaso por las novelas, cuentos y reportajes del Nobel, observaremos que casi siempre ofrece arquitecturas perfectas: una proporción exacta en la longitud de los capítulos, una uniformidad en el paso del tiempo, estructuras circulares en el formato general del discurso, etc. Con este libro ocurría lo mismo. Necesitaba darle una forma adecuada a sus intereses, y no acababa de encontrarla. En una entrevista publicada el 4 de noviembre de 1977 explica que ya tiene datos suficientes para ponerse a redactar, pero eso no es suficiente: «Tengo todo el material necesario porque he hecho muchas visitas a la isla y los cubanos me han proporcionado los datos que pedí, pero no me he puesto a escribirlo definitivamente porque me falta —volvemos a lo de siempre— la estructura. Tengo solo el modelo: el *Diario de la peste,* de Daniel Defoe, uno de los escritores que más influencia han ejercido sobre mí. Será un reportaje en el que no solo hablaré de Cuba, de cómo supo crear una cultura en la adversidad, de cómo intentó una forma de ser estimulada por el bloqueo, sino que —además y sobre todo— hablaré de mí mismo y de mi generación. Porque estoy ligado a Cuba no solo por razones ideológicas; también las hay sentimentales, afectivas, profundamente vitales»[7].

Sin embargo, además del problema estructural, Gabo se encuentra con otras vicisitudes que ya anunciaba el año anterior. Continúa la entrevista: «Mi libro será crítico, no se reducirá al elogio y al ditirambo, al asombro y a la maravilla. Creo que a esta altura de los acontecimientos, Cuba ya hizo todo el mal que podía hacer a América latina, y que ahora comienza la etapa en la que realmente mostrará y enseñará lo positivo de sus logros. [...] Hay mucho por explicar y, sobre todo, mucho por aclarar de una vez y para siempre»[8]. En otra entrevista de 1977 vuelve a los mismos temas, pero a la mirada

---

[7] Cit. por Pedro Sorela, ob. cit., págs. 242-243.
[8] Ibídem, pág. 243.

crítica añade otro ingrediente: la cantidad del material encontrado desbordó sus previsiones, y ahora el problema estructural se hace más grande, por el exceso de información: «Mi trabajo —aclara— empezó siendo un reportaje, pero ha ido creciendo, se ha ramificado y se ha destruido la estructura inicial y ahora no sé muy bien qué hacer con él. Yo había calculado que fuese un libro de unas trescientas páginas y llevo escritas setecientas. A medida que iba averiguando cosas, se me fue abriendo el apetito, el deseo de llegar al origen de ciertos problemas. Y la verdad es que el libro ha adquirido una cierta autonomía y me ha salido mucho más largo, e incluso mucho más crítico de lo que yo había previsto. El hecho es que he reunido una enorme cantidad de material sobre una serie de temas en los que los historiadores no acostumbran a detenerse, y aunque solo sea por eso creo que ha valido la pena hacer ese trabajo»[9]. A veces hasta concreta cuáles son esos temas en los que no entran los historiadores: «El bloqueo ha desarrollado en Cuba una auténtica cultura de la escasez, que se refleja en nuevas formas de criar a los hijos, de cocinar, de coser, en mil pequeños detalles como, por ejemplo, en el hecho de que allí una mujer no le dice a su vecina: "Préstame una aguja", sino "Préstame la aguja"»[10]. Cultura de la escasez mezclada con el choteo que se manifiesta en la cantidad de chistes que circulan alrededor de estos temas, como el de los carteles que se exhiben en el zoo de La Habana. Al principio de la revolución había un letrero a la entrada del zoo donde ponía: «Prohibido dar de comer a los animales». Poco más tarde lo cambiaron por otro que decía: «Prohibido comerse la comida de los animales». En fin, cuando llegó la verdadera escasez, en el periodo especial, un nuevo cartel rezaba: «Prohibido comerse a los animales».

En esta y otras entrevistas de ese año, las respuestas eran similares, y daban a entender que, por un lado, Gabo quería publicar cuanto antes ese material y ayudar a la revolución a ser explicada

[9] Cit. por Pedro Sorela, ob. cit., págs. 242-243.

[10] Josep Sarret, «Los días que, uno tras otro, son la vida», *El Espectador. Magazín Dominical,* 12-VIII-1979, pág. 1.

desde dentro por un observador foráneo pero comprometido, y, por otro lado, existía un problema importante que impedía su publicación inmediata, quizá el espíritu crítico. Para Fidel y los paladines de la revolución, ninguna crítica puede ser constructiva si sale del entorno de la intimidad, porque «los enemigos pueden utilizarla» en contra del organismo imperfecto. En julio de 1978 declara a Frank Mac Shane en *The New York Times:* «Es una obra crítica, porque estoy éticamente comprometido a presentar tanto las cosas buenas como las malas. Pero no quiero que sea utilizado contra la revolución, por personas que recojan citas fuera de contexto. Naturalmente, algún día será publicado, pero primero tengo que terminarlo» [11]. En la entrevista concedida a *Playboy* a principios de los ochenta responde así sobre la decisión de postergar la publicación de ese libro: «Es cierto. Se trata de un libro muy acerbo, muy "franco". Sería muy fácil para algunos citar frases fuera de contexto para atacar a Cuba. Efectivamente no deseo que eso ocurra, pero no es esta la razón de que haya postergado la publicación del libro. En realidad espero algún acontecimiento —quizá el levantamiento del bloqueo estadounidense— para darlo por terminado» [12].

Este proceso que hemos seguido, relativo al libro que intenta bloquear el bloqueo, es sorprendentemente similar al que ha ocurrido con frecuencia en la Cuba castrista cuando la cúpula considera que la obra de un intelectual es contrarrevolucionaria. En primer lugar, el escritor no tiene por qué ser enemigo de la revolución (piénsese en el *caso Padilla).* Después, el aparato opina sobre la validez de la obra e impone la censura. En el caso de Gabo, la censura es anterior porque el libro no llegó a las prensas. Han pasado casi treinta años desde que el libro comenzó a escribirse, y más de veinte desde que fue concluido. La fidelidad del colombiano al líder revolucionario es, por lo tanto, una realidad a prueba de bomba. Además, la autocrítica (tercer paso en cualquier proceso de veto a un intelectual) es, en este caso, un ejemplo de docilidad máxima. Gabo, que siempre

---

[11] Cit. por Pedro Sorela, ob. cit., pág. 243.
[12] *Playboy,* marzo de 1983, pág. 20.

ha publicado lo que ha querido, cuando ha querido y donde le ha parecido mejor, tiene una labor de varios años, concebida en una época en que está trabajando el Nobel, entre *El otoño del patriarca* y *Crónica de una muerte anunciada,* en *boxes,* a la espera de que Fidel baje la bandera y le permita seguir la carrera, algo que no ocurrirá.

Evidentemente, para no inmiscuir directamente al nuevo y poderoso amigo, en la entrevista de *Playboy* desvía la atención: primero dice que podría malinterpretarse por el enemigo, pero luego alude a algún elemento «mágico», o del destino, o a alguna intuición o capricho del azar que le decida a llevarlo a la editorial. Quizá el levantamiento del bloqueo, sugiere. El colombiano sabe que eso no va a ocurrir hasta que Fidel no levante el suyo propio o hasta que el líder desaparezca. En el fondo, cualquier respuesta antes que desvelar los secretos de su relación con Fidel y las imposiciones que de ahí se derivan. No es una casualidad que, justamente cuando Gabo comienza a decir que su trabajo es crítico y que «ha decidido» postergar su publicación, es decir, a partir de 1977, es también el momento en el que conoce personalmente a Castro e intima con él. Para esa época ya no son solo los Diego quienes saben con antelación cuándo llega el escritor a la isla, dónde va a estar y lo que va a hacer, pues la prensa, como hemos visto, se adelanta a su llegada y lo espera con verdadero entusiasmo.

Y junto con el libro sobre el bloqueo y las preguntas convencionales sobre sus novelas, excluida *El otoño del patriarca,* hay ahora un tema que empieza a ser recurrente: sus colaboraciones sobre la intervención cubana en Angola. En ellas, como veremos, Gabo vuelve a ser un defensor de la causa cubana, y su mejor vocero en el ámbito de la opinión pública internacional. Fidel, que estaba al tanto de todo lo que el colombiano estaba haciendo en la isla, de todas las declaraciones de los años anteriores, desde 1958, y de su adhesión incondicional al régimen, se presenta un día sin avisar en el hotel donde reside el escritor, y lo aborda. Interesado por la repercusión mundial que pueden tener las opiniones de un intelectual de la talla de García Márquez, es el líder quien lo busca y lo lleva a su terreno. Aquello que Gabo pretendía desde hacía tanto tiempo y no llegaba a coronar, ahora se le ofrece sin esfuerzo y casi involuntariamente. Nuevo rey de la «Reina del Caribe». Él mismo nos lo relata extensamente en la entrevista con *Playboy:*

GARCÍA MÁRQUEZ: Déjeme contarle —declara al periodista— cuál es mi verdadera relación con Fidel, pues quizá sea esta la ocasión de aclarar los malentendidos que se han creado en torno a nuestra amistad. Comenzaré contando una historia que considero típica. En 1977 viajé a Angola para escribir una serie de artículos que después se publicaron en *The Washington Post.* De regreso de Angola hice una escala en Cuba. Algunos periodistas de las agencias Reuters y France Presse me dijeron en La Habana que querían entrevistarme, y les dije que a las siete debía tomar el avión con destino a México, pero que de todos modos fueran a verme al hotel a las cuatro. A eso de las tres y media se presentó inesperadamente Fidel con ánimo de conversar conmigo, así que cuando los periodistas llegaron «a las cuatro» el personal del hotel les dijo que no podrían entrevistarme porque estaba departiendo con Fidel. Durante los diez primeros minutos le conté a Fidel mis impresiones sobre lo visto en Angola, y entonces, no recuerdo por qué causa —quizá porque habíamos hablado de la penuria alimenticia en Angola—, me preguntó si había comido muy mal mientras estaba allí. «Para mí no estuvo mal —le dije—, pues me las arreglaba para conseguir, de un modo u otro, alguna lata de caviar que me hacía muy feliz.» Fidel me preguntó si me gustaba mucho el caviar, y le dije que sí, que me gustaba mucho. Me dijo entonces que eso era un prejuicio puramente cultural, intelectual, y que él no creía que el caviar fuera un plato tan exquisito. Pues bien, una cosa se encadenó con otra y así continuamos hablando durante horas sobre alimentos —langostas, pescados y recetas de pescados—. Ese hombre sabe todo cuanto puede saberse sobre mariscos. Cuando llegó el momento de irme a tomar el avión, me dijo que me acompañaría al aeropuerto. Y ya en el aeropuerto, Fidel y yo nos sentamos en la sala de espera oficial, para seguir conversando sobre pesca mientras mi avión aterrizaba.

«PLAYBOY»: ¿Hay sala de espera oficial en el aeropuerto de La Habana? Eso no parece propio de un país socialista.

GARCÍA MÁRQUEZ: Eso *es* socialista. De hecho hay *dos* salas oficiales. De todos modos, la vaina es que los periodistas volvieron cuando estábamos en el aeropuerto y al parecer se dijeron: «Si García Márquez viene de Angola y Fidel lo ha acompañado al aeropuerto, han de haber hablado sobre algo extremadamente importante». Así fue que, cuando ya me iba, los periodistas se acercaron hasta el avión mismo para decirme: «Cuéntenos de qué ha estado hablando con Fidel todas estas horas». A lo que respondí: «Prefiero no contestarles, ya que si les dijera la verdad seguramente no me creerían» [13].

Una carta personal de Gabo al director de la Casa de las Américas el 21 de mayo de 1977 corrobora el dato proporcionado por el colombiano en la entrevista, pues en ella se disculpa ante el cubano por no haberlo llamado ese domingo antes de partir, ya que ese día llegó al hotel y por la tarde encontró «una visita muy agradable y excluyente» que luego lo acompañó al aeropuerto.

Terminado el desembarco, amarrado el barco, bloqueado el desbloqueo del bloqueo, Gabo no se gasta la fama en política: la invierte. Primero veremos cómo cumple en Angola, y después daremos una vuelta por todo el mundo, para observar cómo se acerca a otros ojos de huracanes políticos. Conquistada la isla más difícil, la isla que se repite, el Caribe se le queda pequeño. América y Europa serán sus próximos objetivos, pero con la proa puesta, en última instancia, rumbo nornoreste, donde atracará, vestido de liqui-liqui, en el invierno más caliente de su vida: el de 1982.

---

[13] *Playboy,* marzo de 1983, págs. 18-20.

8
LOS CUBANOS EN ANGOLA: «OPERACIÓN CARLOTA»

Gertrudis Gómez de Avellaneda (1814-1873) es la mejor escritora cubana del siglo XIX. Poeta, narradora, dramaturga, prosista, destacó también como defensora de los derechos de la mujer. En 1853, cuando Martí nacía en La Habana, ella pedía en Madrid que la Academia Española la acogiera como miembro, pues su actividad literaria estaba ya suficientemente avalada por la crítica y el público lector y receptor de todas sus obras; algo que no ocurrió, precisamente porque era mujer. En 1841 publica su primera obra narrativa, *Sab*, una novela antiesclavista. Cuba era uno de los pocos lugares donde todavía la esclavitud era legal. La Avellaneda ponía, con esta novela, su grano de arena para luchar contra esa costumbre inhumana y desfasada. Dos años antes, otro cubano, Cirilo Villaverde, publicaba en La Habana la primera parte de su obra fundamental, *Cecilia Valdés*, cuya versión definitiva no vería la luz hasta 1882 en Nueva York. En ambas novelas hay un ataque feroz contra un sistema de gobierno que mantenía unas estructuras obsoletas, porque los negros significaban mano de obra barata para la obtención del azúcar y el tabaco, fuentes importantes de pingües beneficios para la metrópoli. Abolidas las prácticas esclavistas en el continente, el núcleo donde se generó un fecundo tema literario testimonial y reivindicativo fue la zona del Caribe. El 5 de noviembre de 1854, cuando Martí estaba echando los dientes, una esclava de la región de Matanzas en la isla, llamada *la Negra Carlota,* se alzó a la cabeza de un grupo de esclavos, como años antes lo hiciera en su tierra Agustina de Aragón contra los franceses, y perdió la vida en esa rebelión. En homenaje a la esclava, la acción cubana en Angola recibió el nombre de «Operación Carlota». Otro 5 de noviembre, esta vez en 1975, el gobierno cubano tomó la decisión de ayudar al país africano.

ANGOLA NO SE QUEDA SOLA

En el corazón del África ecuatorial, vecino de Zambia, Namibia y de la República Democrática del Congo, el pueblo angoleño obtuvo su independencia el 11 de noviembre de 1975, después de quinientos años de colonización portuguesa. Desgraciadamente, la situación no era tan simple en un país donde varias fuerzas políticas antagonistas deseaban el poder a cualquier precio. Y estalló la guerra civil.

Los tres partidos más importantes eran el MPLA, el FNLA y el UNITA. El primero (Movimiento Popular de Liberación de Angola) estaba dirigido por Agostinho Neto, y recibió apoyo de Cuba y de la URSS. El segundo (Frente Nacional de Liberación de Angola) tenía como jefe a Holden Roberto y gozaba de la ayuda de Sudáfrica, de China y de Estados Unidos. El último (Unidad Nacional para la Independencia Total de Angola) seguía las directrices de Jonas Savimbi y se encontraba bajo el amparo de Zambia.

Son los años de la Guerra Fría, y las dos grandes potencias deseaban llevarse el gato al agua también en África. Cuba, como se sabe, venía sufriendo las consecuencias del bloqueo estadounidense desde mucho antes. A principios de febrero del año 1961 se firmó en Washington, D.C., la ley que establecía el bloqueo comercial de la isla. Esta medida constituyó un problema muy grave para Cuba, y solo pudo hacer frente a su situación gracias a la URSS, que propuso comprar su azúcar a buen precio y venderle su petróleo. Con ello, se salvó la situación y se evitó una crisis económica mayor. Desde entonces, las relaciones de Cuba con la URSS tomaron un cariz de franca dependencia. Sin la URSS, Cuba no habría podido sobrevivir.

En enero de 1975, acuciados por la presión portuguesa y africana, Neto, Roberto y Savimbi se reunieron en Alvor (Portugal), donde firmaron un compromiso que implicaba el establecimiento de un gobierno de transición, que representara a los tres grupos. Las intenciones eran, sin duda, loables; pero, desgraciadamente, fuerzas exteriores los abocaron a continuar el conflicto.

En mayo de 1975, Agostinho Neto solicitó la ayuda de Flavio Bravo, un comandante cubano que se encontraba con él en Brazzaville, para transportar un cargamento de armas. Ya en ese momento le consultó sobre la posibilidad de una asistencia más amplia y específica en el futuro. Tres meses más tarde, Neto fue más explícito, pidiéndole que enviara un grupo de instructores para fundar y dirigir cuatro centros de entrenamiento militar.

Los cubanos enviaron un total de cincuenta mil hombres para apoyar al MPLA y se quedaron en Angola hasta 1988. A lo largo de esos trece años, trescientos mil cubanos combatieron en nombre de la lucha solidaria internacional.

Ardor guerrero: Fidel, el primero

En enero de 1977, García Márquez publica el artículo «Operación Carlota: Cuba en Angola» [1], en el periódico colombiano *El Espectador,* justo en el momento en que sus relaciones con el gobierno castrista se están haciendo más fluidas e íntimas. En ese testimonio utiliza un tono que pretende ser objetivo para describir los acontecimientos históricos. En las primeras líneas, García Márquez presenta los diferentes partidos que luchan en Angola por el poder, así como a sus líderes respectivos. Aunque muchos se obstinan en considerar

---

[1] Gabriel García Márquez, «Operación Carlota», en *Obra periodística 4: Por la libre (1974-1995),* ob. cit., págs. 127-156.

la guerra de Angola como un acontecimiento de dependencia cubana respecto a la Unión Soviética, el autor la presenta como una lucha de ayuda cubana al partido angoleño, el MPLA. Se trata de una lucha ideológica para la construcción del socialismo en Angola, de una guerra «popular»[2], es decir, entre varios pueblos, y desgraciadamente de una guerra «grande», «moderna» y «atroz»[3]. Para referirse a la participación de Cuba en el conflicto, utiliza expresiones como «ayuda solidaria»[4], «acción solidaria»[5], «solidaridad política»[6] o «solidaridad internacional»[7], y destaca su impresión favorable hacia el papel del pueblo cubano, pues, a pesar de las dificultades económicas debidas al bloqueo estadounidense, la «Reina del Caribe» presta su ayuda a un país africano con la única motivación de realizar un acto de altruismo.

Los cubanos, en primer lugar, han hecho más de lo que había pedido Agostinho Neto: «De modo que cuando los dirigentes cubanos recibieron el pedido de Neto no se atuvieron a sus términos estrictos, sino que decidieron mandar de inmediato un contingente de cuatrocientos ochenta especialistas [...]. Como complemento mandaron una brigada de médicos, ciento quince vehículos y un equipo adecuado de comunicaciones»[8]. Más adelante, refiriéndose a la decisión de ayudar a Angola tomada el 5 de noviembre, precisa que «era una decisión de consecuencias irreversibles, y un problema grande y complejo para resolverlo en veinticuatro horas. En todo caso, la dirección del Partido Comunista de Cuba no tuvo más que veinticuatro horas para decidir, y decidió sin vacilar, el 5 de noviembre, en una reunión larga y serena»[9]. Se refiere después a la ayuda de Cuba

---

[2] Gabriel García Márquez, «Operación Carlota», en *Obra periodística 4: Por la libre (1974-1995)*, ob. cit., pág. 142.

[3] Ibídem. pág. 148.

[4] Ibídem, págs. 128 y 133.

[5] Ibídem, págs. 136 y 137.

[6] Ibídem, pág. 142.

[7] Ibídem, pág. 132.

[8] Ibídem, pág. 130.

[9] Ibídem, pág. 137.

en Argelia en los primeros años de la revolución cubana y luego a la ayuda que prestó a Mozambique, a Guinea-Bissau, al Camerún y a Sierra Leona a partir de los años sesenta: «El espíritu internacionalista de los cubanos es una virtud histórica» [10], asegura; y alude al voluntarismo de los cubanos para luchar en Angola, explicando que la selección era muy rigurosa, no solo por la preparación física y técnica, sino también por la «formación política» [11]. Es obvio conjeturar que el gobierno cubano, en la selección de sus soldados, haya cuidado su perfil revolucionario para evitar posibles críticas de los propios cubanos en el exterior. No obstante, «ninguno se fue a fuerza» [12], aunque la presión popular era casi peor, según Gabo, que las órdenes de arriba: «Algunos se negaron a ir después de ser escogidos y fueron víctimas de toda clase de burlas públicas y desprecios privados» [13].

Sin embargo, Del Pino se muestra escéptico hacia esa supuesta solidaridad cubana, hacia el «carácter de voluntariado que García Márquez quiere hacer ver que tiene la "Operación Carlota"» [14].

En la última parte del artículo, García Márquez intensifica el tono apocalíptico y sensacionalista. Ha vuelto a Cuba después de la intervención en Angola y comenta que ha podido observar una transformación casi milagrosa en la vida y en la misma configuración natural de la isla: «Había un cambio demasiado notable no solo en el espíritu de la gente, sino también en la naturaleza de las cosas, de los animales y del mar, y en la propia esencia de la vida cubana. [...] Sin embargo, la experiencia más interesante, y rara, era que los repatriados parecían conscientes de haber contribuido a cambiar la historia

---

[10] Gabriel García Márquez, «Operación Carlota», en *Obra periodística 4: Por la libre (1974-1995)*, ob. cit., pág. 133.

[11] Ibídem, pág. 140.

[12] Ibídem.

[13] Ibídem, pág. 142.

[14] Domingo del Pino, «Cubanos en Etiopía: Operación García Márquez», *El Viejo Topo* 20: 28-32 (1978). No se debe confundir al periodista español Domingo del Pino con el general de aviación cubano Rafael del Pino, que participó en la campaña de Angola.

del mundo, pero se comportaban con la naturalidad y la decencia de quien simplemente había cumplido con su deber»[15].

La culminación natural del elogio termina, cómo no, en Fidel Castro, excelente director de la intervención, personificación del ardor guerrero: «Ya en aquel momento [principio de 1975] no había punto en el mapa de Angola que no pudiera identificar, ni un accidente del terreno que no conocía de memoria. Su concentración en la guerra era tan intensa y meticulosa, que podía citar cualquier cifra de Angola como si fuera de Cuba, y hablaba de sus ciudades, de sus costumbres y gentes como si hubiera vivido allí toda la vida»[16]. Esta exageración, propia solo de la literatura hagiográfica, contrasta con los datos aportados por el argentino Andrés Oppenheimer en su excelente libro *La hora final de Castro,* quien demuestra que Fidel no disponía de tal conocimiento, y aclara cómo, con el paso de los años, las relaciones entre Fidel y Arnaldo Ochoa, general al mando de las operaciones en Angola, empezaron a enfriarse, porque este comenzaba a actuar por cuenta propia. Comenta Oppenheimer: «Como los demás miembros del alto mando cubano en Angola, el general de división Ochoa se tiraba de los pelos exasperado cada vez que llegaba una nueva orden de La Habana. ¿Qué sabía Fidel Castro de las condiciones de lucha en Angola desde sus oficinas con aire acondicionado a más de 10.000 kilómetros de distancia?»[17].

¿Una ayuda cubana o soviética?

García Márquez, como se ha apuntado, presenta esta intervención cubana como un acto de mero altruismo, de solidaridad: «Al contrario de lo que tanto se ha dicho, fue un acto independiente y soberano de Cuba, y fue después y no antes de decidirlo cuando se

---

[15] Gabriel García Márquez, «Operación Carlota», en *Obra periodística 4: Por la libre (1974-1995),* ob. cit, págs. 155-156.

[16] Ibídem, págs. 150-151.

[17] Andrés Oppenheimer, *La hora final de Castro,* Javier Vergara, Buenos Aires, 1992.

hizo la notificación correspondiente a la Unión Soviética»[18]. Es el pueblo cubano quien decide ayudar al pueblo angoleño porque lo necesita. Afirma que se trató de una decisión cubana totalmente independiente de la URSS, y así confirma, sumiso y obediente, lo que Fidel Castro había asegurado en su discurso del 16 de abril de 1976, titulado «Año del XX Aniversario del *Granma»:* «La decisión cubana fue absolutamente bajo su responsabilidad. La URSS, que siempre ayudó a los pueblos de las colonias portuguesas en su lucha por la independencia y le brindó a la Angola agredida una ayuda fundamental en equipos militares y colaboró con nuestros esfuerzos cuando el imperialismo nos había cortado prácticamente todas las vías de acceso por aire al África, jamás solicitó el envío de un solo cubano a ese país. La URSS es extraordinariamente respetuosa y cuidadosa en sus relaciones con Cuba. Una decisión de esa naturaleza solo podía tomarla nuestro propio partido»[19].

Y refiriéndose al presidente estadounidense Gerald Ford y a su secretario de Estado, Henry Kissinger, Castro añade que «mienten al pueblo norteamericano y a la opinión mundial cuando pretenden responsabilizar a la Unión Soviética con las acciones solidarias de Cuba en Angola»[20]. En su entrevista con Plinio Apuleyo Mendoza en *El olor de la guayaba,* García Márquez comenta: «El problema del análisis está en los puntos de partida: ustedes fundan el suyo en que Cuba es un satélite soviético, y yo creo que no lo es. Hay que tratar a Fidel Castro solo un minuto para darse cuenta de que no obedece órdenes de nadie»[21].

Sin embargo, Domingo del Pino vuelve a demostrar cierto escepticismo cuando se pregunta: «¿Se trata del internacionalismo proletario puesto en práctica a escala planetaria por un pequeño país de nueve millones de habitantes, como sostiene el régimen de La Habana, o de un servicio prestado a la URSS a cambio del soste-

---

[18] Andrés Oppenheimer, ob. cit., pág. 137.

[19] Fidel Castro, *Angola. Girón Africano.* Ed. de Ciencias Sociales, La Habana, 1976, págs. 21-22.

[20] Ibídem, pág. 22.

[21] Plinio Apuleyo Mendoza, *El olor de la guayaba,* ob. cit., págs. 126-127.

nimiento económico de la revolución cubana? ¿Se ha convertido Cuba en el gendarme de la Unión Soviética, como afirman los críticos de esa múltiple intervención en el Continente negro?»[22]. La respuesta es clara; por eso necesitaba Castro que alguien ajeno al mundo cubano respaldara la versión oficial de la revolución, «y eso lo hizo García Márquez a las mil maravillas con su indudable talento de escritor: intentar demostrar que la intervención cubana en África es un acto de puro internacionalismo proletario; que Cuba no se ha convertido en un gendarme de la URSS y que los intereses que defienden son los de los pueblos africanos y no los de la Unión Soviética. [...] Nada mejor para legitimar una campaña psicológica de este tipo que atribuirle la paternidad intelectual [aquí se refiere claramente a García Márquez] de esta política cubana a quien murió con su prestigio de revolucionario intacto. Esto, envuelto en una montaña de datos secretos y novelescos sobre los detalles de la "Operación Carlota", debería mentalizar al lector sobre el altruismo de Fidel Castro»[23].

Para Gabo, Angola ha supuesto una recompensa a todos los problemas que la isla ha tenido desde el triunfo de la revolución: «Tal vez ellos mismos no eran conscientes de que en otro nivel, tal vez menos generoso pero también más humano, hasta los cubanos sin demasiadas pasiones se sentían compensados por la vida al cabo de muchos años de reveses injustos [...]. En 1970, cuando falló la zafra de los diez millones, Fidel Castro pidió al pueblo convertir la derrota en victoria. Pero en la realidad, los cubanos estaban haciendo eso desde hacía demasiado tiempo, con una conciencia política tenaz y una fortaleza moral a toda prueba. Desde la victoria de Playa Girón, hacía más de quince años, habían tenido que asimilar con los dientes apretados el asesinato del Che Guevara en Bolivia, y el del presidente Salvador Allende en medio de la catástrofe de Chile, y habían padecido el exterminio de las guerrillas en América latina y la noche interminable del bloqueo, y la polilla recóndita e implacable de tantos errores internos del pasado que en algún momento los

---

[22] Domingo del Pino, art. cit., pág. 28.
[23] Ibídem, págs. 30-31.

mantuvieron al borde del desastre»[24]. Por fin, les ha llegado el momento de levantar las manos con los dedos en forma de V y una sonrisa de oreja a oreja: «Todo eso, al margen de las victorias irreversibles pero lentas y arduas de la Revolución, debió crear en los cubanos una sensación acumulada de penitencias inmerecidas. Angola les dio por fin la gratificación de la victoria grande que tanto estaban necesitando»[25].

ÁFRICA Y EL CHE: EL ARTE DE LA DESPEDIDA

El médico argentino, que a pesar de su asma crónica recorría todos los lugares donde hubiera que instituir una revolución, y se dejaba el pellejo con un idealismo que la historia no ha hecho sino magnificar, también puso sus pies en África. En multitud de ocasiones se había opuesto a los sistemas soviéticos, y no estaba a favor de una colaboración demasiado intensa con la URSS. En el artículo de García Márquez, la presencia del Che se convierte en el primer paso de la lucha cubana en África. Desde abril hasta diciembre de 1965, el revolucionario estuvo peleando en el Congo por la independencia de ese país africano. Algunos de sus hombres marcharon a Brazzaville para formar guerrillas para el PAIGC (Partido Africano de Independencia de Guinea y Cabo Verde) y para el MPLA. Uno de esos grupos guerrilleros entró clandestinamente en Angola y participó en la lucha contra los portugueses. Así, más tarde, otro se incorporó en Dembo, lugar de nacimiento de Agostinho Neto.

El Nobel colombiano considera esta lucha como un primer paso en la ayuda cubana en África, y establece un nexo entre las dos acciones, que cubre los diez años. Desde 1965 empezaron a intensificarse los vínculos entre Angola y Cuba, pero Gabo no aporta un dato de suma importancia, y es que «el hombre al que Cuba acusa de ser un instrumento de África del Sur, Savimbi, era el dirigente a

---

[24] Gabriel García Márquez, «Operación Carlota», en *Obra periodística 4: Por la libre (1974-1995)*, ob. cit., pág. 156.

[25] Ibídem.

quien el Che Guevara, durante su aventura africana, apoyaba para encabezar un gobierno revolucionario en Angola»[26]. Gabo, dirigido sabiamente por Fidel, no pierde ocasión para criticar al hombre apoyado por el Che: «En el oeste, bajo el amparo de Zambia, se encontraba la UNITA al mando de Jonas Savimbi, un aventurero sin principios que había estado en colaboración constante con los militares portugueses y las compañías extranjeras de explotación»[27]. Como aclara César Leante, «las tropas cubanas no fueron a Angola a combatir a ningún imperialismo —ni al portugués ni al sudafricano—, sino a darle su respaldo a Agostinho Neto en contra de Jonas Savimbi, esto es, a decidir cuál de los movimientos de liberación mayoritarios de Angola debía ocupar el poder»[28]. Por eso, parece poco oportuno citar al argentino en este contexto, a no ser que haya ciertas ignorancias, o bien, a no ser que el propio Fidel haya guiado el discurso del colombiano para afirmar y consolidar su liderazgo y clarificar el contexto en el que se produce el apoyo actual. Por consiguiente, parece plausible la afirmación del cubano Domingo del Pino cuando escribe: «Quizá lo más interesante del artículo publicado por García Márquez el año pasado en la revista *Triunfo,* titulado "Los cubanos en Angola: Operación Carlota", sea la asociación —sugerida sutilmente, parabólicamente— de Che Guevara con este despliegue militar cubano por África. Claro que a García Márquez, aunque ignorase la opinión de Che Guevara sobre las guerrillas africanas, no le llamó la atención el hecho de que Cuba hubiese tardado tanto —exactamente once años— en acudir a cumplir ese compromiso moral supuestamente contraído por Guevara en 1964»[29].

La experiencia en África fue muy decepcionante para el Che, al no haber encontrado este en los africanos el entusiasmo y la madurez imprescindibles para una revolución, dato que tampoco aparece en

---

[26] César Leante, *Fidel Castro: el fin de un mito,* ob. cit., pág. 145.
[27] Gabriel García Márquez, «Operación Carlota», en *Obra periodística 4: Por la libre (1974-1995),* ob. cit, pág. 129.
[28] César Leante, *Fidel Castro: el fin de un mito,* ob. cit., pág. 145.
[29] Domingo del Pino, art. cit., pág. 29.

otro artículo de Gabo, «Los meses de tinieblas: El Che en el Congo». Por eso, como dice Domingo del Pino, «resulta sorprendente que el escritor colombiano García Márquez [...], haya sugerido, probablemente por inspiración de Fidel Castro, que Cuba, al volcarse con sus soldados en Angola, no hacía más que cumplir el compromiso moral contraído por Che Guevara con la revolución africana»[30]. Es probable que la intención de Castro, al proponer a Gabo estas coordenadas, hubiera sido la de disipar las posibles dudas sobre la ruptura entre el líder máximo y el médico argentino, además de confirmar la pretendida independencia de Cuba con respecto a la Unión Soviética.

Antes de irse definitivamente de Cuba, Ernesto Che Guevara escribió una carta a Fidel Castro en la cual se despedía de él. En su artículo «Operación Carlota», García Márquez se refiere a este momento histórico y menciona el día de su partida al Congo, el 25 de abril de 1965, la misma fecha de su carta, en la que «renunciaba a su grado de comandante y a todo cuanto lo vinculaba legalmente al gobierno de Cuba»[31]. Más adelante, el colombiano afirma que «sus vínculos personales con Fidel Castro, sobre los cuales se ha especulado tanto, no se debilitaron en ningún momento»[32]. Nuevamente, Gabo es uno de los pocos «revolucionarios» autorizados a tratar otro de los temas tabú. La imagen que Castro desea difundir es la de la absoluta unión entre los dos colosos, ya que el argentino era para los cubanos un paradigma revolucionario indiscutible. Fidel era consciente del grave daño moral y político que podría hacer al proyecto cubano la ruptura de Guevara. Por eso, pasear por la isla significa encontrarse a cada paso carteles con la imagen del Che acompañada de leyendas revolucionarias, combativas y ortodoxas. Imágenes que, en muchas ocasiones, contemplan a los dos próceres en paz y armonía, unidos por la revolución. El ejemplo más claro de apropiación de la imagen es el monumento, comparable al de Martí en la

---

[30] Domingo del Pino, art. cit., pág. 29.

[31] Gabriel García Márquez, «Operación Carlota», en *Obra periodística 4: Por la libre (1974-1995),* ob. cit, pág. 134.

[32] Ibídem, pág. 135.

plaza de la Revolución, que se erigió en Santa Clara, en el mismo lugar donde descansan los restos del argentino. A la estatua colosal, de cuerpo entero, acompañan otras estructuras, entre las que destaca una inmensa mole de piedra rectangular que reproduce, en su parte frontal, la famosa carta de despedida del Che, es decir, la prueba —como veremos— de la traición de Fidel. Domingo del Pino, cuando abandona el servicio al régimen castrista, alude al tema de la ruptura y trata de esclarecer hechos e intenciones. Para él está muy claro que el Che, en África, «había logrado una gran comunicación con los argelinos que compartían su tesis sobre el "neoimperialismo" soviético, postura que teorizó por primera vez en el Seminario Económico de Argel de 1964 y que probablemente fue el último argumento que vino a añadirse a sus discrepancias con Castro»[33]. Desavenencias que se extendían hacia regiones más profundas y recónditas: «Este pesimismo en lo que a África concierne, y algunas deformaciones básicas de la revolución cubana que parecía anticipar, como la influencia creciente de la URSS, el papel de los sindicatos, [...] fueron sus últimos intentos de aporte, casi desesperados, a la revolución cubana»[34].

Pero la ruptura definitiva entre Castro y el Che tiene todavía un peldaño mucho más elevado. Uno de nuestros entrevistados, muy cercano a Gabo y a muchos de los protagonistas fundamentales del proceso revolucionario cubano, que desea permanecer en el anonimato, nos aseguraba que el argentino sabía que sobraba en el proyecto de Fidel desde mucho antes, cuando Castro se instaló sin tapujos bajo la tutela de la URSS. El Che no era solo un estorbo, sino que en los últimos tiempos era tratado como «el extranjero». Cuando este volvió de su viaje por Argelia se reunió con Fidel, Raúl y otros dirigentes de la revolución. Les hizo un informe amplio y detallado de lo que había visto. De pronto, escupió y dijo: «Yo no quiero esa mierda para Cuba y América latina. Cambiar un sistema injusto por otro injusto no es objetivo de la revolución; cambiar un sistema de

[33] Domingo del Pino, art. cit., pág. 28.
[34] Ibídem, pág. 29.

plutócratas y oligarcas por otro donde los privilegiados son los dirigentes del Partido y su burocracia, mientras el pueblo nada en la pobreza y las dificultades, ni hablar». Tras estas palabras hubo una discusión muy acalorada, con insultos muy fuertes entre el Che, Fidel y Raúl. Biógrafos del Che como Castañeda o Taibo II hablan de una reunión de 40 horas, que comenzó en el aeropuerto el 15 de marzo de 1965, cuando Fidel y Raúl fueron a recibir al argentino, recién llegado de Argel, y que tuvo tintes muy violentos, cercanos a la agresión física. A partir de ese momento, el Che desapareció definitivamente de la esfera política cubana.

Con respecto a esos últimos días del Che en Cuba, Del Pino sostiene que «Che estuvo ocupado en preparar su guerrilla boliviana, en discutir exhaustivamente con la dirección cubana, con Castro, sus profundas discrepancias, y en reparar en lo posible, con su indudable autoridad, el abuso cometido por el régimen con los trotskistas cubanos que acababan de ser detenidos a raíz de la polémica suscitada en Cuba por la intervención del Che Guevara en el Seminario Económico de Argel, con la cual se solidarizaron los trotskistas. En un postrer uso de su autoridad entre los revolucionarios cubanos, Che Guevara logró que una buena parte de los detenidos fueran puestos en libertad, aunque no pudo obtener que regresasen a sus puestos de trabajo»[35].

Castro, para asegurar que la «epidemia Guevara» se hubiera esfumado para siempre, decide leer en público la carta que iba dirigida a él personalmente. Con ello, asegura Pierre Kalfon, biógrafo del argentino, «Castro libra sin duda la presión [se trata de la presión ejercida por el pueblo cubano que no entiende la desaparición del Che] [...] pero al mismo tiempo —la maniobra es hábil— le impide de hecho regresar a Cuba a plena luz. Así lo entiende Guevara, en la profundidad de su selva»[36]. El propio argentino declara su decepción: «Esta carta solo debía ser leída después de mi muerte. No es diverti-

---

[35] Domingo del Pino, pág. 29.

[36] Pierre Kalfon, *Che. Ernesto Guevara, una leyenda de nuestro siglo,* Plaza y Janés, Barcelona, 1997, pág. 490.

do que te entierren vivo»[37]. Las reflexiones de Pierre Kalfon son obvias: «Si las palabras del Che mencionadas son auténticas, y parecen serlo a juzgar por los diversos testimonios verificados del mismo Alarcón, se trata de una transformación radical de actitud mental de Guevara para con su mentor. ¿Acaba Castor de sacrificar a Pólux? ¿La hermosa, la maravillosa amistad entre el argentino y el cubano queda aquel día herida de muerte? ¿Es que la política prevalece sobre lo político? Desde este momento la perspectiva general de las relaciones entre ambos hombres exige una revisión. Aunque Castro no abandone abiertamente a Guevara, el camino de Cuba queda cerrado para él»[38]. Con ello, el Comandante aseguraba su liderazgo en solitario, disimulaba la ruptura, y a la vez escondía su real dependencia de los rusos, haciendo creer a los suyos que una pequeña isla, tan estratégicamente situada, podía mantenerse al margen de todos los vientos políticos, en una época de guerra fría donde el mundo o era capitalista o era socialista. Gabo, que por entonces se estaba convirtiendo en uno más del régimen, fue nuevamente el mensajero de Castro. La paloma volaba alto, pero todavía quedaban muchas cotas que coronar.

---

[37] Pierre Kalfon, ob. cit., pág. 490.
[38] Ibídem.

9
VOLÉ TAN ALTO, TAN ALTO, QUE YA NO VEO EL ASFALTO

La cena se realiza en casa de Danilo Bartulín y su esposa, María José, con los que tengo una antigua historia en torno a unos kilos de chorizos. Carmen Balcells, mi agente literaria, sabedora de que viajaba a Cuba, me dio unos chorizos para María José y Danilo, chorizos intervenidos en la aduana, noticia que transmití por teléfono a mis deschorizados desconocidos. Ahora les he conocido. Ella pertenece a la excelente raza de españolas altas y delgadas como su madre, según la canción, y él fue jefe de seguridad de Allende, abandonó el palacio de la Moneda en el último extremo, por orden expresa del presidente, que quería quedarse a solas con su muerte. Ahora Bartulín se dedica a la importación de ascensores y alguna vez consigue importar embutido ibérico, con lo que ya no tiene problemas en aduana, hábil estrategia para comer chorizo en Cuba sin que nadie te moleste. Comemos y bebemos, lo suficiente para que se abran los esfínteres y Gabriel García Márquez, Mercedes, su mujer, un hermano de Gabo, Jaime, y su esposa, Jesús Aznárez, corresponsal de *El País* en México, Mauricio Vicent, Jesús Quintero, *El Loco de la Colina,* los anfitriones y yo dialoguemos sin límites y pueda recordarle a Gabo que recién Nobel, almorzando un *arros amb fesols i naps* que nos había cocinado Nieves Muñoz Suay, Ricardo presente, Gabo dijo que a partir del Nobel ya solo hablaría con duques y secretarios generales. Le prevengo de las dificultades progresivas que va a tener en un mundo en el que cada día se nombran menos duques y los secretarios generales son una raza en extinción»[1].

A comienzos de 2003 le decíamos a Manuel Vázquez Montalbán, dueño y señor de las palabras anteriores, que nuestro sueño hubiera sido escribir su libro sobre Cuba, una de las estampas mejor coloreadas sobre la historia de medio siglo en Cuba y la de su líder máximo, con todos sus descendientes políticos, culturales, económicos, personalidades del mundo religioso, universitario, intelectual, etc. Y el viaje del Papa como telón de fondo. Uno de los motivos por los que envidiamos al padre de Carvalho es precisamente la cantidad de anécdotas como la que acabamos de citar, donde igual aparece Gabo que el cardenal de La Habana, un ministro cubano u otro español. Pero lo que más nos interesa es lo que el colombiano dijo nada más recibir el premio Nobel, sobre los duques y los embajadores. Ciertamente, entre la etapa que ya hemos comentado y la recepción del codiciado galardón pasan unos años en los que García Márquez se prepara políticamente para ello. A nadie sorprende que el Nobel también vaya empañado de política. El mismo Gabo ha hablado en 1980 sobre «el criterio político que prevalece en el seno de la Academia Sueca»[2]. Y ha aducido como ejemplos que en 1938 Hitler prohibió a los alemanes recibirlo porque su promotor era judío, que la Academia concedió el Nobel de Literatura a Winston Churchill solo porque era un hombre con prestigio y no le podían dar ninguna otra modalidad del galardón, y que Pasternak lo rechazó en 1958 por temor a que no le dejaran regresar a su país. En nuestro ámbito latino, y tratándose de injusticias políticas, que pregunten a Borges o a Vargas Llosa. Sobre el primero escribió García Márquez en 1980 que «es el escritor de más altos méritos artísticos en lengua castellana, y no pueden pretender que lo excluyan, solo por piedad, de los pronósticos anuales. Lo malo es que el resultado final no depende

---

[1] Manuel Vázquez Montalbán, ob. cit., pág. 559.
[2] Gabriel García Márquez, «El fantasma del Premio Nobel», *Notas de Prensa*, ob. cit., pág. 9.

del derecho propio del candidato, y ni siquiera de la justicia de los dioses, sino de la voluntad inescrutable de los miembros de la Academia Sueca»[3]. En concreto, la razón que se aduce para justificar que Borges nunca recibiera el Nobel y que Artur Lundkvist, secretario permanente de la Academia, dijera que mientras él viviera nunca se le concedería al escritor argentino, la explica muy bien Gabo en el mismo artículo:

> Lo cierto es que, el 22 de septiembre de aquel año (1976) —un mes antes de la votación—, Borges había hecho algo que no tenía nada que ver con su literatura magistral: visitó en audiencia solemne al general Augusto Pinochet. «Es un honor inmerecido ser recibido por usted, señor presidente», dijo en su desdichado discurso. «En Argentina, Chile y Uruguay se están salvando la libertad y el orden», prosiguió, sin que nadie se lo preguntara. Y concluyó impasible: «Ello ocurre en un continente anarquizado y socavado por el comunismo». Era fácil pensar que tantas barbaridades sucesivas solo eran posibles para tomarle el pelo a Pinochet. Pero los suecos no entienden el sentido del humor porteño. Desde entonces, el nombre de Borges había desaparecido de los pronósticos. Ahora (1980), al cabo de una penitencia injusta, ha vuelto a aparecer, y nada nos gustaría tanto a quienes somos al mismo tiempo sus lectores insaciables y sus adversarios políticos que saberlo por fin liberado de su ansiedad anual[4].

Hay algunos que recibirán ese premio sin haberlo merecido; otros que, mereciéndolo, se morirán sin recibirlo; otros que lo recibirán a pesar de la política, y otros, como es el caso del colombiano, que lo han recibido por los dos motivos. García Márquez es un sensacional escritor y un no menos sensacional político «de emergencia», como dice él mismo. Su lucha por llegar hasta la Academia Sueca en los finales de los setenta contrasta con unas declaraciones que había hecho a Juan Gassain en 1971 para *El Espectador* de Bogotá,

---

[3] Gabriel García Márquez, «El fantasma del Premio Nobel», *Notas de Prensa,* ob. cit., pág. 7.

[4] Ibídem, pág. 8.

asegurando que le gustaría que le concedieran el Nobel cuando hubiese ganado tanto dinero con sus libros que lo pudiera rechazar sin remordimientos, porque ese premio se había convertido «en una monumental lagartería internacional»[5]. Once años más tarde, o bien ya no había lagartería, o bien no consideraba que los millones de ejemplares vendidos de sus obras, y el dinero que de ahí se deriva, fuera suficiente para rechazarlo, o bien cambió de opinión. Nos atrevemos a pensar que su decisión tuvo que ver con las consecuencias políticas del prestigio que rodea a la posesión de ese premio, ya que desde los ochenta no ha dejado de utilizar su fama en un sentido político. También declaró, después de volar tan alto, tan alto, que nunca más aceptaría un premio literario, ya que el Nobel era la cumbre de la gloria, y había que dejar el resto de los galardones para muchos escritores que son merecedores de ellos. Esta promesa ha sido cumplida hasta la fecha, y el destino le ha hecho un guiño a causa de esa fidelidad. Vargas Llosa nos contó en una ocasión que en 1997 formó parte del jurado que falló el premio Cervantes. Ese año se concedió a García Márquez, que lo rechazó, y acto seguido se buscó un sustituto para la recepción del «Nobel» de las letras hispánicas, que fue Cabrera Infante, uno de los escritores que más se ha enfrentado al colombiano por su connivencia con el régimen de Castro, al que llama «nuestro prohombre en La Habana», parafraseando el título de la novela de Graham Greene, y del que dice que padece una aguda «castroenteritis».

A lo que nunca renunció fue al poder, pero a su manera. Fue invitado dos veces a recibir la presidencia de su país, pero se negó por completo. «¿Presidente de Colombia? Soy demasiado serio para eso», comentó en una ocasión[6]. El 13 de noviembre de 2002, sentados alrededor de una de las mesas del *hall* del Hotel Habana Libre, nos contaba Ángel Augier, poeta cubano que trabajó con Gabo en Prensa Latina, que en cierta ocasión, poco antes de ser Nobel, estuvo el colombiano en la UNEAC cuando Augier era vicepresidente y

---

[5] Alfonso Rentería, *García Márquez habla de García Márquez,* ob. cit., pág. 70.
[6] Pedro Sorela, ob. cit., pág. 249.

Nicolás Guillén presidente de esa prestigiosa institución cubana, situada en un hermoso palacete de El Vedado. García Márquez, al terminar el acto allí, invitó a los dos cubanos a tomar algo en La Bodeguita del Medio, situada en una populosa calle de La Habana Vieja, cerca de la catedral. Llegó allí también el recién nombrado embajador de Cuba en Colombia. El comentario del Nobel fue: «No aceptes la embajada porque Bogotá es inhabitable». García Márquez no quiere el poder en sí; lo admira y está obsesionado por él. Una de sus frases más famosas es «Siento una gran fascinación por el poder, y no es una fascinación secreta»[7]. Su manera de acercarse a él es tratando de convivir con aquellos que lo poseen y lo ejercitan, para influir sobre ellos pero sin tomar él mismo las decisiones.

Betancur, el presidente colombiano conservador de principios de los ochenta, que felicitó a su paisano nada más recibir el Nobel, después de una etapa en la que Gabo se exilió de Colombia, comenta que le ofreció varias veces ministerios y las embajadas en Madrid y París, pero él siempre rehusó. «Le gusta estar cerca del poder, pero no para apropiárselo»[8], aseguraba. Uno de sus mayores placeres es comprobar que puede llamar a Castro por teléfono en cualquier circunstancia, cualquier hora de cualquier día, y saber que se va a poner. Y no solo eso: sabe que los presidentes, duques y secretarios generales que son realmente amigos suyos van a cometer, si es preciso, arbitrariedades para satisfacer su peculiar forma de ejercer el poder. Eso ocurre con la liberación de los presos políticos, de la que hablaremos más tarde, y con problemas mucho más sencillos.

Dasso Saldívar, sin duda el hombre que mejor conoce a Gabo, a juzgar por la estupenda biografía *García Márquez: El viaje a la semilla,* publicada por Alfaguara en 1997, y por los datos certeros que constantemente nos ofrece en sus *e-mails,* nos hizo saber que a principios de los ochenta, muy poco antes de recibir el Nobel, pero ya absolutamente instalado en las alturas desde las que no se ve el asfal-

---

[7] «García Márquez: la soledad de la fama», en *El Tiempo.com,* miércoles, 18 de diciembre de 2002, pág. 2.

[8] Jon Lee Anderson, art. cit., pág. 64.

to, quiso celebrar el cumpleaños de su madre un 25 de julio. Como se había exiliado de su país poco antes y vivía en México, Fidel le prestó su avión y lo mandó de incógnito a Colombia, donde pudo pasar una estupenda velada con la mujer del telegrafista de Aracataca. El poder y sus aledaños habían empezado a ser un juguete para él. Pero Castro no ha sido su único *partner* político. Existen muchos hombres, y muchas cosas de palacio, y a veces no van despacio.

Mientras tanto, también colabora durante los últimos setenta en organizaciones que luchan contra ciertos tipos de poderes inadmisibles, o tratan de obtener beneficios políticos o humanitarios. Desde la revista *Alternativa* contribuye a la creación del movimiento FIRMES, que pretendía, y consiguió durante un tiempo, vencer las diferencias entre los grupos de izquierda y formar un amplio frente progresista. A finales de 1978 crea una Organización Latinoamericana de Derechos Humanos (HABEAS), que se mantuvo en parte con la dotación de varios premios y parte de sus derechos de autor. A través de ella interpeló, por ejemplo, al presidente de Colombia, Julio César Turbay Ayala (1978-1982), a causa de las torturas padecidas por presos políticos de su país[9]. Pero su intervención más decisiva fue, sin duda, la del Tribunal Russell, desde 1975. Creado en 1961 el primer tribunal por el filósofo y matemático inglés Bertrand Russell para juzgar las actividades de guerra de Estados Unidos en Vietnam, tuvo una segunda edición de 1973 a 1976, con el fin de denunciar violaciones de derechos humanos y represión en América latina. En una entrevista de 1975 detalla cómo fue elegido vicepresidente, y por qué aceptó:

> El Tribunal Russell me propuso que formara parte de él, y yo acepté. En primer lugar por el siguiente motivo: yo no soy líder político, no tengo vocación de líder. Sé que no podría serlo, sería un mal líder, no lo voy a intentar; a mí no me gusta jugar a perder y estoy seguro que perdería. Por ello no pertenezco a ninguna organización, soy una especie de francotirador. Y corro el riesgo de no saber muy

---

[9] Pedro Sorela, ob. cit., pág. 250.

bien qué hacer; se me va en hacer declaraciones, en hacer protestas, poner telegramas cada vez que hay presos, cada vez que en algún lugar de América latina o en cualquier otro lugar del mundo hay algún atropello [...]. Lo más interesante que vi yo en el Tribunal Russell, y que sigo viendo, es su alcance como medio de publicidad de los problemas de América latina. Es como una caja de resonancia [...]. Digámoslo de una forma más cruda: es una gran pieza de teatro que hemos montado para que haya noticias sobre la situación en América latina [10].

POR CONSIGUIENTE, FELIPE PRESIDENTE

Una de las coletillas más famosas del ex presidente del gobierno español Felipe González es la conjunción «por consiguiente». En los ochenta peninsulares, todos los humoristas políticos, imitadores de nuestros gobernantes, se ensañaban con los «por consiguientes» de González, que además rima con «presidente». Ya nadie se acordaba de aquel «Puedo prometer y prometo» de Adolfo Suárez, y todavía no había llegado el «España va bien» de un Aznar que era capaz de gritar la consigna sin mover el bigote. La amistad de Gabo con Felipe y otros dirigentes socialistas europeos y americanos comienza o se consolida en casi todos los casos por esos años setenta hasta principios de los ochenta. A González lo conoció en un populoso cuarto de hotel de Bogotá en 1975. Es una pena que no hayamos podido hablar con el ex presidente español. Durante un año hemos intentado concretar una cita escueta, pero no ha sido posible. Su secretaria siempre nos contestaba que no tenía tiempo, y cuando le dábamos una amplitud de un año o año y medio, al final ya no contestaba. Debe de ser verdad que está muy ocupado, a juzgar por el polvo que seguramente guarda el escaño donde tendría que sentarse a diario y que con frecuencia vemos vacío cuando el telediario ofrece imágenes del Congreso de los Diputados. Es posible que tampoco se dé dema-

---

[10] «GGM al banquillo», *Revista Seuil,* Bruselas, 1975, en Alfonso Rentería, ob. cit., págs. 99-100.

170

siada prisa para cobrar el apetecible sueldo que mensual, religiosa y puntualmente reciben todos aquellos hombres de buena fe que nos representan y nos gobiernan con tanto ahínco, aunque estén en la oposición. A lo mejor las conferencias le dan más dinero y menos quebraderos de cabeza. El hecho es que en 1975 ya pasó por Colombia como líder del socialismo español, en un momento de cambio en las estructuras políticas del país, una vez consumido el franquismo. Enrique Santos Calderón, Antonio Caballero y García Márquez, representando a la revista *Alternativa,* se acercaron al hotel donde residía con el fin de hacerle una entrevista. Así relata Gabo lo que pasó:

> La verdad fue que de algún modo tanto él como nosotros comprendíamos que aquella entrevista no era más que un pretexto y quedamos de acuerdo en encontrarnos al día siguiente para conversar sin testigos ni magnetofones. Lo hicimos por iniciativa del propio Felipe, en un ambiente al mismo tiempo acogedor e insospechable: entre los estantes de una librería, donde los clientes, absortos, apenas si se apercibían de nuestra presencia. Me pareció que aquella manera de estar casi invisible, pero sin necesidad de esconderse, era para Felipe un hábito cotidiano de la clandestinidad, en la cual había vivido tantos años en los malos tiempos de España[11].

Aquel fue solo el primer encuentro. Hubo química, pero la amistad llegó más tarde, de la mano de Omar Torrijos, otro de los grandes presidentes socialistas que forman la élite de «duques» y «secretarios generales». Coincidieron más tarde, en esa segunda mitad de los setenta, en las distintas casas que el presidente panameño tenía en su país. Así lo evoca Gabo en el artículo que le dedicó poco después de ser recibido por González, ya presidente, por consiguiente, en el palacio de la Moncloa:

---

[11] Gabriel García Márquez, «Felipe», *Notas de Prensa,* ob. cit., pág. 357.

Uno llegaba casi sin anuncio previo a la antigua base militar de Farallón, donde reventaban sin tregua las olas indómitas del Pacífico, o llegaba al Paraíso cautivo de la isla de Contadora, y se encontraba siempre con alguien que tenía algo que decir sobre el destino de América latina, y en especial sobre la América Central, sobre todo tres personas que habían de ser claves en la batalla sorda y difícil por la recuperación del canal de Panamá: Carlos Andrés Pérez, Alfonso López Michelsen y el propio Omar Torrijos. Entre ellos, el joven Felipe González, que andaba por los treinta y pocos cuando ya los otros tres eran presidentes, parecía solo un discípulo privilegiado que se movía en la cátedra con tanta versación y tanto interés como sus maestros. Su carrera hacia la victoria ha sido tan fulminante que todo esto parece ocurrido hace muchos años, con una distancia histórica que ya ofrece hasta una cierta perspectiva para el análisis. Tal vez esa fue la razón por la cual, cuando vi a Felipe González paseando por el parque de la Moncloa, me costó trabajo acostumbrarme a la idea de que nuestro amigo de vacaciones en Farallón y Contadora se había convertido en presidente del Gobierno en su país con apenas cuarenta años mal contados [12].

Los encuentros se dieron no solo en Panamá, sino también en otros puntos de la geografía americana, como México o en las islas San Blas. Tanto han hablado sobre temas de política americana, que el colombiano no duda en afirmar que Felipe es «el más grande especialista que conozco en el tema de América Central» [13]. Y apostilla que no es una exageración, pues «no conozco a nadie que no sea latinoamericano y que se interese tanto por nuestra suerte, consciente tal vez de que, de algún modo, la suerte de España y la nuestra podrían ser complementarias» [14]. Por eso concluye que, después de hablar con él de temas específicamente americanos, no solo ha «aprendido mucho sobre quiénes somos y para dónde vamos los latinoamericanos y los españoles, sino también por la convicción de

---

[12] Gabriel García Márquez, «Felipe», *Notas de Prensa,* ob. cit., pág. 357.
[13] Ibídem.
[14] Ibídem.

que nuestros caminos siguen estando cruzados, que muchos de sus trechos hay que hacerlos juntos, y que Felipe puede ser un hombre decisivo no solo para España, sino también para nuestro destino común»[15].

El trío se completa con la intervención de Felipe en asuntos cubanos. Aunque las diferencias y encontronazos entre Castro y González son conocidos, es lógico que Gabo haya hablado en multitud de ocasiones con Fidel, animándole a apoyarse más en ese hombre-bisagra-decisivo, y con Felipe sobre la situación de Cuba, paradigma de lo que se desea como «destino común». El hecho es que, a pesar de la disparidad de opiniones, a mitad de los noventa, cuando el periodo especial está en su momento más crítico, y en medio de las enormes críticas de Felipe a Fidel con respecto a las posiciones ya numantinas del cubano y la miseria generalizada, el presidente español envía a Solchaga, que ya no es ministro de Hacienda, pero sigue siendo el hombre más lúcido que ha tenido el socialismo español en temas económicos. Este trata de convencer a los cubanos, Castro presente y Lage intermediario, de la necesidad de realizar un cambio, una apertura a la economía de mercado, sugiriéndole que había mantenido una situación de «revolución subvencionada»[16], y que debía comunicar a todo su pueblo que se veía obligado a cambiar algunas de las consideraciones que había defendido hasta entonces sobre la propiedad de los medios de producción, etc. Pero Castro repuso: «Mira, Solchaga, es posible que tengas razón; pero eso que tú dices, lo tendrán que hacer otros»[17].

TORRIJOS Y SUS ENTRESIJOS

El líder panameño, quien fuera enlace para la amistad entre Felipe y Gabo, tomó el poder por la fuerza en su país en 1969, y entró en

---

[15] Gabriel García Márquez, «Felipe», *Notas de Prensa,* ob. cit., págs. 357-358.
[16] Manuel Vázquez Montalbán, ob. cit., pág. 181.
[17] Ibídem.

contacto con el colombiano antes que ningún otro líder político, en unas fechas muy tempranas. Torrijos no era marxista, pero admiraba a Tito y a Fidel, y apoyaba las intervenciones del líder cubano en Guatemala, El Salvador y Nicaragua. García Márquez hizo una crítica muy severa acerca de sus intenciones, y el panameño quiso hablar con él para persuadirlo de su rectitud de intención. Ese primer encuentro es evocado después por el Nobel como el comienzo de su amistad, en una parranda que duró tres días [18]. A partir de ahí se vieron en multitud de ocasiones, hasta la muerte de Torrijos en un accidente aéreo en 1981. Una de las cosas que más resalta Gabo de su amigo es la capacidad para mantenerse despierto toda la noche gracias a los efectos estimulantes que producía en él el whisky, y que solía tener siempre seis mujeres en «alerta permanente» para lo que hiciera falta. Poco después de morir, Gabo le dedicó un emotivo artículo (12 de agosto de 1981) en el que comenta que en los últimos años viajaba a Panamá al menos dos o tres veces al año, solo para estar con él y con los amigos comunes, y que generalmente iba a un hotel. Pero que en la última ocasión, el 20 de julio de ese año, se hospedó en una de sus muchas casas, en la capital, donde él aparecía pocas veces. En esa ocasión, Gabo había sido invitado por su amigo a una cena, junto con otros allegados. Al terminar la velada, aunque la secretaria del presidente les indicó que tenían que asistir a un acto oficial, él ordenó que le prepararan un avión y un helicóptero para despegar en cualquier momento, lo que quería decir que todavía no sabía hacia dónde se iba a dirigir. Así lo evoca Gabo, al llegar a la habitación donde se quedó ese día:

> Lo dijo aquella noche como tantas otras: «Lo que más me gusta es que nunca sé dónde voy a dormir». Ni lo sabía nadie. Solo en el momento en que el avión o el helicóptero estaban listos para despegar le indicaba al piloto el lugar de destino. Esta vez no fue una excepción. Cuando regresé de la cena, encontré la casa iluminada, pero desierta y silenciosa, y comprendí que él se había ido hacía muy

---

[18] Jon Lee Anderson, art. cit., pág. 64.

poco tiempo, pues en el aire refrigerado estaba todavía el olor de su cigarro. Nunca supe para dónde se fue, pero ahora sé que desde aquella noche no volvería a verlo jamás[19].

García Márquez le dedica algunos artículos durante los últimos setenta y primeros ochenta, todos ellos muy elogiosos, y adornados con reflexiones jugosas sobre las diversas crisis de los países centroamericanos de esas fechas, las mismas que han sido articuladas en las conversaciones con Felipe González y otros dirigentes socialistas. Aparte de este homenaje de 1981 al amigo fallecido, son interesantes «El general Torrijos sí tiene quien le escriba», en *Alternativa* de mayo de 1977, sobre el problema de los exiliados de izquierda y algunos otros grupos, también de izquierda radical, la posibilidad de que la CIA los infiltrara en el país para desestabilizar la situación en la zona del Canal, y el titulado «Torrijos, cruce de mula y tigre», en *Alternativa* de agosto de 1977, sobre la soberanía del Canal y sus consecuencias para la economía de América Central. En este artículo se trataba, sobre todo, de enfatizar los elementos positivos de la gestión de Torrijos y, principalmente, de su personalidad. Destaca Gabo su naturalidad, su claridad y su valentía, como por ejemplo cuando le dijo a un alto funcionario estadounidense, en medio de una de las negociaciones con Carter: «Lo mejor para ustedes será que nos devuelvan el Canal por las buenas. Si no, los vamos a joder tanto durante tantos años, que ustedes mismos terminarán por decir: "Coño, ahí tienen su canal y no jodan más"»[20].

La intervención del colombiano en este asunto no se limitó a consejos personales, ya que, en el momento culminante de la firma del tratado sobre el Canal en Washington, en 1977, Graham Greene y él entraron con Torrijos, en medio de una delegación panameña y completamente borrachos, a Estados Unidos, donde tenían negada la visa desde hacía décadas, por sus posiciones políticas de extrema izquierda y sus críticas al imperialismo yanqui. Torrijos los quería allí

---

[19] Gabriel García Márquez, «Torrijos», *Notas de Prensa,* ob. cit., pág. 140.
[20] Ibídem, «Torrijos, cruce de mula y tigre», *Por la libre,* ob. cit., pág. 184.

para asegurar el éxito de sus negociaciones, o bien para manifestar una vez más sus excentricidades y sus provocaciones, casi jocosas, a sus enemigos políticos. Comenta Gabo que todo comenzó como un modo de burlar la prohibición que había recaído desde hace tiempo sobre los escritores. El presidente panameño preparaba una visita a Estados Unidos, y «cuando estaba integrando la delegación para ir a Washington, a Torrijos se le ocurrió la idea de meternos de contrabando en Estados Unidos a Graham Greene y a mí. Era una obsesión: poco antes, le había propuesto a Greene que se disfrazara de coronel de la Guardia Nacional y fuera a Washington en misión especial ante Carter, solo por hacerle a este una de sus bromas habituales [...]. Cuando el general Torrijos nos propuso asistir a la ceremonia de los tratados con nuestras identidades propias pero con pasaportes oficiales panameños e integrados a la delegación de ese país, ambos aceptamos con un cierto regocijo infantil [...]. Conscientes de la carga literaria del momento, Graham Greene me dijo al oído cuando bajábamos por la escalerilla del avión: "Dios mío, qué cosas las que le suceden a Estados Unidos". El propio Carter no pudo menos que reír con sus dientes luminosos de anuncio de televisión cuando el general Torrijos le contó la travesura»[21].

Concluidas las negociaciones, Gabo siguió muy de cerca el cumplimiento de los acuerdos y, sobre todo, el equilibrio de la zona del Caribe y América Central, donde Cuba ocupa el lugar de la reina. En el artículo del 21 de febrero de 1981 sobre Alexander Haig, el jefe de la diplomacia de Reagan, al que llama «el Kissinger de Reagan», alerta a toda la zona a ponerse en pie de guerra frente a la política de mano dura que ha iniciado el general Haig. Observa que «El Salvador está en llamas», que «Nicaragua no ha vuelto a dormir tranquila» y Cuba «está otra vez en pie de guerra» desde la misma noche de la elección de Reagan. En cuanto a Panamá, dice que su gobierno «es el primero que ha conocido de un modo directo la vocación imperial y el estilo rupestre del general Haig, en una nota verbal incon-

---

[21] Gabriel García Márquez, «Las veinte horas de Graham Greene en La Habana», *Notas de Prensa,* ob. cit., pág. 360.

cebible que le hizo llegar la semana pasada [...], [en la que] se congratula con las buenas relaciones entre Panamá y Estados Unidos. Se congratula con el hecho de que el gobierno panameño hubiera celebrado elecciones en 1980 y con el proyecto de hacer otras en 1984. Entiende que existan relaciones entre Cuba y Panamá, pero le preocupa que sean tan buenas, y le preocupa sobre todo que el intercambio comercial de los dos países esté contribuyendo a romper el bloqueo impuesto por Estados Unidos desde hace más de veinte años [...]. Le preocupa la presencia de una flota pesquera cubana en las aguas territoriales panameñas y que Cuba utilice a Panamá para mandar armas y gentes entrenadas a El Salvador»[22]. Seguidamente, el articulista enumera las objeciones y refutaciones del gobierno panameño a las palabras de Haig y concluye con una frase contundente de Torrijos: «Doy este mensaje como no recibido por haberse equivocado de destinatario. Debió ser enviado a Puerto Rico»[23].

UN NUEVO ALIADO EN SU SANTORAL: EL SANDINISMO

En fin, el compromiso de Gabo con Centroamérica ha pasado también por la participación en negociaciones para terminar con la guerra civil en El Salvador y Nicaragua. Con cierta frecuencia ha colaborado en la liberación de rehenes de ambos lados de la contienda, y ha tratado de que haya una protección internacional de la revolución sandinista, pues, además, se reunía en su casa de México con sus dirigentes, en los tiempos de la lucha clandestina, y contribuyó a las negociaciones que culminaron en la unificación de tres grupos de oposición en el común Frente Sandinista[24]. Sergio Ramírez, narrador nicaragüense y político ligado al sandinismo, que llegó a ostentar un alto cargo en el gobierno, relata su relación con Gabo: «Nos conocimos en Bogotá, en agosto de 1977, cuando llegué a buscar su

---

[22] Gabriel García Márquez, «El Kissinger de Reagan», *Notas de Prensa,* ob. cit., págs. 61-62.

[23] Ibídem, pág. 63.

[24] Pedro Sorela, ob. cit., pág. 249.

ayuda en la conspiración para botar a Somoza, y me recibió esta vez en los estudios de la RTI, donde se rodaba para entonces la serie basada en *La mala hora,* en una oficina llena de monitores y casetes de cintas de tres cuartos de pulgada, sin que resultara ningún esfuerzo convencerlo de que el triunfo de la revolución sandinista se hallaba a las puertas, pues la ofensiva que se preparaba contra la Guardia Nacional sería indetenible, y lo que necesitábamos de él era que fuera a Caracas a plantearle al presidente Carlos Andrés Pérez el reconocimiento del nuevo gobierno que presidiría Felipe Mántica, dueño de una cadena de supermercados en Managua, apenas pusiéramos pie en tierra nicaragüense, pues todos los miembros de ese gobierno secreto vivíamos asilados en Costa Rica»[25].

El colombiano, ávido por un lado de ayudar al sandinismo y, por otro, de demostrar que su verdadero papel es el de un intermediario que juega con el poder y lo maneja controlando a los que lo tienen, se entusiasma con la idea y realiza el viaje. Continúa Ramírez: «Fue cumplidamente a Caracas, le contó aquella historia inverosímil al Presidente, quien la creyó, y si no triunfamos entonces de todos modos no faltaría mucho, pues las fuerzas guerrilleras entraron en Managua el 19 de julio de 1979, menos de dos años después. Vino al poco tiempo a Managua, y se quedó un buen tiempo con Mercedes en nuestra casa, aquella casa sombreada por enormes chilamates donde ya no vivimos, y que ahora ocupa un empresario taiwanés. Hoy, tras tanta agua corrida debajo del puente, y lejos ya yo de aquella revolución pervertida por la codicia, su único comentario casual sobre el tema es lacónico, y certero como una pedrada: "A mí, me estafaron"»[26].

Teodoro Petkoff, líder del MAS venezolano, partido de izquierda radical enfrentado con los comunistas, ex candidato a la presidencia del país por su partido y director del semanario *Talcual,* corrobora esa importante gestión diplomática pero le da otra

---

[25] Sergio Ramírez, «Nada llega a perderse», *Cambio.com,* 16-X-2002, pág. 2, en <http://66.220.28.29/calle22/portada/articulos/75/>.

[26] Ibídem.

perspectiva. Comenta que en la segunda mitad de los setenta le llamó por teléfono para comunicarle que iba a ir a Caracas de incógnito, que no quería ver a nadie y que ya le explicaría cuando llegase. Una vez allí le dijo que había sido enviado por Fidel Castro, y no por la cúpula sandinista, para negociar con Carlos Andrés Pérez, presidente entonces de Venezuela y defensor incesante de los intereses de los presidentes progresistas de la zona central, pero que como no lo conocía necesitaba la ayuda de Petkoff para llegar a él. El líder del MAS no tuvo problema para servir de intermediario, pues en aquella época, dice, «todavía era civilizado el trato entre oposición y gobierno en nuestro país»[27]. La función de Gabo y su gestión la resume así: «Se trataba de que los sandinistas preparaban la primera "ofensiva final" —la que fracasó, antes de la segunda y exitosa— y pensaban instalar una suerte de gobierno provisional en territorio nica, para el cual era necesario el reconocimiento internacional. Esperaban eso de Pérez. También se habló de ayuda material y creo que allí comenzaron los vínculos de Carlos Andrés Pérez con Nicaragua, que años más tarde, ya no con los sandinistas sino con la oposición a ellos, terminarían por desgraciarlo y enviarlo a la cárcel. Esa vez, Gabo, pocas horas antes de marcharse, hizo otra de sus "travesuras": puesto que su estadía entre nosotros, tal como él lo había querido, no trascendió, se las arregló para organizar una entrevista con mi presencia, para *El Nacional,* que fue un "tubazo" literario, pero también político: Gabo había venido a Caracas solamente a hablar con "su partido"»[28].

Pero la realidad es mucho más compleja. No se trataba solo de apoyar el sandinismo porque es una revolución de izquierdas, sino sobre todo de derrocar como fuera a Somoza, dadas sus buenas relaciones con Estados Unidos, pues Carter mantenía la estabilidad nicaragüense para que el Frente Sandinista no impusiera en suelo centroamericano otro régimen similar al del vecino Castro. Y un ingrediente más: Somoza no tenía petróleo, pues Venezuela había

---

[27] Teodoro Petkoff, «Los tiempos de la izquierda», *Cambio.com,* 7-X-2002, pág. 3, en <http://66.220.28.29/calle22/portada/articulos/81/>.

[28] Ibídem, págs. 3-4.

dejado de suministrar al país centroamericano, y es Carter quien había asumido esa carga. En un largo reportaje que *Alternativa* realiza, en 1978, con la figura de Gabo como protagonista, el diplomático ya universal contesta con clarividencia a unas cuantas preguntas:

> ALT: Pasando a otras latitudes, es sabido que tú has estado vinculado a diversas gestiones por lo alto en relación con la crisis nicaragüense y, más concretamente, con el movimiento sandinista. ¿Cómo ves en este momento la situación de Nicaragua y la perspectiva sandinista?
>
> GGM: Una cosa que creo no se ha aclarado lo suficiente es que los sandinistas no solo quedaron intactos después de la última ofensiva, sino que se han fortalecido política y militarmente. Puede existir la impresión de que fueron exterminados, cuando la realidad es que la Guardia Nacional no se enfrentó al Frente Sandinista. La táctica empleada fue la de bombardear y masacrar a la población civil. Da la impresión de que Somoza, seguramente bien asesorado por Estados Unidos, pensó que si el apoyo de la población civil desaparecía, los sandinistas no tendrían una segunda oportunidad. Y ocurrió todo lo contrario. El pueblo quedó exacerbado con la brutalidad somocista y el Frente fortalecido.
>
> Esa táctica de acabar con los sandinistas ha sido la posición de Carter desde un comienzo. Somoza difícilmente se hubiera sostenido sin petróleo durante la última huelga general. Pero Carter se lo envió cuando desde Venezuela se le cortó el chorro. Por ese motivo hubo un cruce de cartas entre Carlos Andrés Pérez y Carter; Carlos Andrés Pérez con su punto de vista de que lo primordial es tumbar a Somoza, y Carter con el de que no se puede permitir la caída de Somoza mientras exista el sandinismo, porque el Frente trata de establecer en Nicaragua un régimen como el de Cuba. [...]
>
> Afortunadamente, las fuerzas antisomocistas, y en particular el sandinismo, han tenido el apoyo firme, abierto y digamos descarado de Carlos Andrés y Torrijos [29].

---

[29] «La realidad se ha vuelto populista», *Alternativa* 188: 4 (XI-1978).

La intervención del colombiano parece, a todas luces, decisiva, y las conexiones con los intereses cubanos, evidentes: es Castro quien lo envía a Venezuela a negociar con Pérez, ese Pérez que se reunía con Torrijos y Gabo en la casa del panameño después de su primer contacto en Caracas con el futuro Nobel; es un apoyo a una revolución que tiene muchas conexiones y similitudes con la cubana, etc. El propio García Márquez reconoce ese espíritu común, cuando afirma en otro momento del reportaje que «después del 26 de Julio cubano, en América latina no ha surgido un movimiento que tenga no solo la inteligencia y la madurez, sino la formación política y militar del Frente Sandinista de Liberación Popular»[30], aunque advierte que no ha habido ayuda militar concreta: «El FSLN en ningún momento permitirá que se desvirtúe la verdadera naturaleza de su movimiento, que es independiente, democrático y nacional. Somoza y los Estados Unidos, valga un ejemplo, han buscado desesperadamente pruebas de un apoyo directo de Fidel Castro a los sandinistas y no han podido encontrar ni siquiera un arma»[31].

Sin embargo, es público que Cuba fue uno de los primeros países que envió no solo armas en gran cantidad, sino también tropas bien formadas y abundantes, y profesionales de primera línea para el conflicto en suelo nicaragüense. Ya en 1978, Germán López, funcionario cubano del Departamento de América, y Renán Montero, oficial de Tropas Especiales Cubanas, que actuaba bajo el nombre de *Moleón,* operaban desde la oficina comercial cubana de Costa Rica. Su entrada en Nicaragua fue inminente, acompañados por Fernando Comas, del Departamento de América, y Tony de la Guardia, uno de los más importantes generales cubanos de la revolución, de desgraciada memoria, como veremos más adelante. Por esas fechas ya se había instalado un puente aéreo, gracias a la habilidad de Tony de la Guardia, entre La Habana, Panamá y Liberia, y a través de él llegaba el armamento. Los vuelos eran diarios, e iban cargados de guerrilleros muy bien entrenados. Algunos de estos combatientes eran cuba-

---

[30] «La realidad se ha vuelto populista», *Alternativa* 188: 4 (XI-1978), pág. 5.
[31] Ibídem.

nos, pero también los había chilenos y uruguayos, entrenados en la isla para pasar a la acción cuando hiciera falta. Pero Cuba no era el único país que colaboraba de esa manera con el sandinismo: Carlos Andrés Pérez también enviaba armas desde Venezuela, en concreto fusiles FAL, a los que se les había quitado el escudo venezolano, dejando al descubierto en la carcasa una marca inconfundible. Jorge Masetti, testigo presencial de todo el proceso, y protagonista de algunos de los sucesos que ocurrieron en esos años en Nicaragua, no solo nos lo ha contado a nosotros en nuestras sucesivas visitas a París, sino que ha dejado unas páginas memorables y de gran calidad literaria en su libro *El furor y el delirio*. Sin furor, pero con algo de delirio, el Nobel colombiano esconde, como es habitual en él, la información que no desea dar a conocer, los datos que pueden dañar la imagen de las revoluciones que él apoya de modo incondicional.

POETA Y PROFETA EN SU PATRIA

De villano a cortesano. Si los orígenes de Gabo en Colombia son muy humildes, a partir de los setenta su influjo en la «corte» de su país será cada vez más notorio. De pequeño poeta de escuela se ha convertido asimismo en el escritor más importante de toda la historia de Colombia. Profeta, entonces, en su tierra. También para la política de su pueblo, tan asolado por guerras, violencia y terrorismo. La lista de presidentes de todas las tendencias que han sucumbido al poder de Gabo es ya muy larga. En 1971 se reunió con Misael Pastrana varias veces para hablar sobre los presos políticos de Colombia; era la primera vez que un presidente colombiano admitía la expresión y se prestaba para hablar del tema. Con Alfonso López Michelsen (1974-1978) ya había tenido contacto, pues se hicieron amigos cuando este fue su profesor de Derecho por la época del «bogotazo». Gabo se opuso con fuerza a su gobierno desde la revista radical *Alternativa*. López Michelsen le había ofrecido el consulado de Barcelona cuando era ministro de Exteriores con Lleras Restrepo (1966-1970). Gabo, sin embargo, rechazó ese ofrecimiento con una carta muy crítica. Pero las relaciones fueron empeorando con Julio César Turbay Ayala (1978-1982). Se ignoraron mutuamente hasta que en 1981 el escritor se tuvo que exiliar a México debido a una fuerte persecución que sufrió por parte del ejército. Acababa de llegar de uno de sus ya frecuentes viajes a Cuba y Panamá, y tuvo noticias de un plan para arrestarlo, bajo la acusación de mantener vínculos con el grupo guerrillero urbano M-19. Él y Mercedes se asilaron en la embajada de México y lograron salir del país. Fue un desastre para Colombia en materia de opinión pública internacional, pues a los pocos meses sería condecorado en Francia, México, Cuba, y recibiría el Nobel.

Con Belisario Betancur (1982-1986) las cosas empezaron a cambiar para siempre. Eran viejos amigos. Él era un conservador progresista y un hombre culto y hábil, y fue el primero que comenzó a rendir pleitesía al autor, le ofreció un homenaje a raíz del Nobel y consiguió que volviera del exilio con todos los honores. Puede decirse que Belisario fue el presidente que terminó de domesticar a Gabo, convirtiendo al viejo izquierdista en un intelectual complaciente con el *establishment* político nacional. A partir de Betancur se establece la tradición de que todo futuro presidente colombiano busca la amistad del novelista o este la del futuro presidente. De hecho, el siguiente, Virgilio Barco (1986-1990), sin tener especial relación con él, lo recibió varias veces y lo confirmó como el gran embajador de Colombia.

César Gaviria (1990-1994) fue, al estilo de Fidel o Torrijos, amigo íntimo de Gabo. Durante esos años, no solo frecuentó el palacio de Nariño, sino que desempeñó para el presidente el oficio de mediador y consejero en varios asuntos nacionales e internacionales. Por ejemplo, en su novela *Noticia de un secuestro,* queda clarísima su admiración por él. Fue Gaviria quien, en un cumpleaños de Gabo en su casa de Cartagena de Indias, comentó con él la idea de propiciar un encuentro con Clinton. Le dio la idea a William Styron, quien la transmitió a su amigo Clinton. Con Ernesto Samper (1994-1998) tenía asimismo una amistad anterior. De hecho, antes de ser presidente, Samper había estado en Cuba invitado por Gabo y pudo entrevistar a Fidel Castro. De ahí salió un reportaje para la revista *Semana,* que se difundió mucho en Colombia. Más tarde se distanciaron por un asunto que relacionaba a Samper con la mafia de Cali.

El hijo de Misael Pastrana, Andrés, que fue presidente de 1998 a 2002, se acercó a Gabo durante la campaña presidencial. Fueron presentados por Plinio Apuleyo Mendoza. Pastrana lo tuvo como consejero personal en varios asuntos. Los dos hicieron, juntos, un viaje a Estados Unidos para entrevistarse con Clinton. En cuanto al presidente Álvaro Uribe, liberal independiente, poco antes de ganar las elecciones partió para México para ver a Gabo, cumpliendo así la tradición de que todo futuro presidente colombiano debe pasar por el visto bueno del escritor y procurar su acercamiento a él. Así las cosas, ¿para qué quiere Gabo ser presidente, ministro o embajador?

10
CON MÁS ROPA EN LA POPA...

... a por la Copa de Europa. La primera vez que Gabo arribó al Viejo Continente, sus dificultades económicas fueron terribles. Ha dejado algunos testimonios escalofriantes en varios artículos, en el libro de Plinio Apuleyo Mendoza *El olor de la guayaba,* en muchas entrevistas, etc. En el segundo tomo de sus memorias es probable que abunde bastante en ese aspecto de su vida. En aquella primera visita europea, el «barco» lo llevaba vacío: ni ropa, ni libros, ni dinero. Era la aventura del periodista joven que iba a buscarse la vida con sus reportajes. Ahora, en estos finales de los setenta, la situación ha cambiado. Sus altos vuelos políticos y sus éxitos literarios le han concedido una estabilidad envidiable, y sus intereses son otros cuando desembarca nuevamente en Europa, un continente todavía lleno de «duques» y «secretarios generales». A Mitterrand lo conoció antes, pero su mayor contacto con él tuvo lugar en la época del sandinismo, por esos intereses comunes en América latina, además de los literarios. Pablo Neruda, que fue embajador de Chile en Francia en la época de Allende, había hablado con el francés por aquellos años sobre el colombiano, y le había llevado algunas novelas de Gabo traducidas al idioma galo. Se conocieron algo más tarde, y la amistad a primera vista surgió de modo rápido y natural, pues el premio Nobel chileno ya había dedicado muchas horas a hablar a cada uno por separado de su gran amistad con el otro. Pero Neruda no solo fue el nexo primero con Mitterrand; también hizo una buena propaganda de su amigo colombiano ante personalidades francesas y un representante sueco en la cena de celebración de su propio Nobel. En una entrevista de 1973, Gabo cuenta algunos pormenores de esa velada de 1971:

> Una vez me llamó a Barcelona. «Tienes que venir con tu mujer a cenar mañana conmigo a París.» Yo protestaba: Pablo, tú sabes que a París no viajo en avión, yo no voy sino en tren. Entonces le oí una voz tierna que ponía, las ganas de llorar, y le dije: está bien. «Vámonos», le avisé a mi mujer. «A Pablo le dio el berrinche y hay que comer con él mañana en París.» Cuando bajábamos del avión supe la noticia: le habían concedido el premio Nobel, y lo primero que hizo fue decirle a los periodistas: «El que merecía ese premio es Gabriel García Márquez». ¡Entonces comprendí por qué tenía tanto interés en que cenáramos con él.
>
> A la cena del premio, en su casa, solo asistimos David Alfaro Siqueiros y su mujer, Jorge Edwards, el pintor chileno Eduardo Mata, Régis Debray, el fotógrafo Henri Cartier-Bressons, mi mujer y yo. Estaba también el delegado de la Academia Sueca que había ido a comunicarle el premio. Pablo lo jodió toda la noche con que me dieran a mí el Nobel el año entrante. El pobre sueco decía: «Sí, monsieur Neruda, ya veremos...» [1].

Es decir, Mitterrand y el Nobel fueron dos de los aspectos que Neruda trabajó a fondo para Gabo. Tiempo después, en una cena mexicana que García Márquez recuerda en un artículo, la amistad con el futuro presidente francés se consolidó y se hizo definitiva. Fue en la embajada de Francia en la capital azteca, cuando Mitterrand era todavía candidato a la presidencia. Gabo era, por sugerencia del dirigente socialista, el único invitado no francés a la velada. Cuenta el colombiano que fue realmente cuando descubrió al personaje, pues, cuando todos los asistentes pensaban que iba a co-

---

[1] «Gabriel García Márquez evoca a Pablo Neruda», *Revista Cromos,* Bogotá, 1973, en Alfonso Rentería, ob. cit., pág. 95.

mentar los últimos pormenores de la alta política francesa, él sugirió que se hablara de literatura. «El ángel de la desilusión —relata García Márquez— se aposentó en la sala. La mayoría pensó que Mitterrand, que es un político con las espuelas muy bien puestas, había recurrido a aquel artificio para eludir el asunto central. Pero al cabo de breves minutos todos estábamos fascinados por la sabiduría y el encanto de aquel maestro que se paseaba con un aire propio a través de los grandes nombres y las desdichas eternas de las letras universales»[2].

Entonces se dio cuenta de que Mitterrand no era un animal político, sino un verdadero hombre de letras, y que, precisamente por eso, si llegaba al poder, iba a gobernar con inteligencia. Así dice el colombiano, en su artículo del 14 de abril de 1981, días antes de ser proclamado presidente su amigo francés: «A mí me parece que su visión del mundo, más que la de un político, es la de un hombre abrasado por la fiebre de la literatura. Por eso he pensado siempre que sería —¿será?— un gobernante sabio. Es un hombre que se interesa por todas las cosas de la vida, aun las más simples, y lo hace con una pasión, con un gusto y una lucidez que constituyen su mejor virtud»[3]. Un mes más tarde publica otro artículo en el que describe la comida del 21 de mayo de 1981 en el palacio del Elíseo, en la que Mitterrand quería celebrar el triunfo con sus amigos latinoamericanos. Ahí estaban Carlos Fuentes, que había llegado en el Concorde procedente de Estados Unidos, donde dictaba unas conferencias en una pequeña universidad; Matilde Neruda, la viuda del poeta; Miguel Otero Silva, que llegó desde Caracas con su conocido miedo al avión; Hortensia Allende, viuda de Salvador, que había regresado pocos días antes a América porque no confiaba en la victoria de Mitterrand, y que tuvo que volver a Francia por sexta vez en ese año, etc. Julio Cortázar, recuerda Gabo, «fue el que llegó más fácil: tomó el metro en la esquina de su casa y salió en la estación de la

---

[2] Gabriel García Márquez, «Mitterrand, el otro: el escritor», *Notas de Prensa,* ob. cit., pág. 88.

[3] Ibídem, pág. 89.

Concorde, a veinte pasos del palacio del Elíseo» [4]. La alegría del colombiano es patente: habla de la «parranda multitudinaria más alegre y ruidosa de que se tuviera memoria desde otro mayo histórico: el de 1968», en las calles de París, y repite el diálogo breve que tuvo con el nuevo presidente en un aparte:

> Le dije: «Los latinoamericanos tenemos por primera vez la impresión de tener en Francia un presidente nuestro». Mitterrand sonrió. «Sí —dijo—, pero ¿cuáles latinoamericanos?» [5].

Esta amistad llegó a ser tan intensa, y la confianza tan diáfana, que en los círculos políticos latinoamericanos se llegó a pensar que Gabo era un intermediario entre toda *Nuestra América* y Francia, es decir, entre América latina y la Europa socialista. De hecho, en la entrevista de *Playboy* publicada en 1983, se da por conocida esa realidad, pero el Nobel resta importancia a las posibles consecuencias políticas de la amistad personal entre ambos:

> «PLAYBOY»: Otro de sus amigos de alto nivel es el presidente francés François Mitterrand. ¿Es verdad que usted colabora con él como consejero extraoficial para cuestiones latinoamericanas?
>
> GARCÍA MÁRQUEZ: ¿Ha dicho usted consejero? No. El presidente Mitterrand no precisa consejo alguno sobre América latina. Aunque con frecuencia necesita información, y de eso hablamos al vernos.

Y la entrevista continúa relacionando el interés de Mitterrand por América latina y la amistad entre Gabo y Mitterrand con el régimen sandinista, que lleva cerca de tres años en el poder en Nicaragua. La persona que realiza las preguntas conoce muy bien el grado de implicación del colombiano en ese problema, el papel de Cuba con su aportación humana y de material, como satélite de la URSS

---

[4] Gabriel García Márquez, «Mitterrand, el otro: el presidente», *Notas de Prensa (1980-1984)*, ob. cit., pág. 108.

[5] Ibídem.

en el Caribe —aunque Gabo lo haya negado—, la mediación a cuatro bandas del premio Nobel y la rapidez con la que el todavía recién estrenado gobierno Mitterrand ha acudido en ayuda de los nicaragüenses:

«PLAYBOY»: El gobierno francés ha entrado en confrontación, algunos meses atrás, con el de Estados Unidos, a causa de su decisión de enviar ayuda militar al régimen sandinista nicaragüense. ¿Habla usted de estas cuestiones con Mitterrand?

GARCÍA MÁRQUEZ: ¿Se refiere usted a la decisión de venderles armas? No. Esta clase de discusiones son, al menos aparentemente, muy pero muy confidenciales. Pero sí hemos hablado sobre la ayuda comercial y económica que Nicaragua necesita, y le he dicho cuanto sé al respecto. Tengo muy buenos amigos entre quienes hoy gobiernan en Nicaragua. Hemos trabajado juntos durante los años de lucha contra el régimen de Somoza. Si desea saber en verdad lo que le he dicho al presidente Mitterrand sobre Nicaragua y, claro está, sobre la situación actual en América Central, puedo repetirlo con muchísimo gusto.

«PLAYBOY»: Sí, por favor.

GARCÍA MÁRQUEZ: En mi opinión, el mayor problema que existe en Latinoamérica, y en Centroamérica en particular, es que la Administración Reagan todo lo interpreta como resultado de la dinámica norteamericano-soviética. Esto es ridículo, y no tiene nada que ver con la realidad. La Administración Reagan considera que cualquier inconformismo o rebelión popular en América latina nunca es una consecuencia final de las miserables condiciones de vida de esos países, sino de cierta clase de injerencia soviética. Obrando de este modo, la Administración Reagan está engendrando una profecía que por su propia naturaleza tenderá a cumplirse, tal como lo hizo Kennedy con Cuba en los primeros años sesenta. Conozco muy bien a la conducción sandinista, y me consta que están realizando desmesurados esfuerzos para trazar su propio camino político, independiente de cualquier superpotencia [...] en un momento en que los nicaragüenses necesitan desesperadamente fondos para comprar alimentos, desarrollar el país y autodefenderse. Si Occidente se niega a brindarles ayuda, se verán forzados a pedírsela al único gobierno que aceptará darla: el de la Unión Soviética[6].

Y de Mitterrand, socialista por socialista, a Suecia. Olof Palme, también interesado en los problemas de los latinoamericanos, a su paso por París en una ocasión, quiso tener una reunión con algunos latinoamericanos distinguidos que se encontraban por allí. Fue a raíz de un encuentro en la casa de Mitterrand en Bievre (París), donde había personalidades políticas y literarias de todas partes. Hacia la medianoche, los latinos allí congregados salieron con el líder nórdico a La Coupole, y durante más de dos horas se organizó una conversación en la que él preguntaba y los americanos contaban cada uno la situación de su país. «Al final —escribe Gabo—, cuando Olof Palme se empeñó en pagar la cuenta, la mujer de la otra mesa le preguntó en sueco si había pagado con dinero suyo o con dinero del Estado sueco. Palme se sentó entonces a la mesa de sus compatriotas desconocidos y les dio toda clase de explicaciones. En realidad, había pagado con dinero suyo, pero consideraba de todos modos que habría sido legítimo pagar con dinero del Estado, porque le parecía que aquella reunión informativa sobre América latina era un acto oficial importante del primer ministro sueco»[7].

A esta lista de «duques» y «secretarios generales» más o menos amigos hay que añadir la de Pierre Schori, viceministro sueco de Exteriores, y los franceses Régis Debray y Jack Lang, ministro de Cultura de Mitterrand, quien le encargó en 1981 elaborar un proyecto cultural entre Francia y México. Por si faltara algún hombre clave, Artur Lundkvist, el secretario permanente de la Academia Sueca, también está en la relación. En octubre de 1980, en uno de sus artículos sobre los premios Nobel, demuestra el gran conocimiento que tiene de la institución y la historia de esos galardones: aporta el dato del año de fundación de la Academia Sueca (1786), y aclara que esta solo da el

---

[6] *Playboy*, art. cit., pág. 20.

[7] Gabriel García Márquez, «Cena de paz en Harpsund», *Notas de Prensa (1980-1984)*, ob. cit., pág. 351.

premio Nobel de Literatura, pues los otros cuatro los dan otras academias, institutos o comités suecos. Habla de sus dieciocho componentes, de su procedencia, características, etc., y de lo poco que se puede saber del proceso de elección de los candidatos y del ganador anual. Al final del artículo lo hace del secretario, y entendemos mejor que ese camino político y literario que Gabo ha emprendido hace años, desde América hacia Europa, con un poco más de ropa en la popa, haya terminado en Suecia con la concesión por méritos intelectuales y estéticos, pero también políticos, de la Copa más codiciada de las que se entregan en Europa, el premio Nobel de Literatura: «El único miembro —dice Gabo— de la Academia Sueca que lee en castellano, y muy bien, es el poeta Artur Lundkvist. Es él quien conoce la obra de nuestros escritores, quien propone sus candidaturas y quien libra por ellos la batalla secreta. Esto lo ha convertido, muy a su pesar, en una deidad remota y enigmática, de la cual depende en cierto modo el destino universal de nuestras letras. Sin embargo, en la vida real es un anciano juvenil, con un sentido del humor un poco latino, y con una casa tan modesta que es imposible pensar que de él dependa el destino de nadie. Hace unos años, después de una típica cena sueca en esa casa —con carnes frías y cerveza caliente—, Lundkvist nos invitó a tomar el café en su biblioteca. Me quedé asombrado; era increíble encontrar semejante cantidad de libros en castellano, los mejores y los peores revueltos, y casi todos dedicados por sus autores vivos, agonizantes o muertos en la espera. Le pedí permiso al poeta para leer algunas dedicatorias, y él me lo concedió con una buena sonrisa de complicidad. La mayoría eran tan afectuosas, y algunas tan directas al corazón, que a la hora de escribir las mías me pareció que hasta la sola firma resultaba indiscreta. Complejos que uno tiene, ¡qué carajo!»[8].

---

[8] Gabriel García Márquez, «El fantasma del Premio Nobel (1)», *Notas de Prensa (1980-1984)*, ob. cit., pág. 10.

«AND THE WINNER IS...»

García Márquez. ¿Quién, si no? Pero volvamos a Cuba antes de relatar la historia de la concesión del premio. Todas las conexiones internacionales, sobre todo las de la zona del Caribe y la América Central, tanto en el continente como en las islas, colocan a este político de emergencia en una situación privilegiada, y su amistad con Castro, que ha crecido espectacularmente desde ese primer encuentro en el Hotel Nacional, se convierte en una moneda de cambio: tú me das apoyo a la revolución con tu prestigio intelectual y tu capacidad para moverte entre los entresijos de algunos poderosos, y yo te doy información privilegiada sobre América latina, te corono como estandarte de la revolución que plantó cara a Estados Unidos, y colmo tus deseos de acariciar el poder y jugar con él. El entrevistador de *Playboy* dice al colombiano: «Castro dijo de usted en cierta oportunidad: "García Márquez es la persona más influyente de Latinoamérica". Suponiendo que esa cita fuera exacta, ¿qué cree que quiso decir?». En su respuesta, García Márquez, aunque piense lo contrario, afirma que su peso político o su influencia en las altas esferas del poder no son tan amplias como puede parecer, y trata de desmentir la supuesta afirmación del cubano, aunque no es muy rotundo, y ya sabemos que a veces no es absolutamente sincero ni cuando es taxativo: «Esa frase no parece de Fidel, pero aun en el caso de que la haya dicho, estoy convencido de que haría alusión a mí como escritor y no como hombre político»[9].

Hay un reportaje muy interesante que muestra cómo, al poco tiempo de establecer Gabo sus intereses en la isla y conocer a Castro, ya había traspasado todas las barreras posibles y había accedido a un estatus que casi ningún cubano ha conseguido en estos cuarenta años. Va firmado por Gerardo Molina y se publicó en el periódico colombiano *El Espectador,* el 13 de febrero de 1980. Comienza así: «Ver de cerca el proceso revolucionario cubano es de por sí estimulante, pero verlo con García Márquez como lazarillo o guía es mu-

---

[9] *Playboy*, art. cit., pág. 18.

cho más provechoso. Porque el novelista se ha identificado en tal forma con ese experimento, que le es fácil descubrir aspectos esquivos que de otro modo pasarían inadvertidos»¹⁰. El autor del artículo, que ha estado allí con él y ha preguntado a escritores y políticos cubanos, asegura que Gabo «puede pasar por uno de los dirigentes de la revolución cubana. El escritor va periódicamente a la isla a ver los desarrollos de tantas iniciativas en curso. Sus observaciones tienen rápida acogida. Pudimos comprobar que en el apartamento de García Márquez en el Hotel Riviera se barajan ideas y proyectos que luego encuentran amplia realización. Raúl Castro le dio a este hecho expresión feliz, mitad en broma mitad en serio, cuando introdujo al novelista en la amistad del ministro de Defensa de la Unión Soviética mediante estas palabras: "Le presento al escritor cubano Gabriel García Márquez, nacido en Colombia, quien por fortuna no es comunista, porque si lo fuera, no nos sería tan útil"».

Y continúa Molina con una reflexión que explica de forma magistral su forma de acercarse al poder. Desmiente algunas declaraciones del colombiano cuando dice que ni le gusta la política ni la entiende, porque «la verdad es que le gusta en alto grado y la entiende en demasía. Sus grandes reportajes así lo acreditan. García Márquez descompone los fenómenos políticos, los desmenuza, los vuelve a armar, y saca conclusiones que quienes están en ese ajetreo no habían sospechado. Claro es que García Márquez no es ni será nunca un hombre de gobierno, ni lanzará proclamas, ni solicitará votos. Pero como consejero de los que hacen política y de los que tienen elevadas funciones oficiales es insustituible». Y en el ámbito literario, sus novelas se venden en Cuba como si fueran bolas de helado de Coppelia. Escribe Molina: «Cuando le preguntamos al viceministro de Cultura, Rolando Rodríguez, sobre la difusión de las obras de García Márquez, nos dio una cifra que nos pareció inverosímil. Al hacérnosla repetir, y al recordar dónde estábamos, la comprendimos muy bien:

---

¹⁰ Gerardo Molina, «Con Gabriel García Márquez en Cuba», *El Espectador,* 13-II-1980. Todas las citas que vienen a continuación, sacadas del artículo de Molina, mantienen la misma referencia bibliográfica.

una edición de ciento treinta mil ejemplares de cualquier trabajo literario de García Márquez dura veinticuatro horas en las librerías».

En alguna ocasión ha manifestado que esa atracción que los cubanos sienten hacia él es recíproca, pues su país, Colombia, es el lugar más solemne de todo el orbe planetario, y lo que más le aterra en el mundo es la solemnidad. Por eso, dice, «Cuba es el único país donde soy tal como soy» [11], ya que allí la gente se muestra con total naturalidad y no existen los formalismos. Además, allí puede tratar con absoluta libertad a sus amigos, en los que deposita una confianza ilimitada. En el retrato que hace El Tiempo de Gabo el miércoles 18 de diciembre de 2002, recordando la época del Nobel y celebrando la publicación del primer tomo de las memorias, se afirma que «es un ser humano de enorme sensibilidad, generoso y tímido a pesar de su coraza protectora, profundamente intuitivo, reservado y caluroso a la vez, que reivindica la amistad de sus amigos como el don más preciado» [12]. Y en un elenco de frases famosas del escritor, resaltan algunas como «El único momento de la vida en que me siento yo mismo es cuando estoy con mis amigos», o «Me considero el mejor amigo de mis amigos, y creo que ninguno de ellos me quiere tanto como quiero al amigo que quiero menos» [13].

Esa sintonía se demuestra especialmente en el momento de recibir el galardón de la Academia Sueca. La historia del Nobel fue la «crónica de un premio anunciado». El repaso que hemos dado a los últimos setenta evidencia que la habilidad política y diplomática del gran escritor supera casi su enorme talla de novelista. Toca las teclas oportunas y espera. Y sabe. Igual que sabe interpretar la espera de Nobeles anteriores. En octubre de 1980, cuando está por fallarse el de ese año, recuerda las circunstancias en que privilegiados de años anteriores esperaban y cómo reaccionaron. Como suele pasar, el candidato que espera que se lo den siempre niega su deseo y su expecta-

---

[11] Bernardo Marqués, art. cit., pág. 7.

[12] «García Márquez: la soledad de la fama (1982)», El Tiempo.com, miércoles, 18 de diciembre de 2002, pág. 1.

[13] Ibídem, pág. 2.

ción. O al menos la disimula. Octavio Paz dijo que el mejor premio es el que no se espera. Y anota Gabo: «Los premiados, en general, parecen ser los primeros sorprendidos. Cuando el dramaturgo irlandés Samuel Beckett recibió por teléfono la noticia de su premio, en 1969, exclamó consternado: "¡Dios mío, qué desastre!". Pablo Neruda, en 1971, se enteró tres días antes de que se publicara la noticia, por un mensaje confidencial de la Academia Sueca. Pero la noche siguiente invitó a un grupo de amigos a cenar a París, donde entonces era embajador de Chile, y ninguno de nosotros se enteró del motivo de la fiesta hasta que los periódicos de la tarde publicaron la noticia. "Es que nunca creo en nada mientras no lo vea escrito", nos explicó después Neruda con su risa invencible. Pocos días más tarde, mientras comíamos en un fragoroso restaurante del boulevard Montparnasse, recordó que aún no había escrito el discurso para la ceremonia de la entrega, que tendría lugar cuarenta y ocho horas después en Estocolmo. Entonces volteó al revés una hoja de papel del menú, y sin una sola pausa, sin preocuparse por el estruendo humano, con la misma naturalidad con que respiraba y la misma tinta verde, implacable, con que dibujaba sus versos, escribió allí mismo el hermoso discurso de coronación» [14].

La Habana era una fiesta; Estocolmo, las peras del olmo

Gabo recibe el Nobel cuando está exiliado de su país, en octubre de 1982. Aunque vive en México, pasa temporadas en Cuba, ahora ya siempre en una *suite* del lujoso Hotel Riviera. La noche anterior se encuentra en La Habana y llama a Alfredo Muñoz, corresponsal de France Presse en la isla. Hablan sobre el tema. En Cuba, y especialmente en La Habana, hay un ambiente festivo. Todo el mundo sabe lo que va a pasar al día siguiente. De hecho, Alfredo nos aclara, en la entrevista que le hicimos en su casa de La Habana, que esa misma noche escribe un artículo para la agencia en el que relata

[14] Gabriel García Márquez, «El fantasma del Premio Nobel», ob. cit., pág. 7.

el contenido de esa llamada y presenta al nuevo Nobel como un hombre más preocupado por ciertas minucias, como la ropa que se va a poner cuando lo recoja, o la circunstancia de que Mercedes, su mujer, tenga que bailar con el rey de Suecia, que del premio en sí.

También esa noche, para adelantarse a los suecos y anunciarlo de un modo más solemne, se reúne el Consejo de Ministros de Cuba y resuelve por unanimidad conceder al escritor colombiano la Orden Félix Varela, la mayor distinción que el Estado cubano puede otorgar a una persona por sus méritos intelectuales. En el diario habanero *Juventud Rebelde* del 21 de octubre de 1982 se justifica esa condecoración por la «solidez integral de su obra», por ser un hombre «identificado con su tiempo, identificado con las ideas más revolucionarias». El día siguiente, 22 de octubre, los periódicos de todo el mundo dan la noticia. El diario oficial cubano, *Granma,* la comenta haciendo hincapié en que horas antes de ser coronado Nobel recibió la máxima distinción cubana.

Ese mismo día recibe en México, pero después de conocerse la concesión del Nobel, la condecoración del Águila Azteca, la máxima que existe para personalidades extranjeras. Esa mañana ya se encuentra en México, y la primera llamada que recibe es la de su gran amigo, viceministro sueco de Exteriores, Pierre Schori. La tercera, paradójicamente, es la del presidente conservador de Colombia, Belisario Betancur, que lo felicita efusivamente, a pesar de su condición de exiliado. El diario español *El País,* en su página 35, aclara que ha tenido graves problemas en 1981 en su país, pero que en marzo volverá para fundar un periódico independiente. También repara en que, paralelamente al Nobel y sin previo aviso, el Gobierno cubano se reunió para concederle otro galardón, el máximo que puede conceder la cúpula cubana. Su amigo Fidel ya ha empezado a tirar la casa por la ventana, pero dos días más tarde continuará haciéndolo, y así hasta fin de año.

En el periódico mexicano *Unomásuno* del 25 de octubre, una noticia de Barranquilla ofrecida por la Agencia EFE explica que quince marineros colombianos y un dominicano, presos en Cuba, que habían sido capturados hacía más de un año por violar las aguas territoriales cubanas y por tráfico de drogas, son liberados de repente por el régimen de Castro, gracias a la intervención de García Márquez. El 30 de octubre, *Granma* publica una carta de Gabo, dirigida a Fidel y fechada el 20 de octubre, para agradecerle la condecoración de la Orden Félix Varela: «Soy testigo —dice— del coraje, tenacidad y la estupenda imaginación con que los cubanos y las cubanas de hoy han enfrentado la creación de su mundo propio».

Por lo tanto, el primer país donde celebra su éxito, y lo hace con más entusiasmo, es Cuba. Solo después viajará a París y luego a Estocolmo. Esos meses, antes de celebrarse en diciembre la ceremonia de concesión, son una continua fiesta. Y aún tiene tiempo, a principios de diciembre, de aterrizar por enésima vez en esos meses en La Habana para otra actividad: el 3 de diciembre tiene lugar un nuevo homenaje al colombiano en su tierra adoptiva, para precelebrar la entrega del Nobel y para hacer pública la tirada de decenas de miles de ejemplares de sus obras, justamente ese día. Y el 6 de diciembre, dentro del espacio de la Feria del Libro de La Habana, en el palacio del Segundo Cabo, se le reitera un cálido homenaje en otro acto, reseñado ampliamente con un reportaje en el *Granma* del 11 de diciembre, en el que interviene él mismo, y toman la palabra, además, el ministro de Cultura, Armando Hart; su viceministro, Antonio Núñez Jiménez, otro de sus grandes y más antiguos amigos cubanos; y Abel Prieto, que entonces era director de Arte y Literatura, y después ministro de Cultura. En esos días cubanos, todavía tiene tiempo para escribir el discurso que tendrá que pronunciar en Suecia delante de los reyes, grabarlo en casa de los Diego, escuchar sus propias palabras y repetirlo unas cuantas veces para aprenderlo bien. Cuenta Fefé que, como era muy tímido y las solemnidades le ponían muy nervioso, tenía que hacer grandes esfuerzos para sobreponerse a la enorme tensión que suponía hablar en esas circunstancias delante de tanta gente.

El 7 de diciembre sale para Suecia, hace escala en Barcelona, allí es entrevistado con prisas por *El País* y llega por fin a la capital sueca. El 9 de diciembre es invitado (solo él, y no los demás Nobeles del año, entre los que se encuentra el famoso economista Samuelson) a una cena en la residencia campestre del presidente sueco, Olof Palme, en Harpsund. «Mercedes y yo —relata Gabo— estábamos preparados para descubrir entre la bruma un castillo medieval de aquellos de los cuentos de Andersen, y nos encontramos en cambio con una casa muy sencilla y limpia junto a un lago dormido en el hielo, y en medio de un prado apacible donde había otras casas iguales para los invitados»[15]. Fue como un homenaje no solo a él, sino a toda América latina. Estaban allí Danielle Mitterrand, la esposa del presidente y amigo francés, tan preocupado por los asuntos latinoamericanos; Régis Debray y Pierre Schori, también grandes amigos del colombiano; algunos escritores suecos y un antiguo primer ministro turco, Bulen Ecevit. Una de las cosas que más impresionaron a Gabo en esa cena fue el relato que Palme hizo de uno de sus muchos encuentros con Neruda: «En la cena de su casa campestre logró también cautivarnos con sus recuerdos de nuestros países remotos. Evocó una conversación que sostuvo con Pablo Neruda en su casa de Isla Negra, en 1969, un año antes de la victoria electoral de Salvador Allende. "Hablamos toda la noche frente al fuego —dijo—, rodeados de los soberbios mascarones de proa que habían navegado por todos los mares del mundo. Hablamos, y Neruda era inagotable en sus reflexiones sobre la dictadura como fenómeno omnipresente de la historia latinoamericana, inagotable como el movimiento incesante de la resaca del Pacífico que aquella noche subía hasta la casa". Su brindis puso sobre la mesa el tema de América latina, y allí estuvo hasta la hora tardía en que nos levantamos para dormir»[16].

Y aún tuvieron tiempo de arreglar el mundo, al menos el de América, pues al término de la velada el primer ministro pidió a Gabo que hiciera una síntesis de la situación en América Central por esas fechas, lo que acabó en una iniciativa más para actuar políticamente en la región. «Yo llevaba tres días sin dormir —confiesa—, abrumado por las solicitudes insaciables de aquel jubileo mortal, pero la petición del primer ministro me pareció tan importante que

---

[15] Gabriel García Márquez, «Cena de paz en Harpsund», ob. cit., pág. 350.
[16] Ibídem, págs. 351-352.

me metí en un análisis minucioso de casi dos horas, hasta que Pierre Schori, muerto de risa, me interrumpió para decirme: "No sigas, Gabriel; ya estamos convencidos". Fue así como surgió la idea del llamado a los seis presidentes de América Central para que hagan un esfuerzo inmediato a favor de la paz en la región. El sentido de ese llamado, que correspondía al de mi exposición, era que nunca había estado la América Central tan cerca de una guerra generalizada, pero que tampoco —tal vez por eso mismo— nunca habían sido más propicias las condiciones para una solución negociada» [17].

Al día siguiente, a las celebraciones del acto de entrega de premios, acompañan al colombiano unos cuarenta amigos incondicionales, algunos de ellos cubanos, y un nutrido grupo de músicos y danzarines caribeños que interpretan unas cumbias. En el mismo acto de entrega suena de fondo música de Béla Bartók, una de las personalidades de la música más apreciadas por García Márquez. Acude a la ceremonia del Palacio de Conciertos de Estocolmo vestido con un liqui-liqui blanco, una prenda utilizada por los campesinos de la zona donde nació, y porta una rosa amarilla, la flor que le da suerte, lo libra de los malos espíritus, de la gente, objetos y situaciones con pava y le da inspiración para escribir. Es la primera vez que un Nobel no asiste a la entrega con frac. Le acompaña a recoger el premio la reina de Suecia, pues forma parte del protocolo que los nuevos galardonados acudan con un miembro de la familia real al momento cumbre. Fidel Castro, presidente de su país de adopción, le envía un regalo singular: mil quinientas botellas de ron cubano para tomarlas ese día con sus amigos. Como la ley sueca (ley seca) no permite «servir» alcohol pasadas las diez de la noche, y además prohíbe la consumición en establecimientos que no han sido expresamente autorizados a ello, se colocan las mil quinientas botellas sobre las mesas junto con los sacacorchos y se dejan vacías las copas, por si «los interesados quieren utilizarlas». El 15 de diciembre, la Cancillería sueca presenta ante la embajada cubana una protesta por la distribución ilícita de tal cantidad de alcohol.

---

[17] Gabriel García Márquez, «Cena de paz en Harpsund», ob. cit., pág. 352.

Las celebraciones continúan. El periódico *El País,* en su edición del 29 de diciembre, comenta que ese día concluye la visita de García Márquez, de cinco días, a España, rumbo a Cuba, para celebrar el fin de año con su amigo Fidel, el cual, por otro lado, ha manifestado recientemente al colombiano que tiene muchas ganas de visitar Galicia, la tierra de sus ancestros. En esta visita a España ha estado en varias ocasiones con su amigo Felipe González. El 26 de diciembre pasó cinco horas junto al presidente del Gobierno. Este aclaró que llevaba un año y cuatro meses intentando comunicarse con el colombiano para hablar sobre el trágico accidente en el que perdió la vida el general Torrijos, amigo común con el que los dos han pasado estupendas veladas. La noticia de *El País* también confirma que ambas personalidades, Felipe y Gabriel, se han alegrado mutuamente de poder reunirse en esta ocasión, pues hacía mucho tiempo que no se encontraban, sobre todo porque nada ha cambiado entre los dos, a pesar de las circunstancias tan diversas que los rodean. El colombiano ha felicitado a su amigo por su amplia victoria electoral, que le asegura cuatro años, al menos, de mayoría absoluta, y supone una prueba de madurez del pueblo español. Por su parte, González ha felicitado a García Márquez por haber recibido el premio Nobel. Lo único distinto en esta ocasión ha sido que «los dos llevamos corbata», ha bromeado el escritor latinoamericano. Por último, la noticia explica que el premio Nobel colombiano, que lleva un tiempo exiliado en México, va a volver a su país en marzo de 1983 para fundar un periódico titulado *El Otro,* en homenaje al escritor argentino Borges, que nunca alcanzó el máximo galardón de las letras a pesar de ser el mejor escritor en lengua española del último siglo.

El 5 de enero sella García Márquez definitivamente ese encuentro firmando un artículo titulado «Felipe», donde da cuenta de las veces que estuvo la semana anterior con González en el palacio de la Moncloa, y destaca que «aunque Felipe González y yo hemos entrado sin corbata a algunos lugares donde otros se sentirían inhibidos aun con el *smoking,* yo me sentí obligado a ponérmela, no tanto por un homenaje a aquellos santos lugares como para que no pareciera que estaba usurpando el derecho de ser informal donde esto no fuera de buena educación. Llegué con Mercedes y nuestro hijo menor en un mediodía radiante y dulce de este raro invierno de Madrid, y Felipe había salido con alguno de sus asesores a dar una vuelta por el parque apacible dentro del cual se encuentra el palacio de la Moncloa. Cuando lo vi venir por entre los árboles con un suéter azul de mangas largas, que le daba más bien un aire de universitario que de presidente, me sentí demasiado vestido para la ocasión. Menos mal que él también llevaba corbata»[18].

De Madrid no al cielo, pero casi. Gabo se planta en La Habana, una vez más, su nuevo hogar, y celebra, esta vez mejor que nunca, el fin de año con Fidel. Comienza una nueva etapa, en la que el diplomático sin cartera, ministro plenipotenciario de varios presidentes y varios países, se prepara para disfrutar un año sabático. Se sintió tan feliz y tan documentado, que dedicó a su premio todo un año de complacencias y servidumbres, antes de encerrarse a concluir *El amor en los tiempos del cólera,* que se publicará en 1985. Fue probablemente el escritor que inició, como nos decía Dasso Saldívar, la tradición de los años sabáticos de los galardonados. Y habrá más sorpresas cubanas...

---

[18] Gabriel García Márquez, «Felipe», ob. cit., pág. 356.

11
POR EL COMPROMISO, HACIA EL «PARADISO»

Paradiso es el título de una de las novelas más emblemáticas de la literatura cubana. Su autor, José Lezama Lima, es sin duda el escritor más completo, inteligente y erudito del siglo XX. Novelista, poeta, ensayista, antólogo, líder de su generación, puso a su mejor novela el nombre que tantos darían a la Isla Dorada. Cuba es, por el clima, sus paisajes, sus playas, el color del mar, la amabilidad de sus gentes, una figuración del lugar ideal para vivir. Y si, además, uno tiene la suerte de residir en las colinas de Siboney, con sus jardines, sus mansiones coloniales, anchas calzadas, el olor a salitre marino, el canto de los pájaros, la luz del sol colándose por entre las hojas de los árboles, el olor a tierra mojada, y de disfrutar de los privilegios de los altos mandos del gobierno, lo lógico es que no quiera abandonar el ecosistema. Esa zona de la capital cubana, bastante apartada de las ruinosas barriadas del centro, era el refugio de las grandes fortunas de principios de siglo. Al llegar la revolución, todos los bienes particulares fueron nacionalizados, y los mejores lugares se reservaron para la atención de las personalidades extranjeras de altísimo rango y jefes de Estado, para embajadas de países amigos, para el protocolo de la política exterior, para la residencia de algunos privilegiados de la cúpula castrista, incluido el líder máximo, y amigos en general.

A Gabo le tocó en suerte una estupenda mansión, cercana a una de las residencias de Fidel, poco después de ganar el Nobel. Una casa que casi no se ve desde la carretera, con un inmenso jardín, que se amplió poco después de serle regalada por el propio presidente. En el lote también cayó un enorme y lujoso Mercedes Benz de color claro, que el escritor utiliza solo los momentos en que se encuentra en la isla. Eran los ochenta, cuando nadie en Cuba tenía derecho a la propiedad privada, y había que esperar mucho tiempo para conseguir uno de esos vehículos Lada que venían del este de Europa, sometido además a las leyes del racionamiento del carburante. En todos los documentos y entrevistas a los que hemos tenido acceso se asegura que la casa es un regalo de Fidel a Gabo. Vázquez Montalbán, sin embargo, prefiere utilizar la palabra «cesión vitalicia», según nos contaba en una entrevista. Es decir, como en Cuba no es frecuente que un particular sea dueño absoluto de una propiedad y, además, nunca se sabe qué va a ocurrir con los títulos anteriores a la revolución cuando Castro muera, es posible que se trate de una cesión a perpetuidad. Lo cierto es que Gabo es la única persona que tiene acceso «privado» a esa casa, y la utiliza con frecuencia, siempre que reside en la isla.

Cuba ya tenía su Nobel, ese premio que no recayó en Martí, muerto demasiado pronto, en 1895, ni en los clásicos del XX: Nicolás Guillén, con su *Sóngoro cosongo,* su *Sensemayá* y la muralla que no cesa de abrirse y cerrarse; Lezama, con su *Paradiso* sin compromiso; y Carpentier, a pesar de haber apostado fuerte, política e ideológicamente, por su *Reino de este mundo.* Cuba tenía su Nobel y el Nobel tenía su reinado en la «Reina del Caribe». Fueron tres los países que pidieron formalmente el galardón para Gabo: Cuba, la Francia de Mitterrand y Colombia, según nos aseguró Elizabeth Burgos en su simpático apartamento del Barrio Latino de París. Desde la isla podía seguir ejerciendo su forma personal de poder. Ya en 1980, Gerardo Molina lo describía, desde Cuba, como el diplomático de toda América latina: «Pudimos ver en La Habana —relataba entonces— que en torno de él hay siempre un espectáculo latinoamericano. De ese modo ejerce una especie de tarea diplomática que nadie le ha confiado. El exiliado argentino solicita su intervención para ayudarle al perseguido de turno. El venezolano pide su concepto sobre la última escisión que se ha producido en la izquierda. El boliviano espera que colabore en el órgano publicitario en gestación. El centroamericano le propone redactar una declaración continental sobre los últimos sucesos de esa tumultuosa región. El paraguayo le informa sobre el estado en que se encuentra la lucha contra la dictadura. El joven de cualquier parte le pide consejo sobre su iniciación en las letras. Para todos ellos tiene García Márquez una palabra de comprensión y estímulo. Y sin tomar notas de nada, deja que esa masa inmensa de informaciones de primera mano vaya a su cabeza, la que se convierte así en el más completo fichero sobre la realidad latinoamericana»[1].

En esa casa del *Beverly Hills* habanero se preparan las mejores veladas. Gabo ya no tiene necesidad de residir en el Riviera, ni de visitar las casas de los amigos. Fefé nos cuenta que, a partir de ese momento, acude mucho menos al hogar de los Diego en El Vedado, y su relación disminuye en intensidad, aunque la amistad sigue intacta. Ahora será otro tipo de público el que se relacione en Cuba con Gabo. El primero, Fidel. En el *Magazín Dominical* de *El Espectador* del 8 de abril de 1984 (núm. 54, pág. 5) aclara: «Algunos críticos no me pueden perdonar no solamente mi apoyo a la Revolución Cubana, sino mi amistad con Fidel. Puedo levantar el teléfono y llamarlo; y lo que es más, me contesta». Y viceversa. Son muchas las veces que, cuando el colombiano está una temporada viviendo en su casa de La Habana, el que llama es Fidel. Alfredo Bryce Echenique nos lo cuenta en sus *Antimemorias:* «Fidel nos llamó a Gabo y a mí. El pretexto, como siempre, era una copita de descanso, y Gabo inmediatamente se aprovechaba de ese pretexto para impedirme tomar una copita y ponerme Cartujo de Parma o algo así. "¿Estuve bien?", "¿No creen ustedes que me equivoqué o que faltó...". Eran las inseguras preguntas de rigor»[2]. Bryce había quedado finalista del pre-

---

[1] Gerardo Molina, art. cit.

[2] Alfredo Bryce Echenique, *Permiso para vivir. Antimemorias,* Peisa, Lima, 1994, pág. 410.

mio Casa de las Américas, en su modalidad de cuentos, unos años antes, y en varias ocasiones fue invitado a la isla. Cuando Gabo tuvo su casa, Alfredo solía residir allí durante sus estancias cubanas, o al menos frecuentaba la mansión del colombiano, sobre todo para las reuniones nocturnas. De una de ellas relata lo siguiente: «Esa noche en casa de Gabo, esperábamos sin duda a Fidel, que solía aparecer cuando menos se le esperaba, o sea a cada rato, y se quedaba horas a descansar conversando, mostrando su rostro más íntimo y su soledad de mil años, durante unas horas en las que uno hubiera preferido descansar durmiendo. Se hacía primero un silencio espectacular, de espectáculo, y se oía el ruido del aire y de ese silencio. Entonces aparecía Fidel y todos felices, menos Gabo, que a menudo ponía cara de "Nos jodimos. Esta noche nadie duerme aquí". Ya nadie dormía, en efecto, hasta que Fidel, a eso de las 6 a.m., miraba su reloj y soltaba su eterno "Yo creo que todos tenemos un poquito que hacer esta mañana", que era cuando se levantaba la sesión y volvía a escucharse el ruido que hace el silencio y esa leve brisa de timidísimo vendaval»[3].

Quedan lejos aquellos tiempos en los que, como nos decía en el Habana Libre el poeta y periodista Luis Suardíaz, Gabo era tan joven que llegó a Cuba por primera vez «sin pasaporte, y el único documento que tenía era una lista de la ropa que había enviado a la tintorería con su nombre, y con eso se montó en el avión». Eran los años de la «Operación Verdad». Ahora son los de la «Verdad de la Operación», la gran operación por la que el colombiano se ha convertido en imprescindible. Cuba es la Barranquilla de su infancia, pero sin todas las penurias de su historia pasada. Probablemente, esas palabras suyas, tan conocidas, tengan mucho de biográfico: «No hay ninguna contradicción entre ser rico y ser revolucionario, siempre que se sea sincero como revolucionario y no se sea sincero como rico»[4]. Su defensa de la revolución llega a veces hasta extremos increíbles, como, en esos años de compromiso político, el día

---

[3] Alfredo Bryce Echenique, *Permiso para vivir. Antimemorias,* ob. cit., págs. 407-408.
[4] «García Márquez: la soledad de la fama», ob. cit., pág. 1.

que Anthony Quinn ofreció al colombiano un millón de dólares por los derechos de *Cien años de soledad,* para convertir la novela en un serial de televisión, y él accedió a condición de que le entregara otro millón para la Revolución, la cubana y la latinoamericana. El suceso quedó reflejado en un artículo que publicó el 21 de abril de 1982, «Una tontería de Anthony Quinn»[5], en el que desmentía unas declaraciones del actor y productor estadounidense. Asimismo, hacia mitad de los ochenta se desengañó, según nos cuenta Régis Debray, de la pretendida ayuda de Mitterrand y del Estado francés con respecto a América latina, Cuba y el sandinismo. Gabo esperaba un compromiso mayor del presidente galo, su amigo, pero no consiguió todo lo que se propuso. A partir de ese momento, se enfriaron sus relaciones con la cúpula francesa.

... Y PONGO A UN LADO EL AMOR

Hay unos versos de Martí que todo cubano conoce de memoria, y que pertenecen al primer poema de los *Versos sencillos,* el del hombre sincero de donde crece la palma. Rezan así:

> Si dicen que del joyero
> tome la joya mejor,
> tomo a un amigo sincero
> y pongo a un lado el amor.

En el caso del dirigente principal de la revolución cubana, Castro, en el inicio de esa amistad, más fuerte que el amor, Márquez no quería dar su opinión personal sobre él. En 1977 un periodista le insiste, pero Gabo se niega a hablar porque la respuesta «parecería apasionada y de un fidelismo desaforado»[6]. Pero líneas más adelante

---

[5] Recogido en *Obra periodística 5: Notas de Prensa (1961-1984),* Mondadori, Madrid, 1999, págs. 302-305.

[6] Vicente Romero, «Gabriel García Márquez habla sobre Cuba», *Pueblo,* Madrid, 1977, en Alfonso Rentería, ob. cit., pág. 149.

declara: «[Fidel] Es el hombre más tierno que he conocido. Y es también el crítico más duro de la revolución, y un autocrítico implacable»[7]. En 1975 ya había afirmado: «Fidel Castro, aparte de su genio político y de su genio visionario, es un hombre extraordinariamente bien informado. A Fidel Castro le tengo una gran admiración por muchísimos factores pero principalmente porque corrió el riesgo cotidiano del poder. El desgaste del poder es terrible. Fidel Castro corrió ese riesgo y ha salido adelante»[8]. En otras ocasiones, contesta lacónicamente: «Soy amigo de Fidel y no soy enemigo de la revolución, eso es todo»[9]. Sin embargo, en los aledaños del Nobel se va quitando la máscara.

El 28 de abril de 1982 hace una reseña del libro *El pez es rojo,* de los periodistas estadounidenses Warren Hinckle y William Turner, cuyo título se refería al nombre cifrado del desembarco en la Bahía de Cochinos. En él se relata con abundancia de documentación la guerra secreta que la CIA ha mantenido con Cuba desde 1959, incluyendo los diversos atentados que se han organizado contra Castro. Comenta el colombiano que la torpeza de los yanquis es inconcebible, pues no han conseguido en más de veinte años ninguno de sus objetivos. Y señala con perplejidad algunas anécdotas de esa guerra sucia: «Cuesta trabajo creer que en el origen de todo esto estuviera nada menos que el creador del agente secreto 007. Así fue. En la primavera de 1960 —según cuentan Hinckle y Turner—, el senador John F. Kennedy, que poco después sería el nuevo presidente de Estados Unidos, ofreció un almuerzo a su autor favorito, Ian Fleming. El senador le preguntó al escritor qué se le ocurriría a *James Bond* si se le encomendara la tarea de eliminar a Fidel Castro. Fleming contestó, sin pestañear, que había tres cosas importantes para los cubanos: el dinero, la religión y el sexo. A partir de esa premisa, imaginó tres proyectos. El primero era arrojar sobre Cuba una

---

[7] Vicente Romero, «Gabriel García Márquez habla sobre Cuba», *Pueblo,* Madrid, 1977, en Alfonso Rentería, ob. cit., pág. 149.

[8] «GGM al banquillo», *Revista Seuil,* Bruselas, 1975, en Alfonso Rentería, ob. cit., pág. 99.

[9] Manuel Vázquez Montalbán, ob. cit., pág. 560.

cantidad fabulosa de dinero falsificado, como una cortesía de Estados Unidos. El segundo era arreglárselas para que apareciera en el cielo cubano una cruz luminosa, como un anuncio de la vuelta inminente de Cristo a la Tierra para exterminar el comunismo. El tercero era lanzar panfletos sobre Cuba, firmados por la Unión Soviética, para advertir a la población que las pruebas atómicas de Estados Unidos habían contaminado de radiactividad las barbas de los revolucionarios, y que esto los volvería impotentes. Fleming suponía que después de esta advertencia los revolucionarios se afeitarían la barba, incluso Fidel. Y concluyó: "Sin barbas no hay revolución"» [10].

Tras esa broma del novelista, la CIA lo tomó al pie de la letra, e ideó unos polvos que, dentro de los zapatos, provocaban la caída del pelo de todo el cuerpo. Pero no encontraron a nadie que los metiera en las botas de Fidel. A partir de este momento, añade Gabo los atentados verdaderos que los autores citan, más otros que no aparecen en el libro, pero que el colombiano conoce. Además, demuestra que es un verdadero experto en temas de contraespionaje cubano, datos a los que no puede acceder el ciudadano de a pie. El texto es un poco largo, pero merece la pena conocerlo por entero:

> Los fracasos menos explicables, por supuesto, han sido los de los atentados a Fidel Castro. En realidad, Castro tiene una vida cotidiana imprevisible, sus servicios de seguridad son muy difíciles de penetrar, y la contrainteligencia cubana está considerada como una de las más eficaces del mundo. Pero eso no es suficiente para explicar el fracaso de más de cincuenta atentados preparados por la CIA con sus recursos más sabios. Hay que pensar que existe un elemento diferente que escapa a las computadoras de la CIA, y que tal vez no sea del todo ajeno a la magia del Caribe.
>
> Cuando el presidente Kennedy mandó a Cuba al abogado neoyorquino James Donovan, en 1963, para que negociara la liberación de un grupo de prisioneros norteamericanos, la CIA preparó, sin

---

[10] Gabriel García Márquez, «El pez es rojo», *Notas de Prensa (1980-1984),* ob. cit., pág. 253.

que Donovan lo supiera, un regalo especial para Fidel Castro. Era un equipo de pesca submarina en cuyos tanques de oxígeno habían puesto bacilos de tuberculosis. El propio Donovan, no sabe por qué pero el equipo no le pareció digno de un jefe de Estado, lo cambió por otro que él mismo compró en Nueva York. «De todos modos —ha dicho un agente de la contrainteligencia cubana—, nosotros hubiéramos revisado el equipo.»

Los fracasos más sorprendentes fueron los de tres atentados que la CIA preparó contra Fidel Castro durante su larga visita a Chile, en 1971. En el primero, Castro iba a ser asesinado, durante una conferencia de prensa, con una ametralladora escondida dentro de una cámara de televisión. «Era algo similar al asesinato de Kennedy —dijo el hombre de la CIA que dirigió el atentado—, porque la persona que iba a matar a Castro estaba provista de documentos que le harían aparecer como un agente desertor de los servicios cubanos en Moscú.» Pero, a la hora de la verdad, a uno de los asesinos le dio un ataque de apendicitis, y el otro no se atrevió a disparar solo. El otro atentado estaba previsto durante la visita de Fidel Castro a las minas de Antofagasta, en el norte de Chile. Un automóvil descompuesto en el camino obligó a detener la caravana oficial. Dentro de ese automóvil había cuatrocientas toneladas de dinamita conectadas a un detonador eléctrico. Pero, por razones todavía inexplicadas, la dinamita no estalló. El tercer intento debía ser un disparo desde otro avión en tierra, cuando Fidel Castro hiciera escala en Lima; pero un cambio en la posición de los dos aviones determinó que el piloto de la CIA se negara a disparar, por temor de no poder escapar a tiempo. Un cuarto atentado, también frustrado, fue el que intentó una bella agente de la CIA que tuvo acceso a Fidel Castro y estaba dispuesta a echarle en la bebida unas cápsulas de veneno. Pero las había introducido en Cuba dentro de un frasco de *cold cream,* y cuando quiso utilizarlas no las encontró: se habían disuelto.

Hay tres casos que no cuentan los autores de «El pez es rojo». Uno de ellos fue cuando electrificaron con alto voltaje los micrófonos de la tribuna donde iba a hablar Fidel Castro. La seguridad cubana lo descubrió a tiempo, y su explicación fue la más simple: «Ya habíamos pensado que a alguien se le iba a ocurrir alguna vez». El otro atentado que nunca ocurrió fue el que debía intentar un empleado de la cafetería del Hotel Habana Libre, a quien la CIA le había dado unas cápsulas inodoras, incoloras e insípidas, y cuyo efecto mortal era bastante retardado, para que el criminal pudiera escapar. Se trataba de echarlas en el batido de frutas que Fidel Castro solía tomarse cuando llegaba a la cafetería en la madrugada. El agente esperó más de seis meses y, cuando por fin apareció Fidel Castro, las cápsulas ya habían perdido su efecto. La CIA las cambió por otras de actividad indefinida si se conservaban en congelación. El agente las puso sobre el congelador, y cuando Fidel Castro volvió, al cabo de cuatro meses, le preparó el batido de frutas de siempre; pero a última hora no pudo romper el hielo que había cubierto la cápsula.

Con todo, el mayor peligro en que se ha visto Fidel Castro, y que tampoco está citado en este libro fantástico —no fue un atentado—, fue después de la derrota de la invasión de la Bahía de Cochinos, cuando regresaba del frente en un *jeep* descubierto. Dos supervivientes de la derrota, que se habían escondido detrás de unos arbustos, le vieron pasar a menos de diez metros, y uno de ellos le tuvo en su mira por breves segundos. Pero no se atrevió a disparar[11].

En ese camino diferencial con los estadounidenses, la defensa al amigo llega hasta el recuento de costumbres político-culturales. En un artículo del 2 de diciembre de 1981, «Los dolores del poder», quizá para poner de relieve, como contraste, el mutismo absoluto que hay alrededor de la salud de Castro, y también como muestra de su ya consabida obsesión por todo lo que rodea al poder, Gabo toma nota de las noticias que se dan constantemente acerca de la salud de los presidentes de Estados Unidos: «En 1961, el joven y deportivo John F. Kennedy sufrió una torcedura lumbar [...] en Viena, y regresó a su país caminando con un par de muletas, que le valieron una cierta aureola de veterano de guerra. Hace pocos años, uno de los hijos de su hermano Edward sufrió la amputación de una pierna como

---

[11] Gabriel García Márquez, «El pez es rojo», *Notas de Prensa (1980-1984),* ob. cit., págs. 254-255.

consecuencia de un cáncer de los huesos, y el hecho fue celebrado por la prensa como una prueba más del valor familiar. Por la misma época, la esposa del presidente Gerald Ford y la esposa de Nelson Rockefeller, gobernador de Nueva York, fueron mutiladas por el rigor de sus cirujanos, y su desdicha mereció el homenaje de las primeras páginas [...]. La salud del presidente Ronald Reagan, que ha cumplido ya setenta años, se había prestado a muchas conjeturas, hasta que una bala de nueve milímetros le penetró bajo el alerón izquierdo y se incrustó muy cerca de la columna vertebral. La apariencia desenvuelta y la sonrisa de propaganda de pasta dentífrica con que salió del hospital hicieron pensar a muchos que Reagan era tan buen vaquero en la vida real como en el cine. Pero las conjeturas no terminaron. Todavía se dice que el presidente de Estados Unidos perdió los ímpetus de su quinta juventud después del atentado, y que su jornada de trabajo se había reducido a no más de tres horas diarias. Sin embargo, quienes lo vimos en Cancún vestido de guayabera y con un maquillaje que parecía más bien un embalsamamiento en vida, no tuvimos la impresión de que desfalleciera en las discusiones intensas ni en sus numerosos compromisos sociales»[12].

Nuevamente, en el elogio indirecto a Castro hay componentes culturales y políticos. Por un lado, la distancia y la ironía al hablar de los líderes yanquis. Por otro, la sugerencia de que los estadounidenses son propensos al dramatismo y a las actitudes teatrales, a la exageración y al *reality show,* y a la magnificación desproporcionada de su nacionalidad y los elementos que la simbolizan. Ello contrasta con la poca —nula— presencia que tiene el lado humano y personal en la imagen política revolucionaria. Se da por supuesto que Fidel es un hombre valiente y duro, y que su salud es de hierro, o bien, que está tan entregado a su labor de gobierno que no concede ni un minuto de sus discursos de cinco o seis horas para hablar de temas «intrascendentes».

---

[12] Gabriel García Márquez, «Los dolores del poder», *Notas de Prensa (1980-1984)*, ob. cit., págs. 186-187.

Solo el amor engendra melodías

El poema más citado y comentado de los *Versos libres* martianos es probablemente aquel que termina con una sentencia acerca del amor como única realidad capaz de engendrar melodías. Pero a veces ocurre lo contrario. Hay melodías, gustos, aficiones, manifestaciones artísticas, tendencias intelectuales o sentimentales que engendran amor, afinidad personal, amistad. Gabo ha intentado en ocasiones demostrar que eso ocurrió entre ellos dos gracias a la literatura. Una de las primeras veces que el Nobel habla largamente de Castro es en la entrevista concedida a *Playboy* que se publicó a principios de 1983. Ante la pregunta sobre su amistad con el líder cubano, contesta: «Somos muy buenos amigos; la nuestra es una amistad intelectual. Pocas personas saben que Fidel es un hombre muy culto: cuando estamos juntos hablamos de literatura. Fidel es un lector empedernido. En realidad nuestra amistad comenzó después de que él leyera *Cien años de soledad,* novela que le gustó mucho»[13]. Y cuando el entrevistador intenta derivar la conversación hacia el tema de la política y del poder, Gabo le da un pase magistral con el capote y vuelve al tema literario: «En realidad no conversamos tanto de política. Mucha gente tiene dificultades en creer que mi amistad con Fidel Castro se basa casi por completo en nuestro común interés por la literatura. Muy pocas de nuestras charlas giran sobre la suerte del mundo. Con mayor frecuencia hablamos de los buenos libros que ambos hemos leído. Cada vez que voy a Cuba le llevo a Fidel un montón de libros. No bien llego se los envío con uno de sus edecanes, y después me sumerjo en más asuntos. A las pocas semanas, cuando por fin Fidel y yo podemos vernos para conversar un poco, él ya los ha leído todos y tenemos mil cosas que hablar al respecto»[14].

Recuerda Gabo que en una ocasión le dejó un ejemplar del *Drácula* de Bram Stoker, un libro increíblemente fantástico, pero a veces

---

[13] *Playboy,* art. cit., pág. 18.
[14] Ibídem.

214

despreciado por muchos intelectuales. Eran las dos de la madrugada cuando se lo llevó Fidel, después de haber estado una hora charlando con el amigo, algo a lo que Castro está acostumbrado, pues en muchas ocasiones suele visitar a sus íntimos por la noche, después de una larga jornada de trabajo. En ese momento, Fidel tenía que estudiar importantes documentos de gobierno, para discutirlos y presentarlos el día siguiente. Diez horas más tarde, al filo del mediodía, volvieron a reunirse, y Castro le dijo: «Gabriel, ¡acabarás volviéndome loco! ¡Qué libro! No pude dormir en toda la noche»[15]. A Plinio Mendoza le responde de modo parecido en su larga entrevista en *El olor de la guayaba,* cuando se refiere a los inicios de esa relación: «Fíjate bien, mi amistad con Fidel Castro, que yo considero muy personal y sostenida por un gran afecto, empezó por la literatura. Yo lo había tratado de un modo casual cuando trabajábamos en Prensa Latina, en 1960, y no sentí que tuviéramos mucho de qué hablar. Más tarde, cuando yo era un escritor famoso y él era el político más conocido del mundo, nos vimos varias veces con mucho respeto y mucha simpatía, pero no tuve la impresión de que aquella relación pudiera ir más allá de nuestras afinidades políticas. Sin embargo, una madrugada, hace unos seis años, me dijo que tenía que irse a su casa porque lo esperaban muchos documentos por leer. Aquel deber ineludible, me dijo, le aburría y le fatigaba. Yo le sugerí que leyera algunos libros que unían a su valor literario una amenidad buena para aliviar el cansancio de la lectura obligatoria; le cité muchos, y descubrí lo que muy pocos saben: Fidel Castro es un lector voraz, amante y conocedor muy serio de la buena literatura de todos los tiempos, y aun en las circunstancias más difíciles tiene un libro interesante a mano para llenar cualquier vacío. Yo le he dejado un libro al despedirnos a las cuatro de la madrugada, después de una noche entera de conversación, y a las doce del día he vuelto a encontrarlo con el libro ya leído»[16].

Gabo pone como escudo la amistad «literaria» para no reconocer algo que es obvio: que durante los últimos setenta sus conversa-

---

[15] *Playboy,* art. cit., pág. 18.
[16] Plinio Apuleyo Mendoza, *El olor de la guayaba,* ob. cit., págs. 156-157.

ciones sobre política no solo han sido habituales, sino que además, como hemos visto, el colombiano se ha convertido en un hombre de Estado; y no en uno cualquiera, sino en el embajador preferido por Castro para el triunfo de su revolución dentro y fuera de Cuba. Por eso, aunque nadie dude de las aficiones de Castro por algunos temas intelectuales, a Gabo le crece la nariz cuando continúa diciendo: «Y este es un aspecto de su personalidad que muy pocos conocen, y es en este terreno donde se ha desarrollado nuestra amistad. Contrariamente a lo que se ha dicho sobre nosotros, nunca hemos conspirado con fines políticos. Fidel piensa que la tarea del escritor es escribir sus obras y no conspirar» [17]. Fidel piensa, como buen patriarca absoluto, que si un escritor le sirve para apoyar la revolución, será bienvenido, y si no está rendidamente entregado a sus intereses políticos, entonces es un contrarrevolucionario. Si no, que se lo pregunten a la larga lista de damnificados por pensar, que recoge Eliseo Alberto en su informe contra sí mismo, o a los casi ochenta que han sido recientemente encarcelados.

Aunque se sabe que la casa de Gabo en La Habana está cerca de una de las principales residencias de Castro, ni el propio colombiano sabe con certeza dónde vive su vecino. Y nadie en Cuba lo sabe. Se dice que es «una casa oculta tras una densa barrera de árboles, al final de una calle en donde la señalización visual y la policía indican claramente que el paso está prohibido» [18]. Cuando Jon Lee mostró su extrañeza ante la ignorancia de García Márquez en ese aspecto, en 1999, este le respondió que nunca se lo había preguntado «para no saber algo que después pudiera inadvertidamente revelar» [19]. Y justifica la precaución del líder de esta manera, señalando además que hay plena confianza entre los dos: «Sabe que no voy a traicionar las cosas que él me ha confiado, que tal vez soy la persona en que más puede confiar. ¡Y vaya si Fidel es desconfiado! Solo recientemente ha comenzado a cambiar un poco y se ha vuelto menos preo-

---

[17] Plinio Apuleyo Mendoza, *El olor de la guayaba,* ob. cit., pág. 18.
[18] Jon Lee Anderson, art. cit., pág. 62.
[19] Ibídem.

cupado por la seguridad. Incluso a veces llama y dice "Ya voy para allá" o cosas así. Nunca lo hacía antes. Siempre se imagina que los teléfonos están interceptados por los yanquis, por la CIA. Y probablemente tiene razón de estar preocupado. Mantiene su vida privada en extrema reserva. Nunca me ha presentado a su esposa, por ejemplo. Es más, ni siquiera me la ha mencionado. La conocí porque un día que estaba en el avión de Fidel vino y se presentó ella misma. No sé si es cierto, pero la gente dice que Fidel ni siquiera se la ha presentado a su hermano Raúl. Lo que para Fidel es privado, es infinitamente privado... Pienso que conozco a Fidel mejor que mucha gente y lo considero un verdadero amigo, pero ¿quién es Fidel el hombre privado? ¿Cómo es realmente Fidel? Nadie lo sabe»[20].

Todo esto tiene como consecuencia que, en el plano personal, Castro se encuentre a diario con la soledad que proporciona el manejo del poder, en un régimen tan controvertido. Nunca ha reconocido una amistad en público, excepto la del colombiano. Márquez opina que la amistad con él tiene sus limitaciones, precisamente por la delicada posición del cubano. «Fidel tiene muy pocos amigos —asevera Gabo—. Alguien le preguntó cierta vez —yo estaba presente— si no experimentaba la soledad del poder. Contestó que no. Sin embargo, yo me pregunto si quienes tienen poder pueden sentir en realidad lo solos que están»[21].

Otro de los hilos que unen a los dos colosos es la confianza que deposita el escritor en el criterio literario del Comandante. Si bien *El otoño del patriarca* se sitúa en los prolegómenos de la amistad entre ellos y, además, toca un tema resbaladizo, generador de malentendidos (o mejor, curiosas coincidencias), a partir de ese momento todas las obras del colombiano tocarán las manos de Castro antes de ser entregados los originales a la editorial. Eso ocurrió por primera vez con *Crónica de una muerte anunciada,* cuya publicación data de 1981. En la entrevista de *Playboy* se recoge ese dato y se explica el porqué de esa confianza: «El motivo de habérsela enseñado es que, además

---

[20] Jon Lee Anderson, art. cit., pág. 62.
[21] *Playboy,* art. cit., pág. 20.

de ser muy buen lector, tiene una capacidad de concentración realmente asombrosa y es cuidadoso en extremo. En muchos de los libros que lee, encuentra rápidamente contradicciones entre una página y otra. *Crónica de una muerte anunciada* está estructurada meticulosamente como un aparato de relojería. Si hubiera algún error en la obra, alguna contradicción, ello sería sin duda muy grave. Por eso mismo, conociendo la aguda vista de Fidel, decidí enviarle el manuscrito, esperando que descubriera cualquier posible contradicción»[22]. Algunas veces ha descendido a detalles que para Gabo pasan inadvertidos, pero que no escapan a un hombre con experiencia en diversos campos de la actuación humana. Dice el colombiano de su amigo que «es un lector tan atento y minucioso, que encuentra contradicciones y datos falsos donde uno menos se lo imagina. Después de leer *El relato de un náufrago* fue a mi hotel sólo para decirme que había un error en el cálculo de la velocidad del barco, de modo que la hora de llegada no pudo ser la que yo dije. Tenía razón. De modo que antes de publicar *Crónica de una muerte anunciada* le llevé los originales, y él me señaló un error en las especificaciones del fusil de cacería. Uno siente que le gusta el mundo de la literatura, que se siente muy cómodo dentro de él, y se complace en cuidar la forma literaria de sus discursos escritos, que son cada vez más frecuentes. En cierta ocasión, no sin cierto aire de melancolía, me dijo: "En mi próxima reencarnación yo quiero ser escritor"»[23]. Años más tarde, en 1996, Gabo declarará en *El País* (9 de septiembre): «Ya no publico un libro si antes no lo lee el Comandante».

Aunque algunos de nuestros entrevistados aseguran que Fidel no está interesado en absoluto por la literatura, y que solo lee biografías de grandes políticos, Vázquez Montalbán ofrece unos datos muy significativos en su libro *Y Dios entró en La Habana*. Por ejemplo: en la página 220 hace un recuento de los libros que leyó en la cárcel, cuando preparaba a principios de los cincuenta la revolución que triunfaría el 1 de enero de 1959. Son Victor Hugo y Marx para em-

---

[22] *Playboy*, art. cit., pág. 20.
[23] Plinio Apuleyo Mendoza, *El olor de la guayaba*, ob. cit., págs. 156-157.

pezar; también, *La feria de las vanidades,* de Thackeray; *Nido de hidalgos,* de Turgueniev; la biografía de Carlos Prestes, un líder comunista *kominteriano; El secreto del poder soviético,* del deán de Canterbury; la relectura de *El capital,* por supuesto; las obras completas de Freud; *El Estado y la Revolución,* de Lenin; *Crimen y castigo,* de Dostoievski; *La estética trascendental,* de Kant; obras de Roosevelt, Einstein, Shakespeare, sobre todo su *Julio César,* uno de los textos y personajes que inspiraron a Gabo su otoño patriarcal, etc. Unas páginas más adelante, Montalbán describe algunos de esos encuentros entre Gabo y Fidel. Afirma que, con la excepción de García Márquez, Castro no ha tenido verdaderos amigos desde 1980, año de la muerte de cáncer de Celia Sánchez, su secretaria personal. Y concreta: «Ante Gabriel García Márquez y su mujer Mercedes, Fidel habla como si estuviera ante dos médium de confianza que no le engañarán sobre lo que ocurre más allá del laberinto. Se trata de entrevistas hasta altas horas de la noche, con una Mercedes receptiva que sabe escuchar y juzgar como solo saben escucharle y juzgarle las mujeres. O Gabo le recomienda montones de libros que él lee disciplinadamente, diez días seguidos, con el escritor siempre dispuesto a escuchar sus comentarios, rebatiéndolos, complementándolos, sancionándolos, como si protagonizaran un curso intensivo de reaprovisionamiento literario»[24].

En octubre de 2002, cuando Gabo da a las prensas el primer volumen de sus esperadísimas memorias, Castro publicó en la revista colombiana *Cambio* un artículo dedicado a su amigo, tal vez su único amigo, titulado «La novela de sus recuerdos», que ha dado la vuelta al mundo, al ser la primera vez que Fidel Castro escribe un artículo que trata un tema literario, y donde se habla muy poco de política.

A Gabo lo conozco desde siempre —defiende—, y la primera vez pudo ser cualquiera de esos instantes o territorios de la frondosa geografía poética garciamarquina. Como él mismo confesó, lleva sobre su conciencia el haberme iniciado y mantenerme al día en «la

---

[24] Manuel Vázquez Montalbán, ob. cit., pág. 301.

adicción a los *best sellers* de consumo rápido, como método de purificación contra los documentos oficiales». A lo que habría que agregar su responsabilidad al convencerme no solo de que en mi próxima reencarnación querría ser escritor, sino que además querría serlo como Gabriel García Márquez, con ese obstinado y persistente detallismo en que apoya como en una piedra filosofal toda la credibilidad de sus deslumbrantes exageraciones. En una ocasión llegó a aseverar que me había tomado dieciocho bolas de helado, lo cual, como es de suponer, protesté con la mayor energía posible.

Recordé después en el texto preliminar de *Del amor y otros demonios* que un hombre se paseaba en su caballo de once meses y sugerí al autor: «Mira, Gabo, añádele dos o tres años más a ese caballo, porque uno de once meses es un potrico». Después, al leer la novela impresa, uno recuerda a Abrenuncio Sa Pereira Cao, a quien Gabo reconoce como el médico más notable y controvertido de la ciudad de Cartagena de Indias, en los tiempos de la narración. En la novela, el hombre llora sentado en una piedra del camino junto a su caballo que en octubre cumple cien años y en una bajada se le reventó el corazón. Gabo, como era de esperarse, convirtió la edad del animal en una prodigiosa circunstancia, en un suceso increíble de inobjetable veracidad[25].

Castro se permite también apoyar ciertas posturas peculiares del colombiano, relacionadas con temas lingüísticos o literarios. Después de afirmar que la literatura del Nobel es una prueba de su sensibilidad, de su adhesión irrenunciable a los orígenes, de su inspiración netamente latinoamericana, de su lealtad a la verdad y de su pensamiento progresista, añade: «Comparto con él —señala— una teoría escandalosa, probablemente sacrílega para academias y doctores en letras, sobre la relatividad de las palabras del idioma, y lo hago con la misma intensidad con que siento fascinación por los diccionarios, sobre todo aquel que me obsequiara cuando cumplí setenta años, y es una verdadera joya porque a la definición de las palabras

---

[25] Fidel Castro, «La novela de sus recuerdos», *Cambio.com,* 7-X-2002, pág. 2, en <http://66.220.28.29/calle22/portada/articulos/79/>.

añade frases célebres de la literatura hispanoamericana, ejemplos del buen uso del vocabulario. También, como hombre público obligado a escribir discursos y narrar hechos, coincido con el ilustre escritor en el deleite por la búsqueda de la palabra exacta, una especie de obsesión compartida e inagotable hasta que la frase nos queda a gusto, fiel al sentimiento o la idea que deseamos expresar y en la fe de que siempre puede mejorarse. Lo admiro sobre todo cuando, al no existir esa palabra exacta, tranquilamente la inventa. ¡Cómo envidio esa licencia suya!»[26].

Y al final del artículo declara lo que ya sabemos que había pasado con *Crónica de una muerte anunciada* y que intuíamos que podría pasar con el resto de sus obras: Castro se convierte en un asiduo lector de sus manuscritos, y uno de sus principales consejeros literarios, no tanto en el estilo como en los detalles de verosimilitud: «De Gabo siempre me han llegado las cuartillas aún en preparación, por el gesto generoso y de sencillez con que siempre me envía, al igual que a otros a quienes mucho aprecia, los borradores de sus libros, como prueba de nuestra vieja y entrañable amistad»[27].

Uno de esos amigos a los que alude Castro es, precisamente, Álvaro Mutis, quizá el consejero literario en el que más confía nuestro Nobel. Por eso, quiso presentárselo en una ocasión al colega cubano. En el transcurso de un almuerzo en uno de los más conocidos restaurantes del litoral limeño de Miraflores, Alonso Cueto, novelista y director del dominical de *El Comercio,* nos relataba con cierto sentido del humor, en junio de 2002, los pormenores de aquella presentación. Estábamos en la mesa, además, con personalidades como Javier Reverte, el incansable viajero y novelista español; Julio Villanueva, director de la revista peruana de cultura *Etiqueta Negra,* etc., y las anécdotas literarias sobre Borges, Kapuscinski, Vargas Llosa, Ribeyro, Bryce, García Márquez, fluían de copa en copa como el vino que iba rellenando los duendes de cristal en el transcurso de la

---

[26] Fidel Castro, «La novela de sus recuerdos», *Cambio.com,* 7-X-2002, págs. 2-3, en <http://66.220.28.29/calle22/portada/articulos/79/>.

[27] Ibídem, pág. 3.

comida. Cueto aludía entonces al nerviosismo con que Gabo decidió llevar a cabo su propósito. Mutis es un escritor de los más conservadores de América latina, con una idea muy aristocrática de la división de la sociedad y una defensa a ultranza de los valores de la monarquía al estilo europeo de hace cinco o seis siglos, es decir, la monarquía absoluta que parte de la base de que cada pieza de la sociedad está sabiamente colocada en su lugar por una voluntad divina inexorable. Tomada la decisión, Gabo no tuvo más remedio que lanzarse. Con objeto de no hacer tensa la presentación, antes de que los dos comparecieran en el mismo lugar, habló con Fidel y le dijo:

—Quiero presentarle a un amigo mío escritor, Álvaro Mutis, uno de los mejores poetas y novelistas que ha habido en la literatura colombiana. Pero hay un pequeño problema: es muy monárquico.

—No te preocupes —le contestó Fidel—. No hay ningún problema, seguro que nos entendemos muy bien, porque los dos tenemos el mismo enemigo: la burguesía.

LAS FIESTAS EN EL MACONDO HABANERO

Llegados a este grado de confianza personal, literaria y política, no sorprende que en esa relación haya más matices. Desde la época del Nobel, comenzaron los dos una costumbre en la que involucraron a más personas de confianza: la celebración del fin de año en la mansión habanera de Gabo, su Macondo cubano. Costumbre que ha permanecido intacta en los últimos veinte años, exceptuando quizá alguno de los momentos críticos de salud de Gabo en los aledaños del cambio de siglo y de milenio. Miguel Barnet, poeta cubano y presidente de la Fundación Fernando Ortiz, nos contaba que esas veladas de fin de año se han convertido en algo insustituible en los ochenta y noventa, una época en la que ha perdido gran parte de su intimidad, después de conseguir el premio sueco. Gabo es un hombre que se siente totalmente a gusto solo en la intimidad. Barnet es uno de los que han conseguido una amistad más estrecha con el colombiano en esta última etapa. Visita mucho la mansión de Siboney, y allí se siente como en su propia casa. A veces llega sin avisar y Gabo está escribiendo, por lo que Mercedes le hace esperar un rato hasta que el Nobel termine. Nos comenta Barnet el cuidado con el que se prepara para esas fiestas especiales que ofrece en su casa: sus zapatos blancos, sus camisas blancas, sus relojes con manillas blancas, su estilo netamente tropical y caribeño. Relata que, en una ocasión, llegó a casa de Gabo y el escritor estaba contemplando una caja de cigarrillos. Barnet le pregunta qué hace ahí, tan ensimismado, con ese objeto, y Gabo le dice que está corrigiendo, por eliminación de adjetivos y palabras innecesarias, el texto de la cajetilla, donde advierte que fumar es peligroso para la salud, produce cáncer, aumenta el riesgo de infarto y crea adicción. Aclara que lo corrige porque la empresa de tabaco probablemente contrató a un escritor publicitario bastante mediocre para realizar ese texto. Al final, Gabo se quedó con dos términos: el nombre de la compañía tabacalera y la palabra «daño». A lo que Barnet apostilló: «Es suficiente».

Recuerda también el poeta y narrador cubano que en esas fiestas de fin de año y otras veladas casi nunca se hablaba de política. En concreto, los temas que más tocaban los dos tienen que ver con la música popular: la cumbia, la rumba, el bolero. Barnet es un experto en esos asuntos, y otros de la cultura cubana como la santería, religiones afrocubanas y la espiritualidad en el Caribe. Cuando Gabo estaba escribiendo *Del amor y otros demonios,* novela publicada en 1994, preguntaba con frecuencia a Barnet algunos datos concretos referentes a estos temas, ya que la obra habla sobre aspectos milagrosos y fantásticos, relacionados con la religión y las supersticiones en la zona del Caribe. Sus conversaciones, como es natural, también versaban con frecuencia sobre literatura. Les gustaba comentar a sus autores favoritos comunes, como Azorín, Marguerite Yourcenar, Robert Graves, etc.

De todos los temas que se trataban en esas fiestas colectivas, y que adquirían un protagonismo especial, quizá sea el de la comida el más «apetitoso». Tanto Fidel como Gabo son verdaderos especialistas en cultura culinaria, y saben apreciar los buenos platos y los buenos vinos. Barnet llamaba cariñosamente a Gabo «el gran sibarita», por su afición a los dulces, el bacalao, los mariscos y la comida en general. Régis Debray, otro de los asistentes a esas fiestas sobre todo en los ochenta, resalta el ambiente absolutamente informal de la celebración: unas treinta personas más o menos, que no se sentaban alrededor de una mesa. La comida y la bebida se encontraban puestas por la mesa con muy buen gusto, pero a la vez con sencillez; cada uno se servía lo que quería y cuando quería, y se colocaba en el lugar que deseaba. Se formaban conversaciones diferentes en corrillos, y el ambiente era muy agradable, mientras todos comían y bebían de pie esparcidos por la casa. Fidel siempre acudía solo.

Tan conocida es la afición de los dos por la buena comida, que no solo está en el inicio de su amistad, como vimos en esa primera entrevista en el Hotel Nacional, sino que también han sido agasajados por los mejores cocineros cubanos. El gran Smith, quizá el mejor de todos, que comenzó su vida laboral en el Riviera antes de la revolución, y que sigue siendo el paradigma de la cocina cubana, lleva la cuenta de sus comensales distinguidos, entre los que se encuentran Meyer Lanski, el gángster gringo que fuera propietario del Riviera, Hemingway, Joan Manuel Serrat, Gabriel García Márquez, Nat King Cole, etc. Recuerda este cubano, en una entrevista con Vázquez Montalbán, que al principio de la revolución muchos cocineros famosos se habían ido de la isla, y él cocinaba para Raúl y Fidel cuando preparaban alguna recepción para los embajadores de varios países, y en más de una ocasión para Gabo, «que es un gran admirador de mi cocina —aclara— y me ha prometido un prólogo para el libro de mis vivencias, que está casi concluido»[28]. En ese libro, cada uno de los platos se asocia a un personaje relevante para quien fue pensado. El de Gabo es «Langosta a lo Macondo para Gabriel García Márquez», y el de Fidel Castro, un «Consomé de tortuga»[29]. Ambos son unos expertos en mariscos, como se desprende de aquella primera conversación en los setenta, y a juzgar por el menú de muchos de sus encuentros. Gabo llega a afirmar que ese hombre sabe todo cuanto pueda saberse

---

[28] Manuel Vázquez Montalbán, ob. cit., pág. 251.
[29] Ibídem, pág. 254.

sobre mariscos[30]. Así le explicaba el líder cubano a la madre de Frei Betto, dominico brasileño famoso por su libro sobre Fidel y la religión, cómo se cocinan las langostas y los camarones:

> Lo mejor es no cocer ni los camarones ni las langostas porque el hervor del agua reduce sustancia y sabor y endurece un poco la carne. Prefiero asarlos en el horno o en pincho. Para el camarón bastan cinco minutos al pincho. La langosta once minutos al horno y seis minutos al pincho sobre las brasas. De aliño solo mantequilla, ajo y limón. La buena comida es una comida sencilla[31].

Y termina su explicación aludiendo al consomé de tortuga que tanto le gustó de un cocinero cubano muy famoso, al que ya conocemos...

«UBI SUNT?»

Jorge Manrique, el mejor poeta medieval español, escribe unas coplas a la muerte de su padre, y para otorgarle la categoría humana, espiritual y profesional que se merece, lo compara con las grandes personalidades de la época que también han fallecido, utilizando el tópico literario del *Ubi sunt?* («¿Dónde están?»). Se pregunta qué pasó con aquel monarca, con ese infante, qué se hizo de tal militar aristócrata. Así, cuando observamos el tipo de personas que son invitadas por Gabo en esas fiestas de fin de año y los que acuden con regularidad a su Macondo habanero, nos preguntamos, con Manrique, *ubi sunt* los intelectuales y los escritores. Generalmente, los poetas, narradores, ensayistas que acuden a esa casa son también personas bien relacionadas con la élite política, como Miguel Barnet, Abel Prieto, ministro de Cultura, o Antonio Núñez Jiménez, viceministro de Cultura hasta su muerte hace unos años, y uno de los pri-

---

[30] *Playboy,* art. cit., pág. 20.
[31] Manuel Vázquez Montalbán, ob. cit., págs. 216-217.

meros amigos de Gabo en Cuba. Pero ¿*ubi sunt* los grandes escritores cubanos? Por ejemplo, ¿por qué ese distanciamiento (no afectivo, pero sí efectivo) con Eliseo Diego? Alfredo Muñoz, que fue corresponsal de France Presse durante muchos años en La Habana, y que asistió igualmente a muchas de las conocidas fiestas con Gabo, reconoce que su amistad con él fue intensa en un principio, pero que después de la concesión del Nobel disminuyó a gran velocidad a medida que iba aumentando la amistad con el sector político, sobre todo en la persona de Castro.

En abril de 1988, en la edición colombiana de *El País,* el escritor declara que su «amistad con los políticos es lo menos político que hay», y sostiene además que de quien menos amigo se considera es de los intelectuales, hecho del que ignora la causa. Quizá sea, concluye, porque siente «más curiosidad por los otros». Y continúa frivolizando con el tema, para no dar una contestación que vaya al fondo de las cuestiones, de su ambición y su obsesión por el poder, añadiendo que es absurdo hacerse amigo de un presidente para influir en él, ya que «ningún dirigente político, ningún Jefe de Estado, oye absolutamente a nadie. Oyen, pero al final hacen lo que ellos piensan que hay que hacer. De manera que tener influencia en un Jefe de Estado es lo más difícil que hay en este mundo, y finalmente ellos terminan teniendo mucha influencia sobre uno».

Nuevamente, su nariz «nobelesca» vuelve a crecer. Han pasado diez años desde que Gabo ha empezado a influir de un modo bastante decisivo en soluciones políticas de varios países del entorno caribeño, y desde 1982, su prestigio, avalado por la Academia Sueca, le permite decir lo que quiera y a quien quiera, y sus artes para la diplomacia han conseguido más de un objetivo político de hondo calado. De ahí que sus amistades cubanas cada vez sean más cercanas al territorio del poder, a los «duques» y «secretarios generales», y se vayan separando de los intelectuales. Hay frases suyas que corroboran esta actitud, como «Detesto la vida intelectual, los congresos de escritores, las conferencias y charlas literarias por televisión»[32], o «Los críticos

---

[32] «García Márquez: la soledad de la fama», ob. cit., pág. 1.

son hombres muy serios y la seriedad dejó de interesarme hace tiempo»[33].

En nuestro último viaje a La Habana pudimos recoger varios testimonios que, indirectamente, demuestran esa involución. En una hermosa casa del Reparto Playa, el novelista Julio Travieso nos acoge con unos traguitos y algo para picar. Podemos ver las primeras ediciones de clásicos de la literatura cubana en las estanterías de su despacho, donde esas joyas bibliográficas combinan perfectamente con los artísticos muebles antiguos. Encima de la mesa, el único objeto que rompe la armonía: un ordenador, donde el escritor trabaja a diario y contesta sus correos electrónicos. Descubrimos también las diferentes ediciones de su última novela, *El polvo y el oro,* sin duda su mejor obra hasta la fecha, ganadora de varios premios nacionales e internacionales y publicada en inglés, francés, italiano, aparte de las diferentes tiradas en la lengua española: las cubanas, la mexicana y la española. Pasamos al patio que hay al fondo de la casa: un pequeño bosque con abundancia de árboles frutales, ejemplares antiquísimos que sazonan el ambiente, se suponen cobijo de numerosas aves y que, probablemente, aprovisionan de envidiables manjares a más de una familia, ya que las ramas de los árboles más altos sobrepasan los límites de la finca.

Pero el «ejemplar» más antiguo, y no por ello más caduco, es Sándor, padre de la esposa de Julio, que se acerca, con sus cien años ya rebasados, a saludarnos efusivamente. El contacto con la mano y después con el pecho que abraza, sobrecoge. Y pensar que Sándor nació el mismo año que Alberti, Dulce María Loynaz o Nicolás Guillén, el mismo año que se instituyó la República en Cuba, y que llegó desde los fríos países de la Europa del Este hacia 1929, instalándose en La Habana, para quedarse hasta el milenio siguiente en el país que le cautivó... Nos decía Julio que Sándor nunca ha abandonado su copita y su cigarro diarios, aunque hace unos meses tuvo un resfriado y el médico le prohibió fumar y beber. Fue capaz de obedecer las prescripciones solo durante un día, pues, como en la segun-

---

[33] «García Márquez: la soledad de la fama», ob. cit., pág. 1.

da jornada se encontraba mejor, no vio necesario continuar con esas «absurdas» prohibiciones.

Julio recordaba una ocasión en que Gabo llegó a La Habana en los ochenta para presentar un libro, y hubo una cena con escritores. A él le tocó compartir un buen rato muy cerca de él y conversaron amistosamente un tiempo. A los dos días, Travieso acudió a la presentación del libro del colombiano, y le llevó un ejemplar para que se lo firmara. Al saludarlo con cierta confianza, fruto de la conversación anterior, Gabo se replegó y lo trató con clara distancia. Por la misma época, cuenta Leonardo Padura que lo llamó Lichi Diego (Eliseo Alberto), porque Gabo le había pedido que reuniera a tres narradores jóvenes sobresalientes, con el fin de organizar una comida en el Riviera e intercambiar opiniones de tipo literario. Lichi eligió a Padura, Senel Paz y Luis Manuel García. La sensación, después de las primeras presentaciones y habiendo entrado en conversación, fue algo extraña porque se veía que el anfitrión no tomaba las riendas de la charla. «Es como si se hubiera arrepentido tarde de haber convocado esa reunión —nos dijo Leonardo—; ya nadie sabía para qué habíamos quedado con él.» A pesar del interés que despertaba a priori una velada de ese tipo, finalmente resultó aburrida y con un clima un poco kafkiano.

Virgilio López Lemus cuenta una anécdota muy reveladora: en esos mismos ochenta, después de publicar su libro sobre el maestro colombiano, se acercó a él en una ocasión que coincidieron los dos en La Habana, para enseñarle un ejemplar de su estudio, pero Gabo lo recibió de un modo algo escéptico, mientras decía: «No me interesa en absoluto la crítica literaria». Ya sabemos, pues, dónde están los intelectuales sin oficio ni beneficio político, y todos aquellos que no poseen ducados o secretarías generales: «Donde habita el olvido», como diría Bécquer.

TERCERA PARTE

DE CUBA AL CIELO:
DIOS ENTRANDO EN LA HABANA

12
CARAS Y CRUCES DE LA AMISTAD CON CASTRO

A pesar de su buena posición dentro del universo cubano, Gabo sabe que no todo el monte es orégano, y es consciente de que su amistad con Castro tiene también su cruz. Y no es solo la pérdida de amigos valiosísimos como Vargas Llosa, sino un montón de críticas que llegan tanto de la derecha como de la izquierda, de Europa y América, e incluso de sus propios amigos. Por ejemplo, Plinio Apuleyo Mendoza, su gran amigo de toda la vida, mucho más revolucionario y activista político que él en la juventud, quien le puso en contacto con Cuba en 1959 para la «Operación Verdad» y luego con Prensa Latina, comenzó a discrepar con el amigo a raíz del *caso Padilla,* donde todavía hay ciertas precisiones que permanecen en estado de confusión. Luego, cuando Mendoza escribe *El olor de la guayaba* sobre la vida y la obra de Gabo, Mercedes, la mujer del Nobel, comenta con su marido: «Apuleyo no nos quiere» [1], separación que se hace muy notoria tras la publicación de un nuevo libro sobre Gabo, *El caso perdido. La llama y el hielo,* donde abunda en algunos aspectos que tocan el tema de la revolución.

A finales de los noventa, Plinio perpetra otro libro en el que su amigo vuelve a ser aludido: el *Manual del perfecto idiota latinoamericano,* en colaboración con Álvaro Vargas Llosa y Carlos Alberto

---

[1] Entrevista con Plinio Apuleyo Mendoza, 15-VII-2002.

Montaner, obra que ha sido duramente criticada por falta de objetividad, rigor y conocimiento real de la actualidad político-cultural latinoamericana, en la que se califica de «idiota» a cualquier persona
que haya apoyado los procesos revolucionarios americanos o haya
sido partidario de lo que Plinio llama el «socialismo del abuelo»[2].
En cierta ocasión, Mendoza dijo: «Yo creo que cuando Fidel muera
ocurrirá lo mismo que cuando la muerte de Stalin. Oiremos acerca
de todas las atrocidades acontecidas durante su gobierno. Y no creo
que le ayude mucho a Gabo el haber sido tan amigo de él»[3]. Vázquez Montalbán, por su lado, asegura que el precio que Gabo paga
por la amistad que mantiene con Fidel no se compensa con las co-
modidades con que se mueve por La Habana[4].

De todas formas, ese trato especial y esa confianza mutua a la que
han llegado no es óbice para que, en cierta medida, Gabo sea sometido al mismo tipo de control que el resto de las personalidades influ-
yentes. En Cuba todo se sabe, se investiga, se espía y se controla. Cualquier amigo nuestro puede ser el agente del Estado que luego emita
informes sobre nuestra actividad. Para los cubanos, este trabajo lo
puede desempeñar, incluso, cualquier familiar o allegado nuestro. En
el caso de Gabo, es sabido que siempre tiene tres o cuatro personas
que le siguen los pasos por dondequiera que vaya. Ricardo Vega nos
cuenta que el propio García Márquez lo sabe y se lo toma con sentido
del humor. De vez en cuando se acerca a ellos y les lleva una cerveza.
Si está en un bar tomando algo con amigos, avisa al camarero para que
diga a los señores de aquella mesa del fondo —sus vigilantes «secretos»— que la próxima ronda se la paga él. Es parte, también, del precio por la amistad con un dictador. En una ocasión, Antonio Valle
Vallejo, profesor de marxismo e íntimo de Gabo, le preguntó: «¿Por
qué aceptas ese tratamiento tan contradictorio?», a lo que Márquez
respondió: «Porque quiero escribir el libro sobre Fidel»[5].

---

[2] Manuel Vázquez Montalbán, ob. cit. pág. 303.
[3] Jon Lee Anderson, art. cit., pág. 62.
[4] Manuel Vázquez Montalbán, ob. cit., págs. 301-302.
[5] Entrevista con Ricardo Vega, 9-X-2002.

En cuanto a Fidel, es conveniente saber que muy pocas veces ha mantenido una amistad con el paso del tiempo. Generalmente se cansa y corta sus relaciones íntimas. Con Gabo nunca ha ocurrido eso. Al contrario, conforme pasan los años, esa relación se sigue fortaleciendo. En noviembre de 2002, un mes después de publicar el emotivo artículo sobre las memorias del colombiano, Fidel vuelve a aparecer en la prensa de medio mundo junto al colombiano en un grandioso estadio, con motivo de la inauguración de unos juegos internacionales. Canosos y algo envejecidos, mantienen, sin embargo, una sonrisa jovial, deudora de la complicidad y el orgullo mutuo con que se presentan ante las cámaras, cuando están juntos, paseando la amistad con la que tanto gozan. Ahora, el colombiano ya no se acuerda del espíritu crítico que tenía hace unos treinta años, cuando —en el comienzo de esa amistad— declaró a la revista de izquierdas *El Manifiesto:* «En general, mis problemas de conciencia más difíciles no vienen del hecho simple de ser escritor, sino de mi voluntad un poco ilusoria de mantenerme en una posición de izquierdas consecuente y diáfana. Mi conciencia política se revuelca de rabia con la cerrazón de la Unión Soviética frente a la presión democrática interna, por ejemplo, o con la facilidad con que Fidel Castro acusa de agente de la CIA a un escritor que el propio Fidel Castro sabe que no lo es, o con la imbecilidad de China, que rompe relaciones con Beethoven mientras las mantiene con Pinochet. En cambio, mi hígado de escritor asimila bien tantos venenos juntos, pues la literatura tiene un espectro muy amplio, dentro del cual estas contradicciones enormes quedan reducidas a simples tropiezos históricos»[6].

LA CARA Y LA CRUZ DE ESTADOS UNIDOS

Las monedas gringas, como todas, tienen una cara y una cruz. Las consecuencias que han tenido para el colombiano la amistad con

---

[6] Pedro Sorela, ob. cit., pág. 238.

Cuba y su revolución, en relación con el enemigo natural, también se descomponen en un haz y un envés. No todo lo que viene del Norte es negativo. En un artículo de principio de los ochenta, cuando Reagan fue elegido presidente, Gabo considera que se ha producido «un cataclismo arrasador con muy pocos precedentes en la vida de ese país asombroso, cuyo inmenso poder creativo le ha servido para hacer muchas de las cosas más grandes de este siglo, y también algunas de las más abyectas»[7]. Y en la entrevista de *Playboy* afirma con contundencia: «Ningún hombre culto puede permitirse, hoy día, dejar de viajar con frecuencia a Estados Unidos»[8]. Finalmente, y como colofón todavía feliz a una historia con más cruces que caras, cuando se le declara un cáncer linfático en el verano de 1999, muy complicado además por su edad y por haber padecido anteriormente un cáncer de pulmón que fue operado en 1992, la respuesta médica que le mantiene con vida llega desde California. Allí se somete a una terapia que logra controlar el linfoma y que, un año más tarde, le permite comparecer ante las cámaras para decir que está haciendo vida normal, que come de todo, que está escribiendo sus memorias y varios cuentos y novelas, y que la famosa carta que circula por Internet, donde supuestamente se despide del mundo, es absolutamente falsa. Algunos malintencionados quizá se pregunten: ¿Por qué no va Gabo a un hospital cubano, donde seguramente le aplicarán unos remedios acordes con su condición de privilegiado de la revolución? De hecho, el mismísimo Diego Armando Maradona, el mago del fútbol y también amigo de la revolución, en una época similar fue a Cuba y no a Estados Unidos a desintoxicarse definitivamente de la droga, algo que no había conseguido ni en Italia ni en Argentina.

A pesar de haber sido declarado Gabo por el crítico del *New York Times* John Leonard como el autor de la «principal novela americana»[9],

---

[7] Gabriel García Márquez, «Del malo conocido al peor por conocer», *Notas de Prensa (1980-1984)*, ob. cit., pág. 21.

[8] *Playboy*, art. cit., pág. 16.

[9] Ibídem.

y a pesar de su gran aceptación como novelista en Estados Unidos, lo cierto es que desde 1961, a raíz de su colaboración en Prensa Latina, le fue negada la visa para residir en ese país y trabajar en Nueva York por sus ideas políticas. Eso duró hasta 1971, cuando la Universidad de Columbia le nombró doctor *honoris causa*. «Desde entonces —explica en 1983— se me ha dado una especie de visado condicional que me hace sentir inseguro; son las normas del juego que ha establecido el Departamento de Estado norteamericano» [10]. Y añade que ese estado es «francamente antipático; es como si llevara una señal grabada sobre la frente y nada se pudiera hacer para borrarla. Con todo, siempre he sido uno de los más entusiastas propagandistas de la literatura norteamericana. He expresado ante auditorios de todo el mundo que los novelistas norteamericanos han sido los auténticos gigantes de este siglo. Por otra parte, en Estados Unidos se están produciendo importantes transformaciones culturales por influencia de Latinoamérica, y mi obra forma parte de esas influencias. Creo que "debería poder" tomar parte en ellas sin ninguna clase de restricciones» [11].

De hecho, la única Academia de Letras a la que pertenece en el momento de recibir el Nobel es la estadounidense, y los críticos estadounidenses son los que mejor han recibido sus obras hasta ese momento. La postura de Gabo desea ser clara y coherente, valorando en su justa medida los aspectos positivos y negativos: «A veces tengo la impresión de que en algunos países —por ejemplo, en Estados Unidos— se tiende a distinguir entre mi literatura y mis actividades políticas, como si fueran dos cosas contradictorias. Personalmente no creo que así sea. La vaina es que, como latinoamericano anticolonialista que soy, suelo asumir actitudes incómodas para muchos intereses norteamericanos. De ahí que —ingenuamente— haya quien piense que soy un enemigo de Estados Unidos. Pero a mí me gustaría solucionar los problemas y errores de las dos Américas de forma conjunta, y lo mismo pensaría yo si fuera norteamericano. Sin em-

---

[10] *Playboy,* art. cit., pág. 16.
[11] Ibídem.

bargo, si yo *fuera* norteamericano sería incluso más que un militante radical, ya que al fin y al cabo se trataría de corregir los errores cometidos en mi propio país»[12].

Su crítica al imperialismo llega hasta los pequeños detalles, como el mismo nombre del país. Lamenta que los estadounidenses se apropien de la palabra *América* como si fueran los únicos americanos, cuando la realidad es que desde el polo Norte a la Patagonia todos son igualmente americanos. Además, viven en «un país que no tiene nombre. Deberán encontrarle un nombre un día de estos, porque ahora no tienen ninguno. Tenemos, por ejemplo, los Estados Unidos de México, o los Estados Unidos de Brasil... Pero ¿los *Estados Unidos*? ¿Los Estados Unidos de *qué*? No olvide, sin embargo, que todo esto lo digo con afecto [...]. Pero como latinoamericano, como partidario de América latina, no puedo evitar sentirme agraviado cuando los norteamericanos se apropian de la palabra América para su uso exclusivo»[13]. El imperialismo es especialmente nocivo, continúa argumentando, cuando se trata de países pequeños que se encuentran demasiado cerca de ellos. En esos casos, la defensa de Gabo es radical, como ocurre con la «Reina del Caribe»: «También Cuba es una parte importante de ese barco americano. Con frecuencia pienso que lo más seguro para la revolución cubana sería que esa gente pudiera agenciarse un remolcador, para trasladarse a cualquier otra parte, a algún sitio que estuviera a más de noventa millas de Florida»[14].

En los últimos años, a pesar de la consabida pugna entre el escritor y el país todavía «sin nombre», Gabo ha sido intermediario entre la política de «su isla» y de Colombia con Estados Unidos. Presentó a Pastrana, presidente colombiano conservador (1998-2002), y a Fidel, quien podría facilitar las conversaciones con la guerrilla. También contribuyó a restaurar las relaciones entre Bogotá y Washington. El secretario de Estado de Energía de Estados Unidos, Bill

---

[12] *Playboy,* art. cit., pág. 16.
[13] Ibídem.
[14] Ibídem, pág. 18.

Richardson, afirmó que, aunque no fue Gabo quien organizó el encuentro, sí fue, al menos «un catalizador»[15].

Asimismo, ha estado en varias ocasiones con Clinton, para mediar entre Cuba y Estados Unidos, en asuntos tan importantes como el levantamiento del embargo, la crisis de los balseros, etc., y de paso llevar al presidente estadounidense el resultado de los acuerdos entre la guerrilla y el gobierno colombiano, en los que Cuba tiene un cierto protagonismo: «Estados Unidos necesita la participación de Cuba en las conversaciones de paz colombianas porque el gobierno cubano tiene los mejores contactos con la guerrilla —asegura—. Por otra parte, Cuba está perfectamente ubicada a solo dos horas en avión, de modo que Pastrana puede desplazarse allí en cualquier momento, llevar a cabo todas las reuniones necesarias y devolverse sin que nadie se entere. Estados Unidos quiere que eso ocurra»[16]. La visión que Gabo ha dado de Clinton es diferente, al menos durante los primeros años, a la de la mayoría de los presidentes anteriores, a los que ha criticado duramente. Con Clinton llegó, incluso, a la defensa simpática, en uno de sus artículos de prensa, con ocasión del *caso Lewinsky,* recordando también, con buen sentido del humor, que estaba presente cuando Fidel se enteró de la noticia, y el Comandante comentó, furioso: «¡Esos malditos yanquis siempre se lo tiran todo!»[17]. Son varias las reuniones que ha mantenido con él. Roberto Fernández Retamar nos comentó cómo se generó el contacto para intentar solucionar la crisis de los balseros. Fue a mitad de los noventa, cuando la economía cubana estaba en su momento más duro. Con la salida masiva de isleños hacia las costas de Florida se temía una nueva crisis parecida a la del *Mariel,* y Clinton habló con el presidente mexicano, Salinas de Gortari, para llegar a una solución, sabiendo que las relaciones entre México y Cuba eran muy buenas. Este se puso en contacto con Fidel, el cual acudió a García Márquez, una vez más, como ministro, embaja-

---

[15] Jon Lee Anderson, art. cit., pág. 51.
[16] Ibídem.
[17] Ibídem, pág. 64.

dor, diplomático, comodín, negociador, etc., plenipotenciario de las crisis cubanas.

Una de esas reuniones contó también con la presencia de Carlos Fuentes. Clinton se mostró muy abierto e interesado, pues en alguna ocasión ha sido calificado como «un presidente de Estados Unidos coleccionista de contactos con intelectuales»[18]. Se dice que Clinton escuchó atentamente los argumentos de los latinoamericanos sobre diversas cuestiones, pero no contestó a los temas relacionados con Cuba. A la vuelta, Gabo le dijo a Fidel algo así: «No habló de Cuba, pero lo que no dijo fue esperanzador»[19]. Vázquez Montalbán anota que, tras esa reunión, Gabo tuvo otra a solas con el presidente y le dio la impresión de que «es muy oportunista, solo tiene en cuenta las elecciones, pero que no tiene una filosofía claramente contraria a levantar el bloqueo, y si no lo levanta es para no crearse problemas políticos»[20]. Es todo lo que sabemos de esa segunda charla, ya que la primera ha sido ampliamente comentada por Carlos Fuentes con Vázquez Montalbán, y allí no hay más que buenas vibraciones literarias. El periodista y narrador catalán se refiere a Clinton:

> MVM: Estuvo receptivo, creo.
>
> CF: Empezó diciendo: «Yo los voy a oír muy atentamente, pero no voy a opinar nada, los escucho...». Y, en efecto, hablamos. Gabo habló, habló Bernardo Sepúlveda, el ex ministro de Asuntos Exteriores mexicano que estaba allí, hablé yo y me parecía que Clinton ponía cara de palo, no reveló ninguna emoción, se controló perfectamente. Esto duró como cuarenta y cinco minutos, una hora; entonces, él dijo: «Bueno, estoy entre escritores; ¿por qué estamos hablando de política? Hablemos de literatura...». Y empezó la parte divertida de la cena.
>
> MVM: ¿Y de qué escritores habló?
>
> CF: Sobre todo de Faulkner, dijo que lo había leído mucho, desde la sensibilidad de pertenecer a una familia muy disfuncional, de

---

[18] Manuel Vázquez Montalbán, ob. cit., pág. 506.

[19] Ibídem.

[20] Ibídem, págs. 511-512.

mucha violencia, el padrastro, la madre, él, en medio del sur del racismo, el linchamiento, la intolerancia. Y nos contó que de joven, a los catorce o quince años, tomaba su bicicleta y se iba a Oxford (Mississippi), a ver la casa de Faulkner, para decirse que el sur era algo más que todas esas miserias, que el sur también era Faulkner. Habló de Cervantes como hablan del *Quijote* los que lo han leído. Habló de su hábito de leer dos horas antes de dormir, todas las noches, de su preferencia por ciertos escritores, Marco Aurelio, por ejemplo. La literatura policial y de los escritores policiacos, Paco Ignacio Taibo II, *two,* insistió, *Taibo two.*

MVM: Paco Ignacio ya está en la gloria.

CF: Imagínate. Cuando hablaba de literatura demostraba que había leído. Recitó un fragmento de *El ruido y la furia* de Faulkner y, al acabar el encuentro, Gabo y yo fuimos a la biblioteca a consultar el fragmento: lo había recitado casi calcado.

MVM: ¿Y de Cuba? ¿Había leído algo de Cuba?

CF: No dijo nada. Se levantó dos veces de la mesa porque le llamaban, luego nos dijo que por algo relacionado con la crisis de Irlanda, Gerry Adams y el Sinn Fein. Pero sobre Cuba ya nos dijo que nada iba a decir y nada dijo. Es un hombre controlado, al menos políticamente[21].

En ese primer *round,* a pesar del mutismo acerca de Cuba, parece que Clinton y Gabo conectan. Más tarde, las negociaciones continúan. Pero la relación termina no del todo bien y los posibles acuerdos quedan en agua de borrajas: «Me encantaría —dice tiempo después— volver a ver a Clinton de nuevo ahora, pero no es posible en esta situación. Todo ha cambiado desde Kosovo. La situación en el mundo ha cambiado totalmente. Con Kosovo, Clinton ha encontrado el legado político que quiere dejar tras de sí: el modelo imperial norteamericano»[22]. Al menos, si Gabo no le ha ganado el pulso al bloqueo y al imperialismo, el pulso de la vida sí lo ha negociado muy bien con Estados Unidos, y podemos ver su foto de vez en

---

[21] Manuel Vázquez Montalbán, ob. cit., págs. 526-527.

[22] Jon Lee Anderson, art. cit., pág. 51.

cuando en algún diario, en pleno 2003, casi cuatro años después de internarse en una clínica californiana. Por aquellas fechas, Roberto Fernández Retamar también tuvo que ser hospitalizado por otro cáncer, con el que continúa luchando. Nos decía en su casa de El Vedado que a mitad de 1999, cuando los dos conocían ya el estado en que se encontraban y la necesidad de hospitalizarse, estuvieron un día bromeando sobre la coincidencia. Casualmente, Michael Jackson ingresó también en un hospital, y Gabo comentó a Roberto, con cierta ironía: «Michael Jackson, tú y yo al hospital: la cultura está en peligro» [23].

La cara más amable de la cruz: los presos políticos

Cuentan los cubanos del siglo XXV que cuando murió Fidel, no hace mucho, llegó al cielo, pero san Pedro, horrorizado, no le dejó pasar, porque además no estaba en la lista, y lo mandó al infierno. Allí, Satanás lo recibe con todos los honores de Jefe de Estado, alfombra roja para el pez rojo y un consomé de tortuga digno de un «paladar» exquisito.

—¡Hola, Fidel! Asere, te estaba esperando, pasa acá, que estarás como en tu casa.

—Gracias, Satanás, pero tengo que hacer un recado enseguida. Acabo de estar en el cielo y me he dejado las maletas.

—No te preocupes —aclara el amigo—, voy a enviar a dos diablitos de los CDR del tercer horno de la izquierda a recoger tus cosas.

De esa forma, los dos agentes de la seguridad infernal se dirigen al cielo, pero se encuentran cerradas las puertas, pues san Pedro estaba almorzando y su sustituto había pedido el día libre para llevar a su abuela al concierto de Silvio con Gloria Estefan en Las Vegas.

—No importa —dice Luciferino—, trepamos la valla y sacamos las maletas sin que nadie se entere.

Empiezan a subir cuando dos angelitos que pasaban por allí los ven, y le dice Rafaelito a Gabrielito:

---

[23] Entrevista con Roberto Fernández Retamar, 13-XI-2002.

—Fíjate, no hace media hora que Fidel está en el infierno y ya tenemos refugiados políticos.

Esta anécdota, tan real como la ascensión de Remedios La Bella al cielo en unas sábanas, que se quedó con las ganas de conocer allí a Fidel, muestra la relación casi natural entre cualquier gobierno dictatorial y la abundancia de exiliados por razones políticas, muchos de los cuales han pasado, también de un modo «natural», una temporada en la sombra. Gabo, que es un político que apoya una dictadura, pero que también es un intelectual (y sabe, por lo tanto, lo que es un intelectual), es consciente del grado de independencia que un escritor puede tener con respecto a un régimen político o unas imposiciones de cualquier índole. Y entiende también que, a veces, un poema tiene más fuerza que una bala. Por eso, su compromiso le ha llevado en muchas ocasiones a intentar la liberación de presos políticos, o la ayuda a personas relacionadas con el celaje literario, que se encuentran en una situación difícil dentro de la isla. Plinio Mendoza habla de una cifra de tres mil doscientos liberados. En muchas ocasiones lo ha hecho discretamente, sin buscar publicidad, y no suele hablar con facilidad de estas cuestiones. Es, quizá, la cara más amable de una relación con bastantes cruces. Dice Jon Lee Anderson:

> Cuando le insistí para que hablara del tema, García Márquez confirmó que había ayudado a la gente a salir de la isla y mencionó una operación que había resultado en la partida de «más de dos mil personas. Yo sé qué tan lejos puedo llegar con Fidel. A veces me dice "No". A veces viene más tarde y me dice que yo tenía razón». Dijo que le había alegrado el poder ayudar a la gente y dio a entender que desde el punto de vista de Fidel no había problema en que ellos se fueran. «A veces voy a Miami —dice—, aunque no con frecuencia, y me he quedado en las casas de gente a la que le he ayudado a salir. Son "gusanos" eminentes que llaman a sus amigos y armamos grandes fiestas. Sus hijos me piden que les autografíe libros. A veces la gente que se me acerca es gente que antes me ha denunciado. Pero en privado me muestran un rostro distinto.» Enrique Santos Calde-

rón dice que «Gabo sabe perfectamente lo que es el gobierno cubano y no se hace ilusiones al respecto, pero Fidel es su amigo y él ha optado por vivir con las contradicciones»[24].

Porque, como se demuestra una vez más, la revolución no es perfecta. Conocida Cuba de cabo a rabo con Gabo, es sensato admitir ciertas conquistas, pero no lo es tanto insinuar que es el mejor sistema que ha dado la historia. Del artículo de 1975 a la actualidad se han visto demasiadas cosas, y la sensatez ya no permite las apologías irracionales. Teodoro Petkoff revela en un artículo de octubre de 2002 un dato casi increíble acerca de un suceso ocurrido cinco años antes: «En la Navidad de 1997, en su casa de La Habana, Gabo me contó una anécdota sobrecogedora. Un grupo de altos funcionarios conversaba con Fidel y con él. Gabo hizo algunas observaciones críticas sobre el régimen y uno de los presentes inquirió qué era lo que quería decir. Quien respondió fue Fidel: "Lo que Gabo quiere decir es que ni a él ni a mí nos gusta la revolución que hemos hecho". Puede imaginarse el silencio de leones que siguió a esta amarga confesión»[25].

En noviembre de 1978 comienza a gestarse un capítulo de la relación entre los dos amigos que tiene todavía consecuencias políticas. La revista radical colombiana *Alternativa* entrevista al escritor:

ALT: Pasemos a Cuba. La prensa nacional e internacional está llena de noticias diversas sobre la liberación de los presos políticos cubanos, proceso del que tú estás muy bien enterado. ¿Qué hay detrás de esta decisión del gobierno de Cuba?

GGM: Lo más importante de dejar en claro es que se trata de una decisión unilateral y espontánea de la revolución cubana, que al cumplirse en enero el XX aniversario del triunfo de la revolución ha considerado que está suficientemente madura y tiene la suficiente fuerza defensiva como para no seguir teniendo presa a toda esa gen-

---

[24] Jon Lee Anderson, art. cit., pág. 62.
[25] Teodoro Petkoff, art. cit., pág. 3.

te que en un momento determinado constituyó un peligro verdadero para la estabilidad de la propia revolución, pero que ya no lo es. También han considerado los dirigentes cubanos que el XX aniversario es una muy buena oportunidad para trabajar por la reunificación de la familia cubana, en el sentido de establecer contactos y canales de comunicación más estrechos con los cubanos exiliados en Estados Unidos, Puerto Rico y Venezuela, principalmente, y sus familiares de la isla.

Esta comunidad cubana en el exilio —continúa Gabo—, como la ha llamado Fidel, ha comenzado a distinguirse mucho de los pequeños grupos organizados de «gusanos» que viven del terrorismo contra Cuba. El gobierno ha pensado que aislando a los «gusanos» recalcitrantes se puede hacer mucho por la reunificación de las familias. Recuerden que Fidel en una entrevista muy larga que dio en La Habana pidió a la comunidad exiliada que creara un organismo que negociara directamente y sin intermediarios con el gobierno cubano la salida, a la mayor brevedad, de los aproximadamente tres mil presos políticos[26].

Gabo parece, con este discurso, un miembro reconocido y bien informado del gobierno cubano, aunque solo han pasado tres años de su desembarco en la isla. Conoce a fondo la situación, la sabe explicar y defender. Tiene bien aprendida la lección; incluso la de que la colectividad está por encima del interés particular. En ningún momento sugiere que ha estado involucrado hasta los tuétanos (como se desprende de la entrevista con Jon Lee) y que quizá ha sido él, y no la madurez de una «decisión unilateral y espontánea de la revolución», quien ha convencido al líder para que se ponga en marcha el dispositivo liberador. Sin embargo, un poco más adelante, se descubre a sí mismo como mentor de alguna concesión anterior de libertad. Hace referencia a «Reynol González, el dirigente católico que estuvo quince años preso y cuya libertad yo gestioné ante Fidel en noviembre del año pasado. Una vez libre, Reynol se integró de inmediato a una de las comisiones negociadoras de los exiliados y regresó

---

[26] «La realidad se ha vuelto populista», ob. cit., págs. 5-6.

a Cuba a coordinar la salida de los demás presos políticos. Hace poco me llamó desde Miami a contarme que había vuelto y estaba muy contento. Le pusieron automóvil, casa de protocolo, e incluso conversó tres horas con Fidel. Después de esa visita de Reynol salieron cuarenta y cinco presos, y entre ellos iba un viejo compañero suyo, Fernando de Rojas»[27], pero no el autor de *La Celestina*. En 1980 salió Heberto Padilla, pero sí el autor de *Fuera del juego,* después de muchos años de penalidades. Cuando estalló su *caso,* Gabo permaneció ajeno a su problema, y fue el único intelectual que no protestó. Sin embargo, pasados diez años, le ayuda a obtener el permiso de Castro para dejar la isla. También ese año abandona el lagarto verde Reinaldo Arenas, perseguido por homosexual y contrarrevolucionario, y lo hace gracias a la crisis del *Mariel.* Pero Gabo piensa que no es un buen modo de dejar la isla, por la repercusión que puede tener en la opinión pública internacional. Por eso, cuando se entera de que lo está intentando de esa manera, trata de recuperarlo antes de su salida, para ofrecerle una alternativa más digna, pero ya es tarde. Todo ocurrió de un modo muy rápido, y ni el gobierno cubano ni Gabo pudieron reaccionar. Alfredo Muñoz nos contó que un día se encontró en el *hall* del Riviera con Gabo, que salía del ascensor. Le dijo que Coco Salas, uno de los amantes de Arenas, le acababa de asegurar que Reinaldo se estaba yendo en el *Mariel.* Bastante alarmado, García Márquez llamó rápidamente a Alfredo Guevara, director del ICAIC, y hombre fuerte del gobierno cubano para los asuntos relacionados con el mundo de los intelectuales. Inmediatamente se movilizaron para tratar de detenerlo, pero el barco había zarpado. Horas después, Arenas pisaba suelo franco. Algunos años más tarde, el 9 de abril de 1983, Arenas enviaba una carta a García Márquez, con su ironía habitual y un profundo rencor frente a su pasado en la isla, en la que hacía referencia a una carta anterior enviada por el escritor cubano a Castro, y aludida por Gabo en alguno de sus escritos. Estas son las palabras de Arenas:

---

[27] «La realidad se ha vuelto populista», ob. cit., pág. 6.

Señor Gabriel García Márquez, C. de M. [28]
Palacio Presidencial
Bogotá, Colombia

Respetable fabulista:

Numerosos escritores allegados a su persona me han informado lo que gracias a usted es ya *vox populi;* que su amigo íntimo, el señor Fidel Castro, le comunicó que yo me había ido de Cuba por problemas absolutamente personales y que para ilustrar esta información sacó de su amplio pecho y le mostró a usted una carta de amor dirigida a él y firmada por mí... De ninguna manera pretendo desmentir aquí la existencia de esa carta comentada internacionalmente por usted. Todo lo contrario: la carta existe y fue entregada por mí a los agentes del Ministerio del Interior de Cuba, como salvoconducto para obtener mi salida del país. Como evidentemente las relaciones de usted con la policía secreta de Cuba son muy estrechas, quizá podría usted mismo enviarme una fotocopia de dicha carta para insertarla en un libro que estoy preparando. De esta manera, al aparecer la carta publicada en varios países, se ahorraría usted la tarea encomendada por su comandante. De lo contrario, y por su culpa, me veré precisado a reconstruir de memoria aquel texto, reconstrucción que, naturalmente, carecerá del ímpetu y la pasión del original. Así pues, como excelente periodista que ha sido usted, le ruego no prive a los lectores de dicho documento.

Sin más, atentamente

Reinaldo Arenas [29]

Cuando Arenas publica esta carta, en la página siguiente deja un enorme hueco en blanco, e indica en las dos últimas líneas: «*Nota del autor:* Como García Márquez no envió la carta pedida, dejamos esta hoja en blanco con la esperanza de algún día poder publicar el texto»[30].

---

[28] C. de M.: «Condesa de Macondo». Así se referirá de ahí en adelante al escritor colombiano, sobre todo en su obra póstuma *El color del verano.*

[29] Reinaldo Arenas, *Necesidad de libertad,* Universal, Miami, 2001, pág. 294.

[30] Ibídem, pág. 295.

Uno de los más famosos presos políticos cubanos, Armando Valladares, que cuenta con detalles cómo fue torturado hasta quedar inválido y que permaneció en la cárcel unos veinte años desde 1960, conoció la libertad gracias a Gabo. Este declaró al diario *El País* del 8 de diciembre de 1982 (pág. 26) que fue intermediario entre Fidel y Mitterrand para obtener la libertad del cubano. Y apostilla: «Lo que pasa es que me gusta actuar sin que nadie se entere. Siempre pensé que era un problema innecesario para mucha gente y era mejor solucionarlo». En otro momento Gabo declaró que Fidel había puesto en libertad a Valladares para complacerlo a él, lo cual, según Jorge Semprún, «da la medida de la vanidad desmesurada del gran escritor»[31]. Asimismo, Plinio Mendoza nos confirmó en una entrevista personal que Gabo ayudó a los padres de Severo Sarduy, el gran poeta y narrador cubano exiliado en París, a salir de la isla para visitar a su hijo. También Eliseo Alberto, hijo de Eliseo Diego, salió ayudado por el colombiano, por motivos profesionales. Lichi iba a trabajar en algunos de los proyectos cinematográficos que Gabo tenía en México, y aprovechó para no volver. Poco más tarde escribiría el relato desgarrador *Informe contra mí mismo,* que no debió de gustar nada a su amigo colombiano.

Pero el caso más sonado de ayuda en el éxodo es el de Norberto Fuentes. Ya hemos visto que fue uno de los que pudo introducir a Gabo en la «alta sociedad» cubana. Márquez, tan fiel en la amistad, sufrió al final un revés inesperado, y tal vez por eso más triste. Fuentes, en el periodo de sus relaciones con el oscuro mundo de los traficantes de armas, conoció al coronel De la Guardia. Cuando fusilaron a Ochoa y De la Guardia (1989), con los que tenía cierta amistad, nunca fue importunado ni encarcelado, siquiera unas horas, algo que sí ocurrió con la mayoría de los amigos o familiares de Tony de la Guardia, según nos cuentan Jorge Masetti y su esposa, Ileana de la Guardia. Seguramente, eso ocurrió así por su amistad con Raúl Castro, que lo protegía de ese tipo de humillaciones y lo apadrinaba como uno de los más destacados jóvenes valores revoluciona-

---

[31] Pedro Sorela, ob. cit., págs. 244-245.

rios e intelectuales. De todas formas, Norberto debió de sentir un miedo irrefrenable, y se vio en la obligación de delatar, sin necesidad, al amigo encarcelado. Llamó a la Seguridad del Estado e informó de que el coronel De la Guardia había dejado una maleta llena de dólares en su casa.

Después del arresto y del fusilamiento de los dos militares, Fuentes empezó a sentirse perseguido. Rápidamente se obsesionó y se volvió por completo paranoico. Decidió entonces salir del país, pero no lo dejaron, y por esta razón empezó una huelga de hambre en su apartamento de La Habana. Gabo siempre había sido el gran protector de Norberto Fuentes; por eso intervino para que lo dejaran salir. Finalmente, se fue con él en el avión del propio presidente mexicano hacia el país azteca. Gabo recibió, para esta salida, el apoyo del escritor americano William Styron. Tiempo después, el escritor cubano se fue a Estados Unidos, donde cayó en manos de los servicios de información estadounidenses. Un día, el periodista de France Presse que nos relató todo esto, Alfredo Muñoz, habló con él por teléfono y le preguntó: «¿Y tú, cómo estás?»; y Norberto Fuentes le contestó: «Entre Miami y Virginia», es decir, entre los «gusanos» y la sede central de la inteligencia yanqui. Apenas salido de Cuba, Norberto «cometió la torpeza de renunciar a Gabo: mordió la mano que le daba de comer», nos aclaraba Alfredo. Sus artículos y alguno de sus libros de los años noventa vomitan rencor hacia quien no hizo otra cosa que tratar de ayudarlo.

La fama de García Márquez como intercesor en las causas perdidas, a pesar del sigilo con el que quiso llevar muchas de ellas, provocó que, desde muy pronto, mucha gente acudiera a él como a un nuevo santo. Por ejemplo, una familia desconocida, de ninguna manera relacionada con el mundo literario ni el político, pidió al afamado escritor que permitieran salir de la isla al padre, que seguía encarcelado en Cuba. Gabo hizo las gestiones pertinentes y esa persona pudo reunirse con los suyos en el extranjero. El testimonio, sin nombres ni apellidos, queda así para la posteridad, y esa familia nunca cesará de agradecer lo que para él es únicamente un detalle, pero para ellos la vida entera.

Así, personas e instituciones de diversa índole empezaban a pedir al colombiano los favores más insospechados. Hay un artículo muy interesante de Márquez, publicado el 11 de agosto de 1982, titulado «También el humanitarismo tiene su límite», en el que cuenta una historia de película de Hollywood: en diciembre de 1980, una embarcación con doce colombianos es apresada en aguas territoriales cubanas y sus tripulantes condenados por violación del espacio marino y tráfico de drogas. En abril de 1981 otra embarcación con nueve colombianos es interceptada por causas similares: un gran alijo de marihuana a bordo, violación de aguas territoriales y entrada ilegal al país. Cuando Gabo llega a Cuba en noviembre de 1981, le esperan montones de cartas de los familiares de los presos, en las que le dicen que el Ministerio de Relaciones Exteriores de Colombia se niega a realizar cualquier gestión, por tratarse de delincuentes comunes y no políticos. El colombiano eleva la petición a Fidel, y este la presenta al Consejo de Estado, pero cuando Gabo vuelve a Cuba en marzo para ver cómo van las gestiones, los presos ya no son veintiuno, sino treinta, pues en febrero habían apresado otra embarcación, los cuales son liberados poco más tarde. El problema fue que, cuando en el verano de ese año el colombiano vuelve a Cuba para conocer el estado de la cuestión, se entera de que en mayo han arrestado a otros dieciséis colombianos. Por eso, el final del artículo no podía ser sino el siguiente: «No estoy dispuesto —clarifica Gabo— a interceder ni por los dieciséis presos más recientes ni por ninguno de los que, sin duda, serán capturados después. La razón es muy simple: a este paso, por puro humanitarismo fácil, tanto yo como las autoridades cubanas terminaremos por convertirnos en servidores involuntarios, pero eficaces, de los verdaderos traficantes. Las familias de estos presos, en todo caso, tienen ahora oportunidad de apelar al nuevo gobierno de Colombia, que acaso tenga mejor corazón que el que acaba de irse para bien de todos»[32].

Vázquez Montalbán reconoce que la mediación de Gabo ha sido decisiva en muchas ocasiones, pero que resulta exagerado

---

[32] Gabriel García Márquez, «También el humanitarismo tiene su límite», *Notas de Prensa (1980-1984)*, ob. cit., pág. 301.

hablar de unos dos mil presos políticos liberados gracias a su «poder de persuasión» o, simplemente, gracias a su poder, que se ha ido incrementando con los años. Los datos que aportan Lee Anderson, Plinio Mendoza, etc., parecen, a todas luces, excesivos. Así nos lo hacía saber Montalbán en la entrevista que le hicimos el mismo día en que algunos actores españoles «tomaron» el Congreso de los Diputados, sin pistolas ni tricornios ni *se-sienten-coño,* pero con unas camisetas donde ponía: «No a la guerra contra Irak».

Sobre Gabo, de bruces, tres cruces

Una vez más, muere Fidel en el siglo XXV, y va de nuevo al infierno. Allí observa que hay un infierno para cada país. Se dirige al alemán y pregunta:

—¿Qué te hacen aquí?

—Aquí, primero te ponen en la silla eléctrica por una hora, luego te acuestan en una cama llena de clavos durante otra hora, y el resto de la jornada viene el diablo alemán y te da unos cuantos latigazos.

Evidentemente, a Fidel no le gustó el plan, y fue a ver otros infiernos. Pasó por el estadounidense, pero ni preguntó. Llegó al ruso, al español, al francés, y después de interesarse por los diversos sistemas de castigo, se llevó la sorpresa de que en todos hacían exactamente lo mismo. Cuando dio con el cubano, desde lejos vio que se arremolinaba en cola una gran muchedumbre, esperando la admisión inmediata. Intrigado, preguntó a Manolo García, el último de la fila:

—Manolo, ¿qué es lo que hacen aquí?

—Aquí te ponen primero en la silla eléctrica por una hora, luego te acuestan otra hora en una cama con clavos, y el resto del día viene el diablo cubano y te despelleja a latigazos.

—Pero, si es exactamente igual a los otros infiernos —reparó Fidel—, ¿por qué tanta gente quiere entrar?

—Verá, Comandante —dijo Manolo—, la silla no funciona porque no hay luz, la cama no tiene clavos porque los robaron la semana pasada, y el diablo viene, firma, y se va.

Ojalá hubiera pasado lo mismo con los que cuentan que atravesaron un infierno parecido, pero en vida. Los testimonios personales sobre las torturas sufridas en las cárceles cubanas son numerosísimos, y algunos de ellos tienen un matiz público muy difícil de soslayar. Padilla fue torturado, al menos psicológicamente, para que «se persuadiera» de que tenía que leer aquella autoinculpación. Valladares quedó lesionado para toda la vida. María Elena Cruz Varela nos contaba un día, en la redacción del diario *La Razón,* que fue sometida a un «tratamiento» hormonal que la desfiguró por completo, etc. Algunos novelistas han descrito los regímenes carcelarios, con sus «métodos de seducción y corrección». Cabe la posibilidad, y en algunos casos es algo más que una mera suposición, de que ciertos testimonios sean exagerados o incluso totalmente falsos, pero no es probable que los cientos, miles de documentos escritos sobre el tema, carezcan al unísono de lógica y objetividad. Sobre todo, cuando se sabe que en todas las dictaduras, y también en muchas democracias, la tortura es una práctica más que común. Manuel Ulacia es contundente en unas declaraciones de 1992: «Oponerse abiertamente a él [el gobierno de Castro] tiene efectos mayores. Como es sabido, a los disidentes se les castiga con tratamientos psiquiátricos —cuyas técnicas son los electrochoques, la ingestión de altas dosis de drogas psicotrópicas—, cárcel, tortura o muerte. Por ejemplo, a la escritora María Elena Cruz Varela, premio Nacional de Poesía en 1989, por tan solo haber encabezado un manifiesto firmado por un grupo de intelectuales cubanos en el que se solicitaba "un diálogo entre el gobierno y la oposición para entronizar la democracia en el país por vía pacífica", después de invadir su casa, de golpearla en público y de hacerle "comer" los manuscritos de sus poemas, delante de sus hijos, la sentenciaron a dos años de prisión»[33].

---

[33] Manuel Ulacia, «El castrismo en México», *Cuadernos Hispanoamericanos* 501: 129 (1992).

Por su parte, Néstor Almendros realizó un par de documentales sobre el tema, con entrevistas muy jugosas a víctimas de algunas de esas prácticas: *Conducta impropia,* sobre la represión a los homosexuales, y *Nadie escuchaba,* acerca de los castigos físicos y psíquicos a los presos políticos cubanos. Uno de los torturadores más «eficientes», Heriberto Mederos, fue detenido hace poco en Miami, después de haber sido reconocido por una de sus víctimas en plena calle. Los cargos contra él, por los que se pide una condena de cadena perpetua, son haber torturado con electrochoque a cientos de prisioneros políticos, durante cuarenta años, en el Hospital Psiquiátrico de La Habana. Las sospechas sobre ciertas conductas también impropias se acrecientan cuando se sabe que la ONU ha elevado trece condenas al gobierno cubano, durante los últimos once años, por denuncias contra los derechos humanos en su sistema carcelario, y que ha solicitado la comparecencia anual de relatores internacionales para inspeccionar los centros; pero no se ha permitido la entrada de nadie. Asimismo, el gobierno cubano impide repetidamente la llegada de miembros de la Cruz Roja Internacional para ayuda y supervisión de métodos de control. Organizaciones humanitarias como Amnistía Internacional o Human Right Watch denuncian anualmente, en sus informes, el estado de las cárceles y el trato que se da a cierto tipo de presos.

Pero el testimonio más divertido sobre estos temas es el de Fidel Castro. Algunos piensan, irónicamente, que es «casi un poema»[34], otros se indignan cuando lo leen, y habrá quien crea que Fidel habla con la mano en el corazón... Se trata de la entrevista que le hace Tomás Borge en el libro *Un grano de maíz,* de 1992, donde afirma, con el cinismo más descarado, que Cuba es el país «que más respeta los derechos humanos»[35], porque no hay niños mendigos, ni desasistidos sanitariamente, ni analfabetos, ni abandonados, ni prostitución infantil, ni discriminación por sexo o raza, ni diferencia entre ricos y pobres, explotadores y explotados, donde no hay «ni una mujer que

---

[34] Manuel Vázquez Montalbán, ob. cit., pág. 266.
[35] Ibídem.

252

se haya prostituido para poder vivir» (son palabras textuales), ni hay drogas, etc. [36]. Después de esta sarta de falsedades y verdades a medias, vuelve a plantearse: «¿Habrá hecho algún país más por los derechos humanos de lo que lo ha hecho Cuba?»; y se contesta, como Juan Palomo: «En más de treinta años, Tomás Borge, aquí no se han tomado medidas de fuerza contra el pueblo, ni se ha torturado a pesar de las calumnias, de la misma manera que jamás torturamos ni golpeamos a nadie durante la guerra revolucionaria y, en parte, por eso la ganamos, por la dimensión ética de nuestra lucha armada» [37].

Vázquez Montalbán llega a la conclusión, en su análisis sobre el tema, de que no se puede demostrar la existencia de torturas físicas (tampoco lo contrario), a pesar de los miles de testimonios que hay, relatados por las propias víctimas; pero es bastante más evidente la tortura psicológica. Libros como el de Ariel Hidalgo, *Disidencia: ¿segunda Revolución cubana?,* o el de Juan Clark, *Cuba: mito y realidad,* recogen un inventario de «recetas» generadas por los cuerpos represivos de la revolución para controlar física y psíquicamente a los presos.

García Márquez se encuentra, en esta encrucijada, con tres cruces, como Mario Postigo, el pobre marido cornudo y apaleado de la canción de Mecano: «Sobre Mario, de bruces, tres cruces: una en la frente, la que más dolió; otra en el pecho, la que le mató; y otra miente en el noticiero...» [38]. Para quienes no conozcan la mejor canción del pop español de los ochenta, Mario trabaja de noche y su mujer de día. Casi no se ven y su trato no se parece al de una pareja estable. Una madrugada, cuando Mario sale del trabajo, observa en la calle a una pareja besándose. Al acercarse más, se da cuenta de que es su mujer en compañía de otro hombre, el cual, descubierto, saca una navaja y mata a Mario. Son tres cruces las que recibe el esposo engañado: una en la frente, el dolor de Mario al descubrir el engaño; otra en el pecho, la que le hace la navaja y lo mata; y la tercera, la que

---

[36] Manuel Vázquez Montalbán, ob. cit., pág. 266.
[37] Ibídem, pág. 267.
[38] Mecano, «Cruz de navajas», *Entre el cielo y el suelo,* Ariola, Barcelona, 1986.

miente en el periódico al día siguiente, pues asegura que «dos droga-dictos en plena ansiedad roban y matan a Mario Postigo, mientras su esposa es testigo desde el portal»[39].

Gabo tiene que enfrentarse también a las mismas tres cruces: una en la frente, la que le obliga a defender al amigo y al régimen que lo avala; otra en el pecho, es decir, el testimonio de los damnificados que enseñan sus cicatrices, sus cruces en el cuerpo y en el alma; y la tercera, la de la mentira: una oficialidad que niega absolutamente todo lo que ocurre en el sistema carcelario cubano, y un exilio indo-mable que a veces exagera las brutalidades que se cometen. En una entrevista de 1977 preguntan a Gabo si ha visitado las cárceles cuba-nas, y contesta: «No solo los establecimientos penitenciarios, sino también los lugares de detención, las dependencias de interrogato-rios. Por supuesto, cuando te llevan a esos sitios no te van a mostrar los instrumentos de tortura, ni meter en la sala donde se descuarti-zan niños, ni aunque sea en sitios donde existen. Y no voy a caer en la ingenuidad de asegurar que no hay tortura porque yo no la he vis-to»[40]. Sin embargo, gracias al testimonio de Reynol González, quien dice que él no sufrió tortura, se atreve a generalizar, fiado por la pa-labra de una sola persona: «Estoy seguro de que en Cuba no se ha torturado [...]. Yo le pregunté a un inspector encargado de qué me-dios se valían para arrancar las confesiones a los detenidos, y me dijo que la moral de los contrarrevolucionarios era tan baja que la violen-cia no era precisa nunca como medio de coacción; y que, además, la propaganda yanqui sobre la tortura en Cuba les ha metido tal miedo en el cuerpo, que llegan dispuestos a contar todo antes de que se les pudiera poner una mano encima»[41]. *No comment.* La ingenuidad en la que no quiere caer se convierte al final en algo peor y mucho me-nos eficaz: poner en boca de otro lo que uno querría decir pero no se lo cree o no está muy seguro de ello. Son, además, argumentos infan-

---

[39] Mecano, «Cruz de navajas», *Entre el cielo y el suelo,* Ariola, Barcelona, 1986.

[40] Vicente Romero, «Gabriel García Márquez habla sobre Cuba», *Pueblo,* Madrid, 1977, recogida en Alfonso Rentería, ob. cit., pág. 149.

[41] Ibídem.

tiles, que dan vergüenza ajena: la poca moral de los contrarrevolucionarios y el miedo a la propaganda enemiga. En la entrevista con Cebrián es más contundente: «Ahora, en relación con Cuba, cuando el problema se plantea serio es cuando empiezan a hablar de los desaparecidos, o sea, de los presos políticos, de los torturados y tal... Yo tengo razones para tener mejor información sobre Cuba que muchísimos de los enemigos de la Revolución. Si supiera que allí se tortura a una persona no solo no tendría esta posición, sino que no me asomaría por Cuba. En Cuba no hay torturas»[42].

En su defensa a ultranza del proyecto de Castro, está dispuesto a cerrar los ojos o a seguir lanzando faroles. En 1994, el escritor argentino Ernesto Sábato recuerda cómo rechazó, hace unos años, «firmar un documento en contra de la tortura en Iberoamérica porque García Márquez, su promotor, no quiso incluir los países comunistas»[43]. Cuando la pasión o la ideología empañan o anulan la razón o la evidencia, se hace un flaco favor a la Historia. Si lo que está en juego es la dignidad más básica del ser humano o incluso su misma vida, hay que ser beligerante. Ceder por amistad o un falso sentido del compromiso es cooperar con la gruesa línea del espanto y del terror, es ser cómplice de la ignominia. Algunos atribuyen a Mao Tse-tung la siguiente frase: «Cuando el sabio levanta el brazo para señalar la belleza de la luna, el imbécil mira la punta del dedo». Peor todavía es hacerse el imbécil sin serlo.

---

[42] Juan Luis Cebrián, ob. cit., pág. 81.
[43] Declaraciones a *ABC,* martes, 25 de octubre de 1994, pág. 57.

13
Y LOS SUEÑOS... CINE SON:
SAN ANTONIO DE LOS BAÑOS

Todo empezó con esas dos torres de alta tensión que están en la entrada de esta casa. Dos torres horribles, como dos jirafas de concreto bárbaro, que un funcionario sin corazón ordenó plantar dentro del jardín frontal sin prevenir siquiera a sus dueños legítimos, y las cuales sostienen sobre nuestras cabezas, aún en este mismo momento, una corriente de alta tensión de ciento diez millones de watts, bastantes para mantener encendidos un millón de receptores de televisión o sustentar veintitrés mil proyectores de cine de treinta y cinco milímetros. Alarmado con la noticia, el presidente Fidel Castro estuvo aquí hace unos seis meses, tratando de ver si había alguna forma de enderezar el entuerto, y fue así como descubrimos que la casa era buena para albergar los sueños de la Fundación del Nuevo Cine Latinoamericano»[1].

Así comenzaba García Márquez el discurso de inauguración de la sede de la Fundación del Nuevo Cine Latinoamericano, el 4 de diciembre de 1986, en la conocida y deseada Quinta Santa Bárbara, sita en las afueras de La Habana, cerca del lugar donde tanto Gabo como Fidel tienen sus mansiones. Muchos la conocen por la película *Los sobrevivientes,* de Tomás Gutiérrez Alea, que se grabó allí, en la

---

[1] *Fundación del Nuevo Cine Latinoamericano,* La Habana, 2002, pág. 1.

que se relata la vida anacrónica y la resistencia numantina de una familia de la alta burguesía cubana de mitad de siglo, que pretende seguir viviendo como antes de la revolución castrista. Es también la casa donde la poetisa Flor Loynaz y Muñoz, menos conocida que su hermana Dulce María Loynaz, vivió con sus numerosos perros, hasta poco antes de su muerte a mitad de los ochenta.

La Quinta Santa Bárbara es una casa preciosa, de estilo colonial, pintada de color amarillo con sus rejas blancas y sus ventanas de madera sin vidrios. El exterior podría ser perfectamente un jardín botánico, por la riqueza de tipos de árboles y de plantas. Algunos de ellos recuerdan el árbol centenario de la Quinta Avenida en Miramar, frente a la casa del embajador belga. Tuvimos la mala suerte de visitarla bajo la lluvia, pero su encanto no desaparece con los cambios climáticos. Las numerosas palmeras, los techos altos, la escalera cubierta de una alfombra roja o las arañas enormes colgadas en los diferentes cuartos hacen de este lugar un sitio ideal para la sede de la Fundación.

La Fundación de Cine Latinoamericano fue creada el 4 de diciembre de 1985 por el Comité de Cineastas de América Latina. La idea surgió en la clausura del Festival de Cine de La Habana de ese año, cuando Julio García Espinosa y Gabo se lo comentan a Fidel. Gracias en gran parte a la ayuda del gobierno cubano, un año más tarde, ve la luz esa interesantísima iniciativa.

Pero los orígenes son mucho más remotos. Cuatro soñadores, convencidos, como el cantautor Luis Eduardo Aute, de que «toda la vida es cine, y los sueños... cine son», coincidieron con sus fantasías en la capital histórica de Occidente. Así lo cuenta Gabo en su discurso: «Entre 1952 y 1955, cuatro de los que hoy estamos a bordo de este barco estudiábamos en el Centro Experimental de Cinematografía de Roma: Julio García Espinosa, viceministro de Cultura para el Cine; Fernando Birri, gran papá del Nuevo Cine Latinoamericano; Tomás Gutiérrez Alea, uno de los orfebres más notables, y yo, que entonces no quería nada más en esta vida que ser el director de cine que nunca fui»[2]. En una entrevista que le hizo Lídice Valen-

---

[2] *Fundación del Nuevo Cine Latinoamericano,* ob. cit., pág. 2.

zuela en su casa de Siboney poco después de la creación de la Escuela, explica que esta «ilusión» fue más bien un sueño de juventud: «Yo quería ser director de cine y me di cuenta de que era demasiado trabajo. Es una labor que no alcanzo descifrar, además de que voy mucho más lejos, como expresión, en la novela. Eso es algo que no creía antes. En la novela uno se sienta y escribe lo que le da la gana. Y si no le gusta rompe el papel y vuelve a empezar. Mis novelas yo no las visualizo, no creo que sean visuales mis libros. En cambio, hay algunas historias que se me ocurren y que no quiero desarrollarlas en la literatura. Sé que son más para el cine que para la literatura. Y esas son las que se llevan al celuloide»[3]. De estas historias que se le «ocurren» se adaptó al cine, por ejemplo, *Para Elisa,* por los cubanos Eliseo Alberto y Tomás Gutiérrez Alea.

Gabo fue siempre un apasionado del cine. Desde muy joven se interesó por él, gracias a su abuelo, el coronel Nicolás Ricardo Márquez Mejía, que lo llevaba a ver películas de Tom Mix y otras[4]. «En Cartagena y Barranquilla fue un cinéfilo constante, adquiriendo el ojo avezado del buen espectador, y con los amigos del Grupo de Barranquilla, especialmente con Álvaro Cepeda Samudio, llegó a la convicción de que el cine era un medio de expresión casi tan prodigioso como la misma literatura»[5]. Así, el 27 de febrero de 1954, García Márquez empezó un comentario semanal de crítica de cine en la sección «Día a día» de *El Espectador.* El apartado se titulaba «El cine en Bogotá. Estrenos de la semana». Estuvo escribiendo esa columna sobre el séptimo arte durante dieciocho meses. En el primer tomo de sus memorias narra los pormenores de esa actividad:

> Otra realidad bien distinta me forzó a ser crítico de cine. Nunca se me había ocurrido que pudiera serlo, pero en el Teatro Olympia de don Antonio Daconte en Aracataca y luego en la escuela ambulante de Álvaro Cepeda había vislumbrado los elementos de base

---

[3] Lídice Valenzuela, *Realidad y nostalgia de García Márquez,* Colección Pablo, La Habana, 1989, págs. 105-106.

[4] Dasso Saldívar, ob. cit., pág. 307.

[5] Ibídem.

para escribir notas de orientación cinematográfica con un criterio más útil que el usual hasta entonces en Colombia. Ernesto Volkening, un gran escritor y crítico literario alemán radicado en Bogotá desde la guerra mundial, transmitía por la Radio Nacional un comentario sobre películas de estreno, pero estaba limitado a un auditorio de especialistas. *El Espectador* fue el primero que asumió el riesgo, y me encomendó la tarea de comentar los estrenos de la semana más como una cartilla elemental para aficionados que como un alarde pontifical. Una precaución tomada por acuerdo común fue que llevara siempre mi pase de favor intacto, como prueba de que entraba con el boleto comprado en taquilla [...].

A partir de entonces, en poco menos de dos años, publiqué setenta y cinco notas críticas, a las cuales habría que cargarles las horas empleadas en ver las películas[6].

Poco después fue a Europa para estudiar en el Centro Sperimentale di Cine en Roma. Cuenta sobre este periodo italiano: «Por aquellos días de Roma viví mi única aventura en un equipo de realización de cine. Fui escogido en la Escuela como tercer asistente del director Alessandro Blasetti en la película *Lástima que sea una canalla,* y esto me causó una gran alegría, no tanto por mi progreso personal, como por la ocasión de conocer a la primera actriz de la película, Sofía Loren. Pero nunca la vi, porque mi trabajo consistió, durante más de un mes, en sostener una cuerda en la esquina para que no pasaran los curiosos. Es con este título de buen servicio, y no con los muchos y rimbombantes que tengo por mi oficio de novelista, como ahora me he atrevido a ser tan presidente en esta casa, como nunca lo he sido en la mía, y a hablar en nombre de tantas y tan meritorias gentes de cine»[7].

Entre esta experiencia en Roma y la creación de la Fundación de Cine Latinoamericano y de la Escuela Internacional de Cine y Televisión, Gabo no abandonó por completo su pasión por el cine. Estuvo escribiendo varios guiones, que desafortunadamente nunca

---

[6] Gabriel García Márquez, *Vivir para contarla,* ob. cit., págs. 522-525.
[7] *Fundación del Nuevo Cine Latinoamericano,* ob. cit., pág. 2.

tuvieron el éxito deseado, pero que, más adelante, después de su proyección internacional como novelista, fueron publicados con el resto de su obra.

El objetivo principal de la Fundación era la unificación de los cines nacionales de América latina. En los años setenta hubo una época de depresión en el cine cubano y el latinoamericano en general. Entonces se vio la necesidad de crear vías autóctonas para no depender, en la formación básica y en la génesis de los productos audiovisuales, del predominio estadounidense en la industria del cine. Esto podría realizarse, según Gabo, apoyando las multicoproducciones: «Cuando hablo de la unificación del cine latinoamericano no lo hago en el sentido de que el cine latinoamericano sea uno y que todas las películas se parezcan. Cada país quiere expresar su propia identidad. Pero si quieres comprobar si la coproducción será una solución, nos remitimos a un ejemplo concreto. El año pasado Cuba y Colombia produjeron dos películas que están haciendo muy buena carrera. Dos países que no tienen relaciones. Es decir, que el cine inclusive pasa por encima de esos problemas. Es mucho más fácil que los países latinoamericanos coproduzcan a que cada uno esté haciendo su propio y solitario esfuerzo. De eso se trata. Ese es uno de los ingredientes básicos de lo que yo llamo la unificación del Nuevo Cine Latinoamericano»[8].

La Fundación participa en varios proyectos como la preservación de la Memoria Cinematográfica de América Latina y el Caribe, la redacción de la Historia del Cine Latinoamericano, la realización de estudios sobre el Espacio Audiovisual de América Latina y el Caribe o la escritura de guiones bajo la dirección del propio García Márquez, quien aclara que es más bien un taller sobre «cómo escribir un cuento», fase anterior a la de la escritura del guión; y añade que «dirigir ese taller es mi forma de descansar. Cuatro horas inventando cosas, inventando la vida, inventando el mundo, es lo que más puede descansar. Es un purificador. Nadie sale cansado de ese taller. Nadie sale fatigado, ni de mal humor, ni ha habido un incidente desagrada-

---

[8] Lídice Valenzuela, ob. cit., págs. 91-92.

ble. Nos divertimos tanto, que los vecinos de aula preguntaban qué coño es lo que hacemos nosotros, que no hacemos sino reírnos, que no trabajamos y que estamos en una pachanga. Yo pienso que inventar el mundo es lo más maravilloso que hay. En estos días tengo que llamar a Eusebio Leal, que es el historiador de la ciudad de La Habana, para que nos cuente en qué lugar de la capital se divertían unos novios jóvenes durante los años del régimen de Gerardo Machado, por la década del treinta. Porque constantemente en el taller tenemos especialistas invitados que van a aclararnos puntos sobre temas que van a enriquecer nuestra película»[9].

La Fundación también dispone de un programa de intercambio con Sundance Institute (Utah, EE.UU.), presidido por el actor y director Robert Redford. Sin embargo, el proyecto más importante de esa institución fue la creación de la Escuela Internacional de Cine y Televisión de San Antonio de los Baños. La Escuela se inauguró el 15 de diciembre de 1986. Presidieron la ceremonia García Márquez, Fidel Castro, Julio García Espinosa y Fernando Birri. «García Márquez, en su condición de presidente, entonces como hoy, de la Fundación del Nuevo Cine Latinoamericano, creadora de la Escuela; Fidel Castro, en la de Jefe de Estado de Cuba, nación que dio, en acto de hospitalidad y solidaridad, las instalaciones y el equipamiento inicial y suministró el amplio grupo humano que permitió, y permite aún, su funcionamiento administrativo; García Espinosa, en la de primer soñador del proyecto y presidente del Instituto Cubano de Arte e Industria Cinematográficos, ICAIC; Birri, en la de precursor y profeta de la idea y primer director de la EICTV»[10]. Su objetivo principal es «servir a la formación y la capacitación técnico-artística de profesionales de cine, TV y video provenientes mayoritariamente de América latina y el Caribe, Asia y África»[11].

En la entrevista que le hizo Valenzuela, Gabo explica cuáles fueron los primeros pasos de la iniciativa:

---

[9] Lídice Valenzuela, ob. cit., pág. 102.
[10] *EICTV, Fundación del Nuevo Cine Latinoamericano,* La Habana, 2002, pág. 7.
[11] *Fundación del Nuevo Cine Latinoamericano,* ob. cit., pág. 7.

En la Escuela no ha ocurrido nada que no estuviera previsto. Esa Escuela fue inventada aquí, en el papel, en esta mesa. Nos sentamos un grupo de estudio y dijimos: «Vamos a planear una Escuela de Cine y Televisión, internacional, no burocrática, práctica, no teórica o simplemente teórica», y empezamos a tratar de visualizar en el papel cómo era esa Escuela. Cuando ya creíamos tenerla, hicimos la Escuela exactamente igual a como la teníamos prevista en el papel.

Pero en la práctica empezamos a darnos cuenta de que la vida era más rica. Y que tenía que llevar mucha improvisación por dentro. Porque esto surgió en diciembre de 1985 y se inauguró en diciembre de 1986. En ese año se construyó y se equipó la Escuela. Se hicieron las convocatorias para los alumnos, se consiguieron los profesores, se hizo todo el proyecto de enseñanza y de reglamentación de la Escuela. Vinieron los alumnos, los profesores, y empezó la Escuela a funcionar el día que se había previsto. Sería absolutamente milagroso que no hubiera problemas. Pero no ha habido, no ha sucedido nada, que no estuviera previsto.

Pero no todo fueron buenas ideas y trabajo fácil y agradable. Como en todas las instituciones que comienzan su andadura, aquí también hubo que sortear algunos problemas preliminares:

Las principales dificultades que tiene la Escuela, ¿cuáles son? Por ejemplo, nosotros pusimos como condición, para el Curso Básico, que los alumnos fueran bachilleres y que estuvieran entre los veinte y treinta años. Vienen estudiantes que, efectivamente, llenan los requisitos. Son bachilleres. Poseen la edad requerida. Pero algunos estuvieron hasta dos y tres años en otra Escuela. No se les puede impedir que si tenían estudios en otro lugar entraran aquí, porque el requisito de que fueran bachilleres y tuvieran veinte años lo cumplían.

Tenemos que resolver qué se hace en el futuro con esos casos. Ahora no se les puede sacar. Este año tienen que aguantárselo. Y esperar a que los otros se los alcancen. Precisamente una de las cosas que estamos ya estudiando es cómo mejorar el sistema de captación y de admisión para que no ocurran más cosas como esas.

De ahí que los principales problemas estén en algunos desequilibrios que hay entre unos alumnos y otros. Unos que tienen ya más experiencia en cine porque han hecho cine de aficionados. Otros a quienes les encanta el cine, pero nunca en su vida lo han hecho [...].

Creo que el bache vino porque la Escuela, como empieza ahora, aún no tiene funcionando un Curso Básico, sino uno de nivelación. Y en 1988 habrá un Curso Básico y un primer año. Y el otro habrá un segundo año y otro primero. En el futuro, si tenemos un estudiante en el Curso Básico que esté muy adelantado, la solución será cambiarlo de nivel, pero en estos momentos no tenemos dónde situarlo [12].

La Escuela ocupa la vieja finca de San Tranquilino y sus terrenos, a unos 35 kilómetros de La Habana. Durante una de nuestras últimas estancias en Cuba, tuvimos la oportunidad de visitarla. Gracias a la directora general de la Fundación, Alquimia Peña, a quien habíamos entrevistado el día anterior en la Quinta Santa Bárbara, nos recibieron con las mejores galas. Primero, tomamos la guagua de la Escuela, que pasa diariamente por detrás del ICAIC, entre Zapata y 10, frente al Cementerio Colón; autobús especial para los alumnos, los profesores y los actores de la Escuela. «¿Ustedes son actores?», fue lo primero que nos preguntaron al llegar a la Escuela, ya que continuamente van pasando por allí personajes diferentes del mundo del cine para impartir o participar en los cursos. Después de presentarnos, nos invitaron a desayunar, en el comedor de la Escuela, un plato sencillo, con unas tostadas, un poco de mantequilla, un pastelito y un café o leche caliente. En el mismo lugar comen tanto los alumnos, los profesores, los actores como los invitados. El espectáculo era divertido. Allí había blancos, negros, chinos, rubios, morenos, españoles, latinoamericanos, hasta gringos; pero lo que más nos llamó la atención fue un grupo de indios andinos inconfundibles, ataviados con sus ponchos y sus trajes de lana multicolores, que acababan de llegar para participar en un curso especial de orientación

---

[12] Lídice Valenzuela, ob. cit., págs. 95-96.

étnica. En ese recinto acababa de estar, por ejemplo, Steven Spielberg, que venía a promocionar su película *Minority Report,* y tuvo una larga sesión con todo el personal de la Escuela. No nos tropezamos con él por los pelos. En el comedor nadie tiene un sitio fijo, ni hay diferentes comidas para personajes de distinta categoría, ni existe la costumbre de saltarse las colas con los invitados de cierta relevancia. Con frecuencia acuden allí Robert Redford o García Márquez en sus visitas a la Escuela. Nos cuenta nuestro cicerone que la última vez que estuvo Gabo le tocó una escueta tortilla francesa, y fue además el día que se cortó la luz... Terminado el desayuno, uno de los directores del proyecto nos acompañó por todo el recinto, y nos explicó a fondo el funcionamiento de la Escuela. En el folleto de la Escuela que nos entregó puede verse una foto en la que Francis Ford Coppola está enseñando a los alumnos cómo preparar una de sus deliciosas salsas italianas.

Como aclara García Márquez en el discurso de la inauguración de la sede de la Fundación, la creación de la Escuela fue en gran parte posible gracias a la ayuda financiera del gobierno cubano: «La semana entrante la Fundación del Nuevo Cine Latinoamericano va a recibir del Estado cubano una donación que nunca nos cansaremos de agradecer, tanto por su generosidad sin precedentes y su oportunidad, como por la consagración personal que ha puesto en ella el cineasta menos conocido del mundo: Fidel Castro. Me refiero a la Escuela Internacional de Cine y Televisión, en San Antonio de los Baños, preparada para formar profesionales de América latina, Asia y África, con los recursos mejores de la técnica actual. La construcción de la sede está terminada a solo ocho meses de su iniciación. Los maestros de distintos países del mundo están nombrados, los estudiantes escogidos, y la mayoría de ellos ya aquí con nosotros» [13].

Con esas palabras, la Escuela de Cine, hoy día reconocida como una de las cuatro mejores del mundo, junto a dos estadounidenses y una francesa, alzaba el vuelo. La carrera está dividida en dos modalidades docentes, el curso regular de dos años, y una segunda que es

---

[13] *Fundación del Nuevo Cine Latinoamericano,* ob. cit., pág. 1.

un sistema de formación continua «constituido por un conjunto de talleres internacionales de actualización, de ampliación y de perfeccionamiento profesional»[14]. El curso regular prepara cineastas en siete ámbitos distintos: guión, producción, dirección, fotografía, sonido, edición y documental. El primer año reciben una formación general que abarca todos los ámbitos; el segundo año es de especialización.

Las primeras clases empezaron en 1987. Al principio, la matrícula era gratuita. Comentaba García Márquez en aquellos años que esto llevaba algunas complicaciones: «Un problema de este centro docente, que existe y existirá siempre en todas la escuelas, es el de la vocación. Esta Escuela tiene un peligro muy grande, y es que está cogiendo fama de ser una Escuela privilegiada. Totalmente gratuita. En el mundo no hay una Escuela como esta, en la que todo es gratis. No desconocemos que hay un peligro muy grande, y es el que uno que se aburrió en Medicina o que no sirvió en Ingeniería, pregunte: "¿Y qué hago ahora?". Y se responda: "Pues meterme en el cine. Hay chicas bonitas, van artistas…". Llenan los requisitos y luego resulta que sí, que son capaces, gente inteligente. Y vienen por pasarse uno o dos años, a ver qué ocurre. No les gustó y se van al carajo. ¿Cómo definir entonces la verdadera vocación? Yo era partidario de que se les diera a los estudiantes un tiempo, después del bachillerato, para comprobar si realmente daban muestras de vocación. Porque en verdad ahora no es difícil hacer cine. Difícil era cuando nosotros lo estudiábamos, con cámaras de 35 milímetros. Profesionales completamente. Ahora no. Ahora los muchachos tienen todas las facilidades»[15].

A pesar de las condiciones favorables que ofrecía la Escuela a los estudiantes, los primeros muchachos que pasaron por allí no eran de origen popular. «Primero, porque en las ciudades tuvieron más oportunidades que en los campos de enterarse de las convocatorias. Segundo, porque la hicieron, principalmente, en un área donde la

---

[14] *EICTV*, ob. cit., pág. 8.
[15] Lídice Valenzuela, ob. cit., pág. 96.

actividad cinematográfica no es popular. Y entonces la composición social que hay no es mala, pero no es justa; es parcial. Ese es un defecto de la forma de captación que tiene la convocatoria actual, que no es ideal y que está muy lejos de serlo. De eso somos perfectamente conscientes. Se trataba de abrir la Escuela ahora. Pero cada vez se hará mejor la convocatoria» [16].

Diez años después de la creación de la Escuela los problemas económicos obligaron a cobrar una determinada cantidad por la matrícula. Desafortunadamente, a partir de 1996, hubo una necesidad de rejuvenecer los equipos cinematográficos y además, debido a la caída del bloque socialista y el cambio de gobierno en Francia y España, el apoyo extranjero disminuyó notablemente. El curso regular para los dos años cuesta hoy día unos doce mil dólares. Sin embargo, la Escuela otorga cinco becas para el segundo año a los mejores estudiantes. La matrícula parece muy alta, pero, como explican los directivos, ofrece muchas facilidades a los estudiantes, como «alojamiento en habitaciones individuales con cuarto de baño propio; alimentación; transporte entre La Habana y San Antonio de los Baños; atención médica primaria y de urgencias; provisión del material educativo, incluyendo película virgen y videocasetes, así como los costos globales de la producción de sus ejercicios» [17]. Además, los estudiantes disponen de una piscina de tamaño olímpico y se organizan para ellos cada quince días unas excursiones en la isla. Como nos comentó Ricardo Vega, amigo de Gabo que estuvo trabajando allí como coordinador de producción, la Escuela es un mundo aparte en Cuba. Los estudiantes viven en el mismo edificio de la Escuela; los profesores tienen sus apartamentos en un edificio al lado. Allí estuvo escribiendo García Márquez durante un mes su novela *El general en su laberinto*.

La selección de los estudiantes es muy difícil. Solo son admitidos cuarenta cada año y, de estos, únicamente tres pueden ser cubanos. Ricardo Vega intentó varias veces entrar; recibió para eso el apoyo

[16] Lídice Valenzuela, ob. cit., pág. 97.
[17] *EICTV*, ob. cit., pág. 21.

de Gabo, pero no sirvió de nada. Después, gracias a las gestiones de Fernando Birri y de Lola Calviño, encontró un trabajo dentro de la Escuela. Muchos testimonios nos han confirmado que la relación que tiene Gabo tanto con los alumnos como con los profesores o con la gente que trabaja allí es muy cariñosa y de igual a igual. Un ejemplo. En cierta ocasión, Ricardo Vega y algunos amigos estaban haciendo un reportaje bastante crítico sobre el ministro del Interior, José Abrantes. Como necesitaban una cámara, se la pidieron a Gabo, que se la prestó sin preguntarles para qué tipo de documental iba a servir. Cuando, por esta razón y por otras, Ricardo empezó a tener problemas con el gobierno cubano por ser considerado como disidente, la Seguridad del Estado quiso expulsarlo de la Escuela. Gabo lo defendió y pudo conseguir que permaneciera allí hasta el final de su contrato: «Ricardo es imprescindible para la Escuela», argumentaba.

La Escuela de San Antonio es muy famosa en el mundo cinematográfico, sobre todo por la calidad de su enseñanza. El 85 por 100 de los diplomados encuentra enseguida trabajo. Esto se debe en gran parte al hecho de que invitan a menudo a cineastas activos para impartir algunos cursos. Generalmente, suelen acudir cada año unos ciento sesenta profesores para cuarenta alumnos. Esto permite una actualización constante de la materia. Cuando estuvo Steven Spielberg, lo que más impresionó fue su honestidad a la hora de ceder a sus colegas de producción (los actores, la música, los efectos especiales, el fotógrafo, etc.) los logros de cada una de sus películas. Mientras esperábamos a otro de los directivos, nos topamos con Fernando León, que pasaba allí unos días, trabajando en uno de sus proyectos relacionados con Cuba, justo después de haber sido elegido por la Academia española para competir este año por los Oscar con su última película, *Los lunes al sol.* Con sus botas altas, su pantalón verde y la camiseta negra, el pelo recogido en una coleta y la barba siempre a medio crecer, esperamos a que terminase de hablar por teléfono. Le felicitamos por la posibilidad del reconocimiento internacional, pero, sobre todo, por la gran calidad de sus películas, el papelón de Bardem en *Los lunes al sol,* y por la llamada de atención que ofrecen sus obras a una sociedad cada vez más consumista y menos consciente de sus propias lacras.

Como consecuencia de toda esta esforzada actividad, en la que hay involucradas muchísimas personas, no es extraño que los frutos vayan llegando poco a poco. Ya en 1993, solo siete años después de su puesta en marcha, en la XLIII edición del Festival de Cannes, la Escuela recibió el premio Roberto Rossellini. Hasta hoy, es la única institución educativa en el mundo que ha sido premiada con este galardón, que ha recaído en anteriores ediciones en genios como Scorsese, Kusturica o Zavattini. También cabe mencionar que varias películas realizadas por alumnos de la Escuela fueron premiadas. Un largometraje que ha dado la vuelta al mundo es la película *Solas,* del español Benito Zambrano (1999), ex alumno de San Antonio, que obtuvo cinco premios Goya. Otro dato interesante es que la mayoría de los grandes cineastas que participan en la docencia de la Escuela allí no suelen recibir grandes honorarios por sus cursos. Acuden más bien por solidaridad, por ayuda o interés en el proyecto que se está realizando.

Aunque en los primeros años la Escuela se centraba sobre todo en América latina y el Caribe, África y Asia, por lo que se llamó también «Escuela de los Tres Mundos», a finales de los noventa se amplió a España y a otros países de Europa y América. Ahora la llaman más bien «Escuela de Todos los Mundos». Nos explicó Ricardo que la razón fundamental se situaba sobre todo en la necesidad financiera. Dos años después de ponerse en marcha la iniciativa, el propio Gabo contestaba a una serie de preguntas acerca de la financiación de la Escuela y su mantenimiento económico:

—¿Y cómo se van a sufragar en el futuro los gastos en divisas de la Fundación y de la Escuela? ¿Cómo ha sido la respuesta a la solicitud de donaciones que usted hizo cuando se inauguró la sede de la Fundación en 1986?

—La situación financiera de la Escuela es muy clara. La Escuela es una donación de Cuba que la entrega instalada, funcionando y con su presupuesto anual en dinero cubano. La Escuela necesariamente tiene un alto costo en divisas. Sus materiales, equipos, sueldo de profesores y pasajes de aviones son divisas, pero todo eso lo paga la Fundación, que para eso fue que yo solicité donaciones.

—¿Y la Fundación cuenta con un presupuesto para esos gastos?

—La Fundación, hoy, tiene dinero para afrontar esos gastos, en divisas, durante otros dos años.

—Pero ¿cuál fue, en concreto, la respuesta a su petición pública?

—Tenemos una respuesta del Gobierno de España. Se planteó algo así de que si era en dinero o si era en equipos. Cuando vino el presidente Felipe González a Cuba, yo le dije que no le pedíamos dinero. Porque si nosotros solicitábamos, por poner una cifra bárbara, un millón de dólares, suponte que nos la den. Nunca más podríamos pedir un centavo a España.

—Entonces, qué acordaron…

—Intercambios…

—¿De qué tipo?

—España nos puede dar, por ejemplo, un número determinado de becas para la Escuela, puede mandarnos profesores pagados por ellos. De hecho, nos hizo una donación de equipos. Y cada vez que necesitemos algo que España nos lo pueda dar, se lo solicitamos a España[18].

Obviamente, su amistad con Felipe González ayudó mucho a facilitar estas gestiones, y lo mismo ocurrió con otros países que también ofrecieron su ayuda a la Escuela. El colombiano utiliza sus buenas artes no solo para solucionar conflictos políticos de muy diversa índole y altos vuelos, pues, como puede observarse, también está muy interesado en «gastarse la fama» para promocionar el mundo de la literatura y el cine, eso sí, dentro de las coordenadas del entorno cubano y latinoamericano. Continúa la entrevista reiterando su compromiso personal: «Puedes estar absolutamente segura de que no nos quedamos sin dinero. Cuando se nos acaba, si se nos acaba, yo personalmente espero tener dinero para agarrar un avión y voy país por país pidiendo de verdad. Y seguro que me dan. Esa es una reser-

---

[18] Lídice Valenzuela, ob. cit., pág. 98.

va que voy dejando por ahí. Mientras tanto, tengo mucho que hacer para estar pensando en eso. Pero el día que haya que pedir, seguro que lo hago. Hay mucha gente que conozco y que estaría dispuesta a ayudarnos»[19].

Como ya hemos señalado, esta buena voluntad no fue suficiente para que, a partir de 1996, las condiciones económicas de admisión a la Escuela experimentaran un cambio sustancial. La colaboración de los amigos, que menguaba conforme los Estados implicados derivaban hacia gobiernos conservadores, no pudo evitar que los alumnos admitidos tuvieran que pagar una matrícula bastante elevada. Por eso, Gabo ha continuado haciendo esfuerzos suplementarios. No percibe un dólar por los talleres que imparte, y de ese modo supone una gran ayuda para la Escuela. Pero eso no es todo: «Ahora, sin mucha prisa —explica—, casi con lo que dieron los derechos de autor del libro de Miguel Littin, cubrimos los gastos de dos años de trabajo de la Fundación. Yo, por mi parte, cobro un sueldo grande en divisas por mi taller. Y cuando me entregan mi sobre con el salario, automáticamente se lo dono a la Fundación»[20]. Y vuelve sobre el tema de los profesores y productores invitados: «La mayoría de la gente que trabaja allí no puede donarlo porque no disponen de la facilidad que yo poseo. Mi vida está resuelta. Pero te aseguro que lo hacen casi por el placer de hacerlo. Además, son profesionales de la más alta calidad. Tienen que dejar sus empleos por un tiempo para viajar a Cuba. Y ese es otro problema de la Escuela que será eterno, ya que los profesionales más destacados no pueden quedarse en La Habana un año entero, o dos o tres. Y son tan destacados, además, que no se les puede seducir con los sueldos, porque seguramente en cualquier otra parte del mundo ganan mucho más. Pero aquí están a gusto porque hay una simpatía muy grande, en general, entre la gente del cine de América latina por esta aventura»[21]. Esta generosidad propia, que se completa con el estímulo para la del resto de los pro-

---

[19] Lídice Valenzuela, ob. cit., pág. 99.
[20] Ibídem.
[21] Ibídem.

fesores, ha sido a veces un tema que ha provocado bromas entre el líder y el escritor, sobre todo en relación con los derechos que generan las ventas de sus libros. Comenta Vázquez Montalbán que, cuando viajó Gorbachov a Cuba, Gabo fue escogido para estar presente en la recepción. En el momento de las presentaciones, Castro le dijo al ruso: «Gabriel ha venido para ver si usted le dice cuándo le van a pagar en dólares lo que le deben en la URSS de derechos de autor». A lo que el escritor apostilló: «Primero sería conveniente que me pagarais los cubanos lo que me debéis» [22].

Ricardo Vega y algunas otras personas relacionadas con la Escuela de Cine nos contaron que Gabo había ayudado mucho financieramente en los primeros años de la creación de la Escuela, con la condición de que en el futuro Fidel pusiera una cantidad apreciable de dinero en este proyecto. Nunca se cumplió la promesa de Fidel, dadas las penosas condiciones en que quedó la isla después de la desaparición del bloque soviético, y por eso, poco a poco, Gabo se fue distanciando de la gestión directa y diaria. Desde hace algunos años, aunque pase temporadas en su casa habanera, solo va a la Escuela para impartir su taller, una semana cada año, que a veces coincide con su asistencia al Festival de Cine de La Habana, hacia principios de diciembre. Sin embargo, en el terreno de las donaciones, siempre hay alguna posibilidad. Cuando piensa que algo puede ser útil para la Escuela, no deja pasar la ocasión. Contaba Ricardo Vega que en una ocasión unos periodistas fueron a entrevistar al colombiano. Después de la sesión de preguntas y respuestas, reconocieron que no tenían para pagarle, y entonces le propusieron hacerlo con cámaras. Gabo aceptó y las regaló a la Escuela. En la misma entrevista de Valenzuela, Gabo anuncia que a partir de ese momento va a cobrar las entrevistas por televisión, y así ayudar a San Antonio: «Tengo una enorme cantidad de solicitudes de entrevistas de televisión del mundo entero. Siempre he dicho que no. Ahora digo "sí", pero hacen una donación para la Escuela. Y me están diciendo que aceptan» [23].

---

[22] Manuel Vázquez Montalbán, ob. cit., pág. 305.
[23] Lídice Valenzuela, ob. cit., pág. 98.

En los últimos noventa, y sobre todo al filo del cambio de siglo, ha disminuido de forma ostensible su presencia en el pequeño pueblo de las afueras de La Habana. Ciertamente, ha habido una época, entre el verano de 1999 y el otoño de 2000, que el tratamiento del cáncer linfático le exigía vivir en Los Ángeles, y su actividad general se vio del todo recortada. Además, como nos relataba Alquimia Peña en su coche, de camino hacia la Quinta de la Fundación, es lógico que al principio estuviera mucho más vinculado, porque la Escuela tenía que arrancar y comenzar sus actividades con un mínimo de organización. Sin embargo, como hoy la Escuela sigue su marcha normal, a pesar de los vaivenes económicos, la presencia del Nobel ya no es tan necesaria. Por si fuera poco, Gabo sigue embarcándose en iniciativas relacionadas con el mundo de la prensa, que le exigen una gran dedicación. Por ejemplo, hace poco creó una nueva Fundación, para relanzar el periodismo en América latina, con sede en Cartagena de Indias, muy ligada a sus comienzos como periodista, la cual organiza talleres para profesionales con personalidades destacadas de la prensa internacional, y otorga premios que ya han adquirido un gran prestigio.

La economía cubana ha experimentado una enorme mejoría desde mitad de los noventa, sobre todo por la legalización del dólar. En estos momentos, algunas empresas extranjeras se han asentado en el sistema económico cubano y generan riqueza, ya que se trata de capital foráneo que opera en Cuba. Asimismo, una parte nada despreciable de la economía de todo el país pivota sobre la llegada mensual de dólares procedentes de familiares cubanos que se encuentran en el exilio y ayudan a los suyos con cantidades modestas, que en Cuba se convierten en alternativas a los exiguos sueldos (entre doscientos y quinientos pesos) que reciben del Estado. Para hacernos una idea, la última vez que estuvimos en Cuba, en noviembre de 2002, el dólar se cambiaba en las «cadecas», cajas oficiales, a veintiséis pesos. Ahora bien, si nos remitimos a las circunstancias en las que se encontraba Cuba en los momentos más duros del «periodo especial», ni las entrevistas de Gabo, ni las ayudas extranjeras, ni las matrículas, ni los sueldos cortos para los profesores, son suficientes para explicar cómo sobrevivió la Escuela en una época en que la mayoría de los cubanos pasaba hambre. Por aquellas fechas, un chileno muy peculiar ofreció su actividad económica, sus artes financieras, su capacidad para ocultarse y desaparecer, su habilidad para trabajar en la sombra y para conseguir que su nombre, Max, y su apellido, Marambio, permanecieran en el más estricto secreto.

Este empresario y millonario chileno es hoy día el principal nexo entre Chile y La Habana. Amigo personal de Fidel, fue durante mucho tiempo pieza fundamental en la inteligencia cubana y jefe de seguridad de Salvador Allende. Dirigió el CIMEX[24] (Corporación de Importación y Exportación) de 1978 a 1993, y logró amasar entonces ya una gran fortuna. Está hoy día perseguido por la Inspección General del Ministerio de Hacienda de España por presunto fraude al fisco, por no declarar actividades comerciales y los bienes que posee fuera, como, por ejemplo, la empresa turística Sol y Son, que coordina los viajes a Cuba. El exilio cubano lo ve como una fachada de los negocios personales de Castro. Hace unos veranos, la revista *Forbes* ofreció unos datos muy reveladores sobre la cuenta bancaria de Fidel en Suiza, en la que se veían muchos ceros.

Marambio es también amigo de Gabo y de Carlos Fuentes. En 1983 creó una compañía cinematográfica que era la plataforma inicial del *holding* de las empresas del International Network Group, nacido en 1990, y que reúne actualmente firmas de Chile, Ecuador, México, Cuba y España. El chileno estuvo, asimismo, involucrado en la puesta en marcha de la Fundación de Cine Latinoamericano, y, a partir de los noventa, la supervivencia de la Escuela tiene mucho

---

[24] Esta corporación fue fundada por J. L. Padrón (coronel asistente de José Abrantes, ministro del Interior), Orlando Pérez (ex presidente del Banco Nacional), Regino Boti (ex ministro del Juceplan), Emilio Aragonés (embajador ante la República Argentina y una de las personas más cercanas a Castro en las finanzas). El CIMEX era un conglomerado de empresas de importación y de exportación, dueño de una cadena de almacenes en Cuba que solo vende en dólares. Dentro del CIMEX estaba el Departamento MC (Moneda Convertible), que secretamente intentaba burlar los efectos del embargo estadounidense. En este departamento volvemos a encontrar al gemelo Tony de la Guardia.

que ver con su actividad financiera. Con estas credenciales, se entiende mucho mejor que ese instrumento para la difusión de la cinematografía en América latina, y en general en los países del Tercer Mundo, funcione a las mil maravillas. Lo cual, en cierto modo, es de agradecer.

14
¿JUSTICIA O VENGANZA?
EL «CASO OCHOA»

El día 13 de julio de 1989 apareció esta reseña en el *Granma:* «En horas del amanecer de hoy, 13 de julio, fue aplicada la sentencia dictada por el Tribunal Militar Especial en la Causa N.º 1 de 1989, contra los sancionados Arnaldo Ochoa Sánchez, Jorge Martínez Valdés, Antonio de la Guardia Font y Amado Padrón Trujillo». Acababan de dar la muerte a cuatro oficiales, víctimas, algunos inocentes, de esta revolución que representó para ellos tanto el origen como la ceniza.

Todo empezó en junio de 1986 en las oficinas del MC[1] en Panamá. Este departamento se encargaba de encontrar posibles soluciones para importar a la isla lo que impedía el bloqueo estadounidense. Un día apareció en las oficinas de Interconsult[2] de Miguel Ruiz Poo un cubano exiliado con el fin de obtener un visado para su sobrina. Resultó que los dos cubanos eran familiares, lo cual facilitó los trámites y llevó a una colaboración de otro tipo. Empezaron con un

---

[1] Abreviación de Moneda Convertible, departamento del Ministerio del Interior cubano.

[2] Empresa gubernamental cubana que se encargaba, entre otras cosas, de encontrar la solución imposible para conseguir visados en casos de inmigración más complicados.

comercio de ordenadores. Se trataba de la importación de computadoras a Cuba vía Panamá desde Estados Unidos. No hubo ningún problema en la realización de este negocio y los dos sacaron provecho de aquello; pero, poco a poco, maduraron una idea que podría ser mucho más rentable: la introducción de cocaína a Estados Unidos a través de Cuba.

A Ruiz Poo le pareció una buena idea, pero lo tenía que comentar con su jefe del Ministerio del Interior (MININT), el mayor Padrón Trujillo. Andrés Oppenheimer [3] comenta que «Padrón titubeó. Esto era demasiado grande para él. En la jerarquía cubana había un entendimiento en el sentido de que podían autorizarse vuelos con drogas sobre el espacio aéreo cubano. Fidel mismo había autorizado vuelos de cocaína colombiana sobre el espacio aéreo cubano a cambio de que los narcotraficantes llevaran armas a los guerrilleros en el camino de regreso a casa. Pero detenerse en territorio cubano era otro asunto. Padrón no sabía si eso sería autorizado. Tendría que consultar con los funcionarios más altos» [4]. Uno de esos jerarcas era Antonio de la Guardia, quien estuvo presente en la reunión que tuvo lugar unas semanas más tarde en La Habana para comentar el asunto y dar el visto bueno.

Poco después, en una conversación entre los comerciantes y De la Guardia, uno de ellos le preguntó si Fidel estaba al tanto de este negocio. El coronel del MININT contestó, claramente y tranquilizándolo, «por supuesto, chico» [5]. Oppenheimer observa que «no está claro si Tony de la Guardia había comentado con Castro sus planes referidos al tráfico de cocaína. El Comandante, con su instintiva repulsión por los asuntos de dinero, rara vez se enredaba personalmente en tratos comerciales turbios. Esa era la tarea de Abrantes, su

[3] Andrés Oppenheimer es un periodista argentino. Publicó en 1992 *La hora final de Castro,* libro coganador del premio Pulitzer. Toda la primera parte del libro está dedicada al *caso Ochoa-De la Guardia* y fue una de nuestras fuentes de información principales para los datos históricos.

[4] Andrés Oppenheimer, *La hora final de Castro. La historia secreta detrás de la inminente caída del comunismo en Cuba,* Javier Vergara, Buenos Aires, 1992, pág. 29.

[5] Ibídem, pág. 31.

ministro del Interior. Tony de la Guardia tenía luz verde de Abrantes para hacer lo que fuese necesario con el fin de obtener dólares —incluso ocasionales negocios de drogas—. El comentario de De la Guardia a Reinaldo Ruiz puede haber reflejado una conversación directa con Castro, o bien la suposición del coronel de que Abrantes nunca habría aprobado algo tan riesgoso como una operación de drogas sin la bendición de Fidel»[6].

La primera operación fue un fracaso total, pero todos se salvaron y no hubo ningún escándalo. Sin embargo, había abierto los ojos a los yanquis y estos lograron introducir un agente de la CIA en la segunda operación. Se grabaron más de cincuenta horas de conversación en las cuales se confirmaba la colaboración de altos funcionarios cubanos en el contrabando de drogas. En 1982 había ocurrido un problema similar de narcotráfico con participación de altos funcionarios cubanos, el caso *Guillot-Lara,* pero por falta de testigos de primer rango Estados Unidos no pudo hacer nada, y, públicamente, Castro lo presentó como otro acto imperialista más contra Cuba y se silenció con rapidez. Sin embargo, ahora sí había testigos y pruebas muy reveladoras. Esta vez iba a ser imposible silenciar lo ocurrido. La única posibilidad de Castro para salvar la imagen de su revolución era anticiparse a Estados Unidos. Quien más le ayudó en este proyecto fue su hermano Raúl, que logró realizar a la vez un acto de mera venganza.

El Ministerio del Interior y el Ministerio de las Fuerzas Armadas Revolucionarias ya eran desde algún tiempo servicios rivales. El MINFAR, encabezado por Raúl Castro, desempeñaba el papel de la defensa del país frente a las amenazas extranjeras. Estaban a su cargo el ejército, la marina y la fuerza aérea, con unos trescientos mil miembros. El MININT, por su lado, se encargaba de todo lo relacionado con la aplicación interna de la ley y con el contraespionaje. El general de división José Abrantes (ministro del Interior) figuraba a la cabeza de un grupo de ochenta y tres mil hombres que se encontraban en la Policía Nacional, el Departamento

---

[6] Andrés Oppenheimer, ob. cit., pág. 29.

de Seguridad del Estado, las Tropas Especiales, el Servicio de Guardafronteras y los Bomberos. A pesar de tener funciones claramente delimitadas en teoría, en la práctica esos dos ministerios se superponían a menudo, y los conflictos entre ellos eran habituales. Según Raúl, el MININT estaba logrando mucho poder y ocupando demasiado espacio en el gobierno y, por esta razón, llevaba ya algún tiempo buscando una excusa para ajustar cuentas con sus altos funcionarios. El descubrimiento del narcotráfico venía de perlas.

Pero quedaba una persona molesta en el gobierno para Raúl, y era Arnaldo Ochoa. El general de división Ochoa, uno de los más grandes generales de las fuerzas armadas cubanas en Angola, condecorado con el grado de Héroe de la Revolución (el más alto grado que se puede conseguir bajo el régimen castrista), había expresado ya varias veces en público su descontento en cuanto a la actitud de Fidel en ciertos casos. Por ejemplo, había quedado muy decepcionado y frustrado por la falta de ayuda económica a los soldados que estaban poco a poco regresando de Angola. En varias ocasiones había expresado sus críticas abiertamente, lo cual había llegado a los oídos de Raúl. Además, su hermano Fidel estaba a punto de nombrarlo jefe del Ejército Occidental, cargo relativamente importante en el gobierno cubano, y esto fue para él una razón más para sentir la necesidad de actuar. No pudo dejar de considerar la actitud del general como una «grave infracción a la disciplina militar»[7]. Finalmente, los hermanos Castro decidieron combinar en uno los dos casos. Ochoa, De la Guardia y otros más relacionados con ellos serían juzgados por narcotráfico y corrupción y sentenciados a la pena capital. Cuando Raúl se lo explicó a Ochoa, esta fue su respuesta: «Estás tratando de crear un caso de corrupción para desviar la atención del tema fundamental, que es el hecho de que hay grandes dudas en el Alto Mando sobre el futuro de la revolución»[8]. Ochoa era un hombre directo y con las ideas claras.

---

[7] Andrés Oppenheimer, ob. cit., pág. 67.
[8] Ibídem, pág. 91.

El 12 de junio de 1989 arrestaron primero a Ochoa por delitos morales y manejos deshonestos de recursos económicos. El 16 arrestaron también a los gemelos De la Guardia. Ese día apareció por primera vez el término «narcotráfico». Este proceso iba encaminado a dar una imagen, en el extranjero, de Cuba como país que lucha contra esa pesada lacra. Pocos días antes del juicio, los acusados recibieron un mensaje personal de Castro. Les pidió colaboración. De este modo, todo saldría bien para todos. «Considere esta como una misión más que se le pide cumplir. Colabore, y se ayudará a usted mismo»[9]. Los testimonios de los acusados recuerdan la autocrítica del poeta Heberto Padilla. Todo el pueblo cubano, que apenas conocía a estos hombres que intentaban salvar sus vidas, sabía perfectamente que unos negocios de tal envergadura podían difícilmente realizarse sin el visto bueno del Comandante en Jefe.

El 25 de junio tuvo lugar la primera sesión del Tribunal Militar para el juicio Ochoa-De la Guardia. El 13 de julio, cuatro de los acusados fueron fusilados en la playa de Baracoa, a las afueras de La Habana. Mataron primero a los dos oficiales de menor rango, después a Tony y más tarde acabaron con Ochoa, quien pronunció como última frase «Solo quiero que sepan que no soy un traidor»[10]. Hasta el último minuto de su vida dio muestras patentes de dignidad.

LOS CUATRO JINETES DE LA LOCA CRISIS

Tony de la Guardia era un hombre jovial a quien le gustaban las mujeres y que uno recordaba por su talante bromista. A pesar de ser coronel, se le veía muy poco con su uniforme verde olivo; su estilo propio combinaba los vaqueros Calvin Klein, la camisa a cuadros y el reloj Rolex. Era uno de los principales agentes secretos del gobierno

---

[9] Andrés Oppenheimer, ob. cit., pág. 107.
[10] Ibídem, pág. 21.

castrista, lo cual le permitía tener una vida privilegiada en Cuba. Como apunta Oppenheimer, tenía un estilo de vida comparable al de los diplomáticos extranjeros en su país. Vivía en una casa preciosa en Siboney, en el número 20600 de la calle 17, y podía viajar adonde quisiera. Desde 1986 era el jefe del departamento MC, parte del CIMEX, que tenía como misión organizar «una red de empresas comerciales bien disimuladas en el exterior, para realizar transacciones sin que nadie en el exterior supiera que el gobierno cubano estaba por detrás»[11].

Tony era además el «protegido»[12] de Castro y uno de los pocos que se podía permitir ciertas familiaridades en el trato con él. El periodista argentino cuenta, por ejemplo, una anécdota donde resalta la naturalidad con la que se comportaba delante del Comandante: «Una vez en que Castro dio la bienvenida a Benes [un banquero de Miami] en su oficina bastante después de medianoche, como era su costumbre, Tony de la Guardia comenzó a bostezar a pesar de los claros indicios de que la reunión recién comenzaba, y que muy probablemente duraría hasta el amanecer. Alrededor de la 1.30 de la madrugada, recuerda Benes, Tony se puso de pie y se disculpó. "Estoy muerto. Necesito dormir un poco", dijo despidiéndose de todos. Solo un puñado de hombres podía tomarse esa libertad en Cuba. Y Tony de la Guardia era uno de ellos»[13].

En el gobierno cubano lo relacionaban siempre con su hermano. Eran los jimaguas De la Guardia (como se llama a los gemelos en Cuba). Patricio de la Guardia, brigadier general, jefe de la misión del MININT en Angola, era amigo íntimo de Arnaldo Ochoa. Aunque indiferenciables físicamente, eran muy diferentes en su forma de ser. Antonio era más bien extrovertido, le gustaba llamar la atención, y Patricio era más callado, tendía a desaparecer un poco detrás de su hermano. Él también compareció, en calidad de acusado, en el juicio, y fue condenado a treinta años de cárcel.

---

[11] Andrés Oppenheimer, ob. cit., pág. 42.
[12] Ibídem, pág. 35.
[13] Ibídem, pág. 41.

Ochoa era muy distinto de Tony. El general de división Arnaldo Ochoa había surgido de la nada y en poco tiempo se convirtió por sus acciones en uno de los oficiales más condecorados de Cuba. Había nacido en Cauto Cristo, en la provincia de Holguín, en una familia campesina. Poco después de terminar el colegio se unió a los barbudos en la Sierra Maestra. Participó en la mayoría de las luchas que terminaron en la victoria del primero de enero de 1959, y tuvo un papel destacado también en Playa Girón (Bahía de Cochinos) contra los exiliados cubanos en 1961 como capitán del nuevo ejército revolucionario. Combatió asimismo contra los contrarrevolucionarios escondidos en la Sierra del Escambray en la década de los sesenta. Más tarde, estuvo dirigiendo las tropas cubanas en las intervenciones de Venezuela, Etiopía, Angola, Yemen y Nicaragua. En 1984 recibió el título de Héroe de la Revolución. Ya en 1976 era conocido como uno de los máximos comandantes de las fuerzas cubanas en Angola. Por todo ello, es muy extraño que no aparezca citado ni una vez en el reportaje sobre la «Operación Carlota» de García Márquez. Este texto se publicó en enero de 1977, en los primeros años del acercamiento de García Márquez a Fidel. ¿Por qué el elogio recae sobre Fidel y el pueblo cubano, pero no hace referencia a ningún oficial responsable de las fuerzas armadas en Angola? Posiblemente por prudencia: el Comandante podría reaccionar mal ante un relato en el que un subordinado hubiera obtenido mayor protagonismo que el propio Castro.

Comenta Oppenheimer que «Ochoa había sido íntimo amigo de Castro, una de las pocas personas que se atrevía a hablar al Comandante con el familiar "tú"»[14]. Se habían hecho amigos en el transcurso de los numerosos viajes de Fidel al extranjero. El Comandante lo llamaba «el Negro Ochoa»[15] cuando se refería de manera menos formal a su amigo. Pero con el tiempo la relación se había ido enfriando. El gran error que cometió el general fue que empezó a actuar por su cuenta, comportamiento totalmente incompatible con el régimen

---

[14] Andrés Oppenheimer, ob. cit., pág. 77.
[15] Ibídem.

castrista. Llegó un momento en que Ochoa dejó de seguir las órdenes de Castro porque, según él, este no conocía bien, desde La Habana, cómo estaba la verdadera situación angoleña y, por consiguiente, cómo había que actuar.

El día que Fidel reconoció que había que poner fin a la intervención cubana en Angola y que lo mejor era una arreglo político, invitó a nueve generales a presenciar el acto oficial en la ONU, en Nueva York. El único que faltaba era Arnaldo Ochoa. Esto representó para él la negación por parte de Fidel del papel que había desempeñado en aquella guerra. Nunca tuvo delirios de grandeza, a pesar de sus títulos y su currículum brillante. Había seguido viviendo en su casa del Nuevo Vedado, en la calle 24, con su segunda esposa, Maida González, un domicilio humilde que no tenía nada en común con el de Tony en Miramar. Ochoa era un hombre discreto y no le gustaba llamar la atención. Tenía, por ejemplo, como la mayoría de los altos funcionarios cubanos, un Mercedes Benz, pero debido a la reacción de sus vecinos, las pocas veces que se atrevió a utilizarlo, acabó regalándoselo a un general sandinista. Sin embargo, la humillación recibida en el acto de Nueva York constituyó una verdadera decepción.

Ochoa fue, además, el único totalmente inocente en el caso del tráfico de drogas, como explica el periodista porteño: «A diferencia de Tony de la Guardia, Ochoa nunca había llegado a ejecutar una operación de contrabando de cocaína. Pero los estrechos vínculos de su ayudante de campo [Jorge Martínez Valdés] con el grupo De la Guardia —y el consentimiento de Ochoa de su viaje a Medellín— serían usados por Fidel Castro pocas semanas después para montar un caso espectacular contra el Héroe de la Revolución Cubana»[16]. Lo único que se le podía reprochar era su condición de «general descontento»[17]. Murió con cuarenta y nueve años. Tony y Ochoa no tuvieron un trato asiduo en vida, pero ahora están reunidos en el Cementerio Colón, el primero en la tumba número 46.427, el segundo en la 46.672 de la calle K del cementerio.

---

[16] Andrés Oppenheimer, ob. cit., pág. 83.
[17] Ibídem, pág. 71.

El ministro del Interior José Abrantes fue destituido de su puesto poco después del juicio Ochoa-De la Guardia y sustituido por Colomé Ibarra, un protegido de Raúl. Unas semanas después de la ejecución, él también fue llevado al tribunal. Se le acusaba de «negligencia» [18] en el control de lo que hacían sus suboficiales y de «corrupción y tolerancia de prácticas corruptas» [19]. Fue condenado a veinte años de cárcel. A principios de 1991 sufrió un ataque cardiaco que le costó la vida. Nunca había padecido del corazón. Como era el único sobreviviente del caso que hubiera podido aclarar si Fidel había estado al tanto del contrabando de drogas, hay quienes sospecharon que la dolencia no fue la verdadera razón de su muerte. Según Patricio, el hermano de Tony, Abrantes le confesó en una ocasión en la cárcel que Fidel sí estaba al tanto de este comercio.

¿Y García Márquez?

Cuando Gabo se enteró del arresto de los altos funcionarios cubanos, estaba en su casa de México, D.F. Lo primero que hizo fue llamar a La Habana para saber qué había pasado exactamente. Le contestaron que esa misma noche Raúl iba a dar un discurso por televisión en el que lo aclararía todo. Colgó el teléfono y llamó enseguida a su agencia de viajes para comprar un billete de avión a La Habana. Quería conocer la verdad. Oppenheimer apunta que «el improvisado discurso a la nación de Raúl Castro en el salón principal del Ministerio de las Fuerzas Armadas esa noche, el 14 de junio de 1989, fue el más desastroso de su vida» [20]. En lugar de aclarar las cosas, había dejado en los cubanos una sensación muy confusa.

Cuando Ileana de la Guardia y Jorge Masetti se enteraron de que Gabo estaba en La Habana, se dirigieron sin tardar a su casa, a

---

[18] Andrés Oppenheimer, ob. cit., pág. 121.

[19] Ibídem.

[20] Ibídem, pág. 102.

pesar de la hora ya bastante avanzada de la noche. Tenían que hablar con él porque representaba la última esperanza para salvar al padre de Ileana y a los demás. Jorge era hijo de Jorge Ricardo Masetti, el argentino creador de Prensa Latina donde Gabo había trabajado en los primeros años de la Revolución. Además, García Márquez era padrino en la boda de la hermanastra de Jorge. Ileana es hija de Tony, y este a su vez amigo íntimo de Gabo. Se habían visto poco antes en casa de Tony cuando el Nobel colombiano le había dedicado su último libro, *El general en su laberinto,* un título tan fatalmente apropiado a la situación, con estas palabras: «A Tony, el que siembra el bien».

Pero la casualidad quiso que esa misma noche, el 9 de julio de 1989, horas antes del veredicto final, se les adelantara el Comandante en Jefe. Oppenheimer hace una buena descripción de esta visita. Explica que Fidel temía un poco este encuentro porque sabía que Gabo se oponía a la pena capital, y sobre todo en el caso de los cuatro oficiales cubanos: «Gabo había dejado entrever en conversaciones con altos ayudantes de Castro que deseaba ver salvada la vida de los cuatro. Y Castro sabía muy bien que García Márquez era íntimo amigo de Tony de la Guardia» [21]. Estuvieron hablando durante dos horas, pero sin mencionar la razón de la visita de Fidel. Gabo notó su malestar y, en el momento de despedirse en la puerta, abordó el tema y le pidió por la vida de los cuatro oficiales. Añadió: «No quisiera estar en tu pellejo. Porque si los ejecutan, nadie en la tierra creerá que no fuiste tú quien impartió la orden» [22]. Y contestó Castro: «¿Tú lo crees? ¿Tú crees que la gente lo verá de ese modo?» [23].

Castro no podía pensar que su pueblo ya no creyera en la revolución como él. Y sigue Oppenheimer: «De pie en el umbral de la casa de Gabo, agitando las manos para subrayar sus palabras, Fidel comenzó a explicar la equidad de los procedimientos legales

---

[21] Andrés Oppenheimer, ob. cit., pág. 116.
[22] Ibídem, pág. 117.
[23] Ibídem.

que habían terminado con el veredicto de la corte marcial. Dijo que la opinión unánime del tribunal había sido que Ochoa y Tony de la Guardia merecían morir. —He consultado con todos los organismos de Estado, y encuentro una abrumadora mayoría en favor del fusilamiento. —¿No crees que ellos lo dicen porque piensan que tú quieres eso? —preguntó García Márquez. —No, no lo creo —respondió Fidel. García Márquez estaba triste cuando Fidel se despidió y se alejó. Estaba convencido de que el Consejo de Estado no salvaría las vidas de Ochoa, Tony de la Guardia y sus ayudantes. Unos meses después, al reflexionar acerca de las ejecuciones y su conversación con Fidel en el umbral de su casa, Gabo me dijo: —Yo conozco a muchos jefes de Estado, y hay una constante en todos: ningún gobernante cree que le dicen lo que quiere oír» [24].

Apenas se había marchado Fidel, llegaron Jorge e Ileana. En la pared del *hall* de la entrada podían ver un cuadro de Tony, porque los jimaguas pintaban. El estilo de Tony reflejaba bastante bien su personalidad. Solían ser cuadros con paisajes ingenuos pero siempre con colores vivos. Patricio tenía un estilo distinto. Lo pudimos comprobar nosotros mismos en el salón de Jorge e Ileana, en París. Allí hay varios cuadros de Tony con muchos colores, y también uno de Patricio que representa a una mujer desnuda a la orilla del mar, y que pintó en la cárcel. El mar para los cubanos es algo imprescindible. La mujer y el mar eran tal vez las cosas que más extrañaba estando encerrado.

García Márquez les comentó que no les había esperado para intentar salvar a Tony y a los demás [25]. Primero, porque era amigo de Tony, y segundo, porque era totalmente opuesto a la pena de muerte y a las ejecuciones. Nos contaron Ileana y Jorge más adelante que soltó frases como «esto no puede ocurrir», «Fidel estaría loco si tuviera que autorizar las ejecuciones» o «eso no lo quieren ni los amigos ni los enemigos de la Revolución». Gabo les dijo que tenían que

---

[24] Andrés Oppenheimer, ob. cit., pág. 117.
[25] Ibídem, pág. 118.

tranquilizarse y tener confianza, y que no debían ponerse en contacto con gente conocida o con los organismos de defensa de los derechos humanos. Ileana nos relataba con cierta tristeza y sensación de haber sido traicionada: «Yo se lo creí, yo creí lo que me decía». Gabo les dio esperanza, pero sabía que Fidel estaba decidido. Era la única manera de salvar la imagen de la revolución y la suya. Plinio Apuleyo Mendoza nos aclaró en una conversación en Madrid que García Márquez le dijo que había hecho todo lo posible para salvarlos, pero que había llegado demasiado tarde.

Cuando, poco después del juicio al ministro del Interior Abrantes, Fidel fue a visitar a Gabo, este dudó en quitar el cuadro de Tony que seguía en su *hall* y llevárselo a México, pero finalmente decidió dejarlo, en honor a su amigo ejecutado, a pesar de lo que pudiera opinar Fidel. Fue también un homenaje a De la Guardia la conversación que tuvimos con Jorge e Ileana, en su apartamento del Barrio Latino de París, a unos ciento cincuenta metros del Sena. En las paredes del salón, cuadros de Tony y de Patricio. En la biblioteca, el libro de Ileana (edición francesa y holandesa), el de Jorge y el que uno siempre encontrará en casa de cubanófilos francófonos, *La Lune et le Caudillo,* de Jeannine Verdés-Leroux. Tony es también el nombre del hijo de Jorge e Ileana: Tony Masetti de la Guardia. Menudos apellidos. Su padre, un ex guerrillero argentino-cubano entrenado en los campos de la élite militar de la isla; su madre, una cubana de familia conocida e influyente durante las primeras décadas de la revolución. Su abuelo paterno, un gran amigo del Che que murió, como él, en la guerrilla de los años sesenta, después de haber dirigido la agencia de prensa de la revolución; su abuelo materno, uno de los generales más destacados del ejército revolucionario. Un niño con un currículum espectacular antes de llegar al uso de razón. Un niño marcado, sin saberlo todavía, por la historia tremenda de las heroicidades y las traiciones. Al principio nos miraba desconfiado, no quería que sus padres desviaran la atención hacia unos extraños. Luego, en mitad de la conversación, mientras descorchábamos el primer rioja, abandonó sus juegos, retiró la vista de los saltos de motos que había en la televisión y comenzó a dar carreras por el salón y la habitación contigua, mientras gritaba «Verde que te quiero ver-de». Le preguntamos si ya había leído a Lorca en la escuela o era su padre quien le había enseñado ese verso. Nos desafió con la mirada y, sin contestar, continuó: «Verde que te quiero coca-cola».

A lo largo de esas horas juntos, nos enteramos de muchos datos que no suelen reflejar los libros. Llegamos a entender cómo había sido esa amistad desde los últimos setenta entre la familia De la Guardia, sobre todo Tony, y el escritor colombiano. Asimismo, descubrimos a un Jorge Masetti que, desde muy joven, pudo tratar con la mayor naturalidad del mundo a políticos, militares y escritores de alto rango relacionados con la élite revolucionaria, y pudo conversar largamente con Gabo acerca de su padre y los tiempos de Prela. Muerto Ricardo Masetti, su vástago era un verdadero «hijo de la revolución», criado a imagen y semejanza del proyecto por el que su padre dio la vida, y considerado por la cúpula militar como la prolongación natural de un héroe, al que hay que cuidar especialmente, por un deber de justicia. Nos contó Ileana que, después de morir su padre, se enteró por una fuente cercana de que García Márquez había asistido a una parte del juicio, junto a Fidel y Raúl, detrás del gran «espejo» de la sala universal de las FARC donde se representaba el gran teatro del mundo.

La decepción de la pareja no se limitó a los «falsos consuelos» de García Márquez la «noche del cinismo», sino que al día siguiente, nos dijo Jorge, Gabo se fue a Francia para encontrarse con Mitterrand, donde desempeñó el ya conocido papel de «embajador oficioso de Fidel, para explicar y justificar las ejecuciones: se trataba —según Gabo— de un problema entre militares, y Fidel se había encontrado en una situación que no le había permitido actuar de otra manera».

Más adelante, cuando pudieron salir de Cuba y pasaron por México, D.F., Ileana y Jorge llamaron a casa de Gabo. Les atendió Mercedes, aconsejándoles que volvieran al día siguiente, pues Gabo no se encontraba en ese momento. «Las mujeres de los grandes escritores —observa Jorge— son el filtro para llegar a ellos.» Al día siguiente, Gabo tampoco estaba; extraña casualidad, sobre todo en el caso de García Márquez, persona organizada que nunca falta a una cita.

Les recibió Mercedes: «Nos hizo un interrogatorio que nos pareció de la Seguridad del Estado», se lamenta Jorge. Fue la última vez que intentaron hacerle una visita.

Nunca volvieron a saber de él, excepto una vez, cuando llegaron a París hace unos años. Les llamó Plinio Apuleyo Mendoza a casa y les dijo que Gabo quería intervenir para liberar a Patricio, pero que «por favor, Ileana le escribiera una carta manuscrita donde le explicaba el caso y le pedía su ayuda». No lo hicieron: el Nobel tenía toda la información necesaria para poder realizar cualquier intervención a favor de Patricio. «Gabo siempre se cubre para la historia —señala Jorge—, para poder decir en el futuro: yo intervine…, yo he hecho salir a muchos presos políticos, etc.». Es cierto que consigue ese tipo de favores, pero lo hace, según Masetti, como si fuera mercancía. «No se trata de ayuda humanitaria. Él ayuda porque conviene al gobierno fidelista. Nunca ha mostrado ninguna sensibilidad en relación con la libertad de los hombres y con los derechos humanos, excepto tal vez en su libro *Noticia de un secuestro*. Solo se ocupa de los presos de su amigo, pero los de Argentina o de Chile apenas le interesan. Liberando a los del régimen cubano, logra obtener favores para su amigo Fidel.»

Parece además que en cuanto al *caso Ochoa-De la Guardia,* según las afirmaciones de los periodistas Jean-François Fogel y Bertrand Rosenthal, «para evitar en Colombia, en Panamá o donde sea un testimonio que recuerde el pasado, se pasa la esponja con la expulsión discreta de diecisiete traficantes de droga latinoamericanos, casi todos colombianos, detenidos en la principal cárcel cubana, el Combinado del Este. [...] El escritor colombiano García Márquez, amigo de Fidel Castro, se encarga de este asunto, ya que ha asumido numerosas misiones humanitarias para hacer salir detenidos de prisiones cubanas» [26]. Es esta otra de las páginas negras de la reciente historia de Cuba. Ochoa y De la Guardia tenían una envergadura tal que su caso no iba a dejar indiferente a muchos cubanos. Tampoco a

---

[26] Jean-François Fogel y Bertrand Rosenthal, *Fin de siècle à La Havane,* Seuil, París, 1993, pág. 90 (traducción nuestra).

la opinión pública. Gabo se encontró dividido entre dos lealtades: la de Tony y la de Fidel. Jorge e Ileana piensan que pudo hacer más. Su situación era muy delicada, pero él nunca abrirá su corazón para mostrar la herida abierta. Eso sería desafiar al Comandante. Cuando la mayoría de los intelectuales volvieron a cerrar filas a favor de la vida y los derechos humanos, condenando la ejecución de los cubanos, García Márquez calló. Ni una línea de protesta. Más papista que el Papa. Fiel a Fidel.

15

LOS BRAZOS EN CRUZ: ELIÁN EN SU GÓLGOTA

LA BALSA «BOOMERANG»

El 22 de noviembre de 1999, catorce personas residentes en Cuba se embarcaron en una balsa rumbo a la costa de Estados Unidos. Entre ellas se encontraban Elizabeth Brotons, su hijo Elián y su marido Lázaro Rafael Munero. Desafortunadamente, encontraron problemas y poco después la embarcación zozobró, pereciendo en la tragedia once personas. Antes de ahogarse, Elizabeth, que contaba entonces veintiocho años, logró colocar a su hijo sobre uno de los tres neumáticos que habían llevado como salvavidas. Al cabo de dos días, un pescador de los alrededores de Fort Lauderdale, Donato Dalrymple, encontró al niño aferrado a una cámara neumática y lo llevó inmediatamente al hospital. Al día siguiente, Elián fue dado de alta y se hospedó en casa de su tío, Lázaro González. Juan Miguel González, padre del niño, no tardó en exigir que su hijo volviera a Cuba. Acababa de empezar la historia del niño balsero que se convertiría en la bandera del exilio cubano en Miami y en el centro de una nueva crisis diplomática entre Cuba y Estados Unidos, que tendría notorias y graves repercusiones en las siguientes elecciones presidenciales estadounidenses.

A pesar de las buenas relaciones que seguían teniendo los padres de Elián, Juan Miguel González no fue informado por su ex mujer de la decisión de exiliarse a Miami con su hijo. Este solía pasar unos días de la semana con su madre y los otros con su padre. Cuando Juan Miguel fue a recoger al niño a la escuela, se enteró de que su ex esposa se lo había llevado por la mañana y no lo había devuelto. Solo después de varios días fue informado de la iniciativa de exilio a Miami por la vía arriesgada del mar Caribe.

Cuando días más tarde lo llamaron desde un hospital de Florida para obtener informaciones médicas sobre Elián, se dio cuenta de lo que le había ocurrido a su hijo, y lo único que quería entonces era recuperarlo. Sin embargo, las cosas no resultaron tan simples. El 10 de diciembre, el tío pidió a las autoridades americanas el asilo político para Elián, pero, después de una visita del Inmigration and Naturalization Service (INS) a Juan Miguel González en La Habana, el INS decidió el 5 de enero que «Juan Miguel González es el único que tiene autoridad legal para hablar en nombre de Elián González. Este muchacho, que ha sufrido tal calvario, tiene que estar con su padre»[1]. El niño tenía que volver a Cuba antes del 14 de enero del año 2000.

Los familiares de Miami rechazaron la decisión e insistieron para que se volviera a analizar el caso. Lázaro González pidió la custodia provisoria, pero el 1 de enero, Janet Reno, magistrada estadounidense, declaró que la custodia le pertenecía al padre y que este tenía todo el derecho de recuperar a su hijo sin tardar. A finales de enero, las dos abuelas de Elián viajaron a Miami para hablar con él. Solo pudieron comunicarse con su nieto durante un cuarto de hora, pero ese tiempo bastó para que se dieran cuenta del cambio que se había producido en el niño. A principios de abril, con visa del Ministerio estadounidense de Asuntos Exteriores, el padre de Elián, su esposa, Nelsy Carmeta, su hermanito de seis meses, y un grupo de compañeros de clase de Elián acompañados por algún familiar, viajaron a Washington.

Una semana más tarde, la magistrada Janet Reno se trasladó a Miami y trató de convencer a los familiares de Elián para que lo en-

---

[1] S. Kauffmann, «Les États-Unis se prononcent pour le rapatriement du petit naufragé cubain vers La Havane», *Le Monde,* 7-I-2000, pág. 3 (traducción nuestra).

tregaran a su padre, pero estos no solo no cedieron, sino que consiguieron que el niño permaneciera en Estados Unidos hasta la conclusión de todos los asuntos judiciales. Uno de los innumerables chistes que circulan sobre la isla y sus continuos problemas con Estados Unidos inmortaliza este periodo de la vida de Elián. Se cuenta que el niño balsero envió un telegrama a su padre a Cuba, en el que solamente decía: «E.L.I.A.N.». Juan Miguel, emocionado, se dirigió al Palacio de Gobierno y pidió a Fidel que le interpretara el enigmático mensaje. Este le respondió sin titubear:

—Está clarísimo. Lo que quiere decir es: «Espero Luchen Intensamente Ante Norteamericanos».

A su padre le faltó el tiempo para llamar a su niño y asegurarle que continuarían luchando por él, que no desesperase, que ya faltaba poco para el desenlace feliz de ese desgraciado suceso; pero el muchacho le preguntó, extrañado, cómo habían traducido las siglas de su texto. Cuando Juan Miguel se lo contó, el niño se echó a reír, mientras le decía:

—Papá, lo que el telegrama quería decir es: «Estoy Libre, Idiota. Aprende a Nadar».

Volviendo a la realidad, lo que ocurrió fue que, debido al fracaso de las negociaciones entre los familiares de Miami y las autoridades federales, el 22 de abril en la madrugada, las fuerzas policiales procedieron a la recuperación del niño irrumpiendo con violencia en la casa del tío abuelo donde residía desde hacía ya cinco meses. Las primeras planas de la prensa divulgaron la fotografía del policía apuntando con un enorme fusil ametrallador a un Elián atormentado y aterrado, en los brazos del pescador que le había salvado la vida. Las imágenes televisivas que dieron la vuelta al mundo no fueron menos elocuentes: la policía tiraba para un lado, y los «custodios» del niño para el otro, preparando el patíbulo de un particular Gólgota, en cuyo áspero camino el niño había cargado con la cruz, que todavía olía a la madera mojada, resto del naufragio. Elián fue llevado enseguida a Washington, donde lo esperaban su padre y todos los demás que habían hecho el viaje para reunirse con él. Permanecieron unos días en la base militar Andrews, en Maryland, y después se trasladaron a la «Wye Plantation», una hacienda del gobierno. Después de unos días de negociaciones y desconcierto, el niño balsero volvió a la isla que lo vio nacer, con el cortejo de acompañantes, dando fin a su peculiar camino de la cruz. Fidel Castro, después del espectacular rescate, aseguró que era «el primer día de tregua» entre su país y Estados Unidos en los últimos cuarenta años de historia. En la actualidad, Elián está totalmente reincorporado en su barrio de Cárdenas, con su padre y sus amigos. Sin duda alguna, esa aventura de cinco meses, el tira y afloja de unos y otros, habrá depositado algo más que un recuerdo vago en la memoria del nuevo Moisés, salvado de las aguas, del que quizá no pueda desprenderse para el resto de sus días.

Las críticas al INS por su manera de manejar el caso de Elián por la fuerza han sido muy numerosas, pero, como dijo Janet Reno, «Nosotros hicimos todo lo posible para convencer a Lázaro González de que entregara voluntariamente al niño a su padre… Los familiares de Miami rechazaron nuestros esfuerzos, sin dejarnos otra alternativa que la utilización de la fuerza»[2]. Elián se quedó durante cinco meses en la casa de su tío abuelo, donde vivía también con su prima Marisleysis, de veintiún años, que jugó el papel de madre adoptiva del niño.

Ahora bien, aquí no acaba la historia. Este hecho contribuyó a empañar aún más las ya muy deterioradas relaciones entre los dos países. El conflicto político que resultó de la lucha por la custodia del niño avivó la consabida enemistad, y el caso empezó a ser utilizado tanto en el contexto de las cercanas elecciones estadounidenses como en el ámbito de la lucha por la libertad en Cuba, particularmente por los exiliados isleños en el sur de Florida. Estos últimos arguyen que el respeto de la última voluntad de Elizabeth Brotons, que habría querido ofrecer una vida más «libre» al niño, justificaría su permanencia en Miami.

---

[2] Traducción nuestra.

LA PLUMA DILIGENTE Y EL TELÉFONO DE GABO

El Nobel colombiano no tardó en hacer aparición, a pesar de sus múltiples problemas de salud, también en esta ocasión. El 15 de marzo de 2000, Gabriel García Márquez escribió un artículo en *Cambio,* su revista colombiana, titulado «Náufrago en tierra firme», que apareció también en Internet y fue publicado en Cuba, donde el periódico *Juventud Rebelde* le dedicó un número especial de ocho páginas (desmesurado, si tenemos en cuenta la carencia de papel en la isla) ilustrado con abundantes fotos. Su posición es clara: defiende la petición del gobierno cubano en favor de la restitución del niño a su padre, que es la solución más objetiva y justa, desde el punto de vista de los lazos de sangre que unen al muchacho con su progenitor.

Gabo relata de manera muy detallada toda la historia de los padres de Elián hasta el divorcio, dos años antes del naufragio. Ahora bien, mientras presenta a Juan Miguel como un buen padre a quien le fue arrebatado el hijo, describe a la madre como la Eva culpable que mordió la manzana, abandonó a su marido por otro hombre y asumió demasiados riesgos al huir a Miami, abocando a su familia a un final trágico.

La imagen que nos da del padre del niño balsero es dramática y logra provocar en el lector un sentimiento de compasión hacia él. Explica cómo Juan Miguel descubrió la «mala noticia»[3], y reproduce sus mismas palabras, espejo del horror: «Aquel día se me acabó la vida» (1), había asegurado el cubano. Más adelante reproduce textualmente, para acentuar el efecto melodramático y aprovechar la emoción que se desprende de los lazos que ciñen la ternura familiar, las palabras con las que Elián relataba a su padre la pérdida definitiva de la madre, desaparecida bajo las aguas: «Yo vi cuando mamá se perdió en el mar» (3), comentó el niño por teléfono poco después de

---

[3] Gabriel García Márquez, «Náufrago en tierra firme», *Cambio.com,* 15-III-2000, pág. 1. A partir de ahora, las citas de este artículo aparecerán dentro del texto sobre la base de esta edición, con el número de página entre paréntesis. También publicado en *El País,* 19-III-2000. Copia electrónica en <http://64.21.33.164/CNews/y00/mar00/2002.htm>.

la tragedia. En tercer lugar, refiriéndose a una conversación entre Elián y su maestra de Cárdenas, Gabo constata indirectamente la intención de Elián de volver a Cuba, concretada en el deseo de recuperar su puesto en la institución escolar donde estudiaba antes del periplo: «Su apego a la escuela —asegura el colombiano—, que es famoso entre sus maestros y condiscípulos, así como sus deseos de volver a clase, tuvieron una demostración palmaria unos días después, cuando habló por teléfono con su maestra: "Cuídenme bien mi pupitre"» (3). Esta afirmación de García Márquez contrasta con la imagen que intentaron ofrecer los familiares exiliados de Elián, cuando dieron a conocer una cinta de vídeo en la que el niño aparecía afirmando a su papá que no quería volver a Cuba.

Como si de un relato macondiano se tratara, y con un estilo que recuerda a *Cien años de soledad* o *El amor en los tiempos del cólera*, explica a continuación la historia truncada de la pareja de cubanos, por medio de un *flashback* perfectamente trabado. Ella se enamoró de él cuando tenía solo catorce años de edad. Se casaron cuatro años más tarde y vivieron juntos en la ciudad de Cárdenas, cerca de donde la esposa trabajaba como camarera en el Hotel Paradiso de Varadero. «"Éramos como hermanos", dice Juan Miguel, un hombre pausado, de buen carácter, que también trabaja en Varadero como dependiente cajero en el parque Josone. Ya divorciados y con el niño, Juan Miguel y Elizabeth siguieron viviendo juntos en la ciudad de Cárdenas [...] hasta que ella se enamoró del hombre que le costó la vida: Lázaro Rafael Munero, un guapo de barrio, mujeriego y sin empleo fijo, que no aprendió el judo como cultura física, sino para pelear, y lo habían condenado a dos años de cárcel por robo con fuerza en el Hotel Siboney de Varadero. Juan Miguel, por su parte, se casó más tarde con Nelsy Carmeta, con quien hoy tiene un hijo de seis meses que fue el amor de la vida de Elián hasta que Elizabeth se lo llevó para Miami» (1-2). Hábil maestro de la narración, emplea sus mejores artes para ensalzar la figura de Juan Miguel, que sobresale por lo positivo, en oposición a la imagen que delata a Lázaro Rafael Munero: «Todo el mundo sabía que el promotor y gerente de la aventura había sido Lázaro Munero, que había hecho por lo menos dos viajes clandestinos a Estados Unidos para preparar el terreno. Así que tenía los contactos necesarios y bastantes agallas para llevarse no solo a Elizabeth con el hijo, sino también a un hermano menor, a su propio padre, con más de setenta años, y a su madre, todavía convaleciente de un infarto» (2), investiga Gabo. La lógica es aplastante: a nadie sino a un insensato, o a un mal cubano insolidario, se le ocurriría abandonar el país en condiciones tan penosas, con familiares enfermos o ancianos. Lo que no cuenta García Márquez es por qué cientos de miles de cubanos han hecho lo mismo desde hace cuarenta y tres años, desafiando los peligros de las mareas, tiburones, naufragios, represalias a los familiares que se quedan. «O lo callas tú o lo callo yo» (3), pone en boca de Munero, señalando las palabras intransigentes con las que el padrastro acuciaba a la madre para que el niño no llorara.

Pero el padrastro de Elián no es el único que sufre la crítica feroz de Gabo: también Elizabeth Brotons. Primero, porque ocultó a Juan Miguel sus planes de exilio, ya que implicaban a su hijo. Segundo, por haber separado a Elián de su hermanito Hianny, que significa mucho para él, y finalmente por lo irresponsable de la decisión: la embarcación en la que subió con su hijo no era ni adecuada ni segura para semejante expedición: «El producto final fue una chalupa no más larga que un automóvil, sin techo ni asientos, de modo que los pasajeros debieron viajar sentados en el fondo y a pleno sol. [...] Tres neumáticos de automóvil se embarcaron como salvavidas para catorce personas. No había sitio para uno más» (2).

Luego, no escatima tampoco las críticas a los familiares de Miami, que no prestan ninguna atención al desorden psicológico que causan al niño, que ya había sido víctima de un penoso trauma, al presenciar la muerte de su madre: «A nadie en Miami parece importarle el daño que le están causando a la salud mental de Elián con los métodos de desarraigo cultural a que lo tienen sometido. En la fiesta de sus seis años, que cumplió el pasado 6 de diciembre en el cautiverio de Miami, sus anfitriones interesados lo retrataron con casco de combate, rodeado de armas mortíferas y envuelto en la bandera de Estados Unidos, poco antes de que un niño de su edad asesinó a tiros de revólver a una compañera de escuela en el estado de Michigan» (4). Y añade sobre los juguetes que regalaban al niño: «No eran juguetes de amor, por supuesto, sino síntomas inequívocos de una conspiración política que millones de cubanos atribuyen sin reservas a la Fundación Cubano-Norteamericana, creada por Jorge Mas Canosa y sostenida por sus herederos, que al parecer está gastando millones de dólares para que Elián no sea devuelto a su padre. Es decir: el verdadero naufragio de Elián no fue en alta mar, sino cuando pisó la tierra firme de Estados Unidos» (4).

Comenta más adelante cuáles fueron las dificultades que se presentaron para que Juan Miguel pudiera hablar con su niño: «—Es bueno que usted sepa que desde el principio hacían todo lo posible para sabotearnos —me dijo. —A veces le hablan a gritos al niño mientras conversamos, suben al máximo el volumen de los dibujos animados en la televisión o le ponen un caramelo en la boca para que no se le entienda lo que dice» (3-4). Pero no solo él se encontró con tales dificultades, sino que «estas artimañas fueron sufridas también en carne propia por Raquel Rodríguez y Marcela Quintana, las abuelas de Elián, durante su tormentosa visita a Miami, cuando un agente de la policía, a órdenes de una monja frenética, les arrebató el teléfono celular con que ellas daban noticias del niño a sus familiares de Cuba. La visita, que había sido prevista para dos días, se redujo al final a noventa minutos, con toda clase de interrupciones provocadas y con no más de un cuarto de hora a solas con Elián. De modo que volvieron a Cuba escandalizadas de cuánto lo habían cambiado» (4).

Como puede observarse, la percepción que ofrece García Márquez sobre el caso del niño balsero se identifica con un tipo de relato del que siempre quiso huir, la novela de tesis: hay una perfecta distinción entre buenos y malos, policías y ladrones, indios y vaqueros, oposición maniquea sin matices en la que los buenos son los que se quedan en Cuba, como Juan Miguel González, y los malos, los que se quieren ir o ya se han ido, como Elizabeth Brotons, Lázaro Rafael Munero o los exiliados de Miami. Toda la extensión y hondura de un drama humano, mucho más complejo que el de la solidaridad

—o vasallaje esclavista— a un líder, quedan aquí reducidas a un problema de 150 kilómetros más al norte o al sur.

Sin embargo, lo positivo de esta historia, según el premio Nobel, es el haber unido a los cubanos en torno a su líder frente a la oposición de los exiliados de Miami y del enemigo estadounidense. Como de costumbre, fascinado por este pueblo caribeño, repasa brote a brote, como un experto en bonsáis, las numerosas manifestaciones en favor de la recuperación del niño: «La movilización popular y el torrente de ideas que se ha generado en el país para exigir el regreso del niño usurpado es espontánea y espectacular» (4). Es cierto que el clamor popular se escuchó por las calles de las ciudades principales, pero tampoco es ajeno a la verdad que las campañas publicitarias con respecto a cualquier asunto que se considera importante las organiza el mismo gobierno. Por ejemplo, para utilizar políticamente la figura del Papa, Fidel, ateo y marxista convencido, llegó a conminar en público, en numerosas ocasiones, a los diez millones de cubanos residentes en la isla para que asistieran masivamente a los actos que se celebraron en el país con motivo de su visita, donde, por cierto, aparece hasta García Márquez, nada sospechoso de católico.

En el caso de Elián, nosotros mismos fuimos testigos del esfuerzo que realizó la cúpula para que el pequeño balsero se convirtiera en un héroe nacional, un nuevo Martí que —desde Estados Unidos— luchaba por la soberanía de Cuba frente al enemigo del norte. En un viaje que hicimos a Cuba al poco tiempo de su regreso podía verse por la calle a un gran número de personas, de cualquier edad, condición social, raza o lugar, con una camiseta donde aparecía la cara del niño y un mensaje nada subliminal: «¡Salvemos a Elián!». ¿Qué tiene este niño que no tengan Heberto Padilla, María Elena Cruz Varela, Gastón Baquero, o un largo etcétera de hombres y mujeres nacidos en la isla, que han dado lo mejor de sí para refrendar su amor a la tierra que les vio nacer, que se dejan la vida en cada poema escrito para que la sombra del gran lagarto verde llegue a los últimos rincones de Occidente, y que si no han podido volver —algunos de ellos ya han muerto— no ha sido precisamente porque sus familiares en el exilio los han secuestrado?

Probablemente, lo que tiene este niño no es la estela de compasión y ansia de justicia que generó su terrible situación, sino la «suerte» de haber desembarcado en su «Gólgota» en un periodo preelectoral, y en un lugar —Florida— donde los cubanos han perdido los papeles, han tomado a menudo posturas políticas extremistas y execrables, y han constituido un grupo de presión que crea una clara tensión entre los sillones de la Casa Blanca. Por eso, el tira y afloja que mantuvo al niño con los brazos en cruz durante tanto tiempo fue fruto de una serie de movimientos políticos de la más baja catadura, a través de los cuales cada parte intentaba arrimar el ascua a su sardina, o al menos trataba de que la sangre derramada en el Caribe no les salpicara.

Pero Gabo solo vio uno de los extremos. Acusa, y con razón, a Estados Unidos de retrasar la decisión de devolver al niño a Cuba por razones políticas y en particular electorales. Podría hacer perder votos en Florida al candidato demócrata, Al Gore, o ser perjudicial para la configuración del estamento judicial, porque, como es sabido, los jueces en Florida son elegidos. «Ha llamado la atención —afirma el colombiano— que el juez King, el primero que debía decidir esta causa, tuvo que declararse impedido por sus vínculos con la Fundación Cubano-Norteamericana. Su sucesor, el juez Hoelever, sufrió un dudoso derrame cerebral. Michael Moore, el juez actual, no parece tener mucha prisa para fallar antes de las elecciones» (5). Y sigue más adelante: «Sin embargo, la pérdida jurídica e histórica puede ser para Estados Unidos mucho más costosa que la electoral, pues más de diez mil niños norteamericanos andan hoy por el mundo, sacados de su país por uno de sus padres sin autorización del otro. Lo grave para ellos es que si los cónyuges que se quedaron en Estados Unidos quieren recuperarlos, el precedente de Elián podrá ser usado para impedirlo» (5).

Así, no duda tampoco en relacionar este caso con la «Operación Peter Pan» de los años sesenta, por la que se suponía que el gobierno de la isla iba a arrebatar a los niños cubanos a sus padres para enviarlos a la Unión Soviética y someterlos a un adoctrinamiento precoz. A pesar de los desmentidos de la cúpula castrista, muchos abandonaron la isla. No sabemos si, como dice el Nobel, la pérdida será más costosa para Estados Unidos que la electoral; lo que sí sabemos, después de las elecciones de otoño de 2000, es que el ridículo hecho por el «país de la democracia» en la última llamada a las urnas no tiene parangón en el mundo occidental. También estuvimos presentes, por aquellos días de noviembre, en Miami Dade: ni los más patriotas encontraban palabras para justificar o disimular el *affaire* del recuento de votos. La calle era un concierto de medias risas, los comentarios de los corrillos trataban de evitar los temas espinosos, mientras la playa seguía repleta de turistas, ajenos al tema que llenaba las primeras páginas de los diarios del país. El problema no era de agujeros perforados con precisión: allí se decidió, entre jueces, observadores y expertos, que uno de los hombres menos carismáticos en la historia de los presidentes de Estados Unidos fuera elegido en el proceso electoral más largo y vergonzoso de los últimos tiempos. Los cubanos decidieron. Paradojas de la historia. Y Elián puso, con su personal calvario, sin comerlo ni beberlo, su grano de arena.

LA DIÁSPORA EN ACCIÓN:
EL DISCURSO CUBANO Y EL DUELO ENTRE NÁUFRAGOS

Una pequeña embarcación cruza de una parte a otra del Malecón habanero. Es un recorrido habitual. De repente, varios hombres armados obligan al timonel a desviarse de la costa rumbo al norte. Guardacostas cubanos persiguen al bote y disparan sin piedad. Tras unos momentos de terror logran escapar del cerco policial, y los tripulantes empiezan a valorar las consecuencias de este peculiar secuestro. Dentro de muy poco atisbarán las costas de Florida. Muchos de ellos se alegran y felicitan a los «malhechores». El dentista Stalin Martínez, que realiza diariamente ese viaje, ida y vuelta, para acudir al trabajo, se pone enseguida en contacto con su hermano en Miami, quien celebra su «osadía» y le ayuda a obtener todo lo necesario para comenzar una nueva vida. Sin embargo, Stalin, que no deja de pensar en su familia, decide volver no tanto por la solidaridad revolucionaria, sino para encontrarse con su mujer y sus hijos. Al llegar a La Habana es tratado como un héroe, pues ha preferido la dureza de la isla a la comodidad del espejismo americano. En las entrevistas que le hacen en la prensa incide en que él siempre fue un revolucionario fiel, y que trató en vano de desbaratar el secuestro dentro del barco, lo que estuvo a punto de costarle la misma vida. Pero esa temporada en Florida ha tenido consecuencias nefastas para su situación familiar: su mujer se ha ido con otro y los suyos se han dispersado. Incapaz de aguantar tal desgracia, decide embarcarse de nuevo, esta vez voluntariamente, rumbo a Florida. Así comienza la cuarta novela del escritor y editor cubano, residente en España desde 1992 hasta su muerte, en 2002, Jesús Díaz, quien, entre bromas y veras, ofrece un testimonio verosímil de lo que está aconteciendo a tanto cubano en los últimos años. Él también se ha pronunciado sobre el caso Elián. Y pone a Fidel Castro en la cabeza de la *pole* de salida: fue el primero —asegura— en aprovechar políticamente ese drama humano [4]. Y algo parecido piensan otros intelectuales cubanos y latinoamericanos, muchos de los cuales salen al paso de las declaraciones del Nobel, por considerar que la defensa a ultranza del amigo se ha convertido en un acto irracional de sumisión al líder.

Manuel Moreno Fraginals es quizá el mejor historiador cubano de todos los tiempos. Con su artículo «Naufragio de un Nobel», se pregunta quién ha sido realmente el náufrago. Ya escribió Gabo sobre el tema en una de sus primeras novelas cortas, titulada precisamente *Relato de un náufrago,* basada en un hecho real acaecido en febrero de 1955. Ocho marineros cayeron de un barco durante una tormenta en el Caribe, y solo uno de ellos, Luis Alejandro Velasco, apareció moribundo a los cuatro días en una playa de Cartagena de Indias. Su relato directo fue convertido por nuestro Nobel en una magnífica novela, escrita en un tono periodístico que hace revivir por momentos los detalles más emocionantes del suceso. Si en aquella ocasión García Márquez era el periodista joven en busca de la no-

---

[4] En su artículo «Cuba rota», *El País*, 31-I-2000, en <http://www.analitica.com/va/hispanica/fuentes/9715146.asp>.

ticia sensacionalista, a la vuelta de cincuenta años este nuevo naufragio ya no es materia inocente para el colombiano. Gabo selecciona los hechos y sus intenciones, según Fraginals: «Es un escrito —el relativo a Elián— que tiene al menos dos objetivos: presentar la visión bondadosa y recta de Juan Miguel González, el padre de Elián, y la figura corrompida, inmoral e irresponsable de Elizabeth Brotons, muerta tratando de salvar a su hijo de la pobreza espiritual y material de la Cuba de hoy. Y, de paso, nos entrega una imagen del padrastro de Elián como un hombre deshonesto y violento»[5]. Concluye el cubano que la crítica hacia la madre y el padrastro de Elián es demasiado feroz y subjetiva, ya que Lázaro Munero había hecho varias veces el mismo viaje, por lo cual la no tan irresponsable Elizabeth, aunque consciente del riesgo, podía suponerlo factible. Además, para justificar la clandestinidad del padrastro, añade que García Márquez parece olvidar que si se hubiese descubierto lo que tramaba Lázaro Munero, «lo hubiesen fusilado o condenado hasta treinta años de cárcel»[6]. Eso quiere decir, además, que el padrastro de Elián, aunque estaba llevado seguramente por otros intereses, arriesgaba su vida por otros.

Pero hay otra reflexión sumamente interesante del historiador sobre los padres de Elián. García Márquez recuerda que después del divorcio siguieron viviendo juntos, dando así la impresión de que todavía se amaban y de que, a pesar de la separación, no eran capaces de romper definitivamente... hasta que ella encontró al hombre «que le costó la vida». Así, el lector del relato de Gabo siente compasión por Juan Miguel González, que se quedó solo, en el más completo de los abandonos. Sin embargo, Moreno Fraginals nos recuerda que «en la Cuba de hoy, las parejas pueden divorciarse pero no siempre separarse, porque desde el triunfo de la revolución la falta de viviendas se convirtió en un problema crónico»[7]. Ahora bien, el punto

---

[5] Manuel Moreno Fraginals, «Naufragio de un Nobel», *El País*, 29-III-2000, en <http://64.21.33.164/Cnews/y00/mar00/2908.htm>.

[6] Ibídem.

[7] Ibídem.

más importante que comenta Fraginals del artículo de Gabo indaga sobre lo que sabía el padre. Según el colombiano, Juan Miguel no estaba al corriente de nada. Además, acentúa aún más ese hecho explicando cómo tuvo que descubrirlo, cuál fue su sorpresa, etc. Pero, al parecer, el padre sí lo sabía, como lo ha verificado, aparte de Moreno Fraginals, Guillermo Cabrera Infante, observando sagazmente que «cuando el niño fue recibido por su familia de Miami el padre no mostró ni ira ni siquiera asombro inicial. De hecho se sabía que Juan Miguel González había entrado con éxito dos veces en la rifa del Departamento de Estado en Washington que todos los años se celebra para dar visas de entrada a Estados Unidos. [...] Además González había hablado con sus parientes de Miami pidiendo que le cuidaran al niño: estaba, pues, enterado de su partida»[8].

García Márquez es un excelente periodista, y un reportero consumado. Desde finales de los cuarenta ha escrito multitud de crónicas, ha realizado cientos de entrevistas y reportajes, ha dirigido y fundado publicaciones periódicas de prestigio. Es difícil creer que la omisión de ciertos detalles se deba a la falta de información o a la impericia del reportero inexperto y superficial. Además, se desprende de su artículo que se empeñó en llamar al padre y mantuvo una larga conversación con él. ¿Quién le pasaría el número de teléfono? ¿Por qué tanto interés en una persona a la que no conoce, y que no supone nada en la vida de este escritor que solo llama a sus amigos —y escribe para que le quieran—, y es capaz de volar al otro lado del planeta únicamente para pasar un rato con el íntimo? Entre náufragos anda el juego.

Para César Leante, la historia del niño balsero se convirtió en un tema político por causa, en primer lugar, de Fidel Castro: «Con ello ha convertido un caso que debió resolverse familiar o jurídicamente en una discordia francamente política. Es claro que la postura del exilio cubano en Miami es política. Pero lo es como una reacción, como una respuesta a la politización con que desde el primer instan-

[8] Guillermo Cabrera Infante, «El niño prodigio», *El País,* 22-II-2000, en <http://www.analitica.com/va/hispanica/fuentes/6530484.asp>.

te Castro trató esta desgracia»[9]. Asimismo, critica las razones de Castro para justificar su apoyo a Juan Miguel González: «Aparentemente actuó (actúa) así por motivaciones humanitarias, morales y patrióticas. ¿De qué se trata? ¿Del apoyo incondicional a un padre (y a unas abuelas) que reclama la custodia de su hijo una vez muerta la madre? ¿De la dignidad de una nación que considera que se ha "secuestrado" a un ciudadano suyo, aunque este ciudadano tenga tan solo seis años? ¿O simplemente de la protección de un inocente al que hay que amparar por el más elemental de los deberes filiales (ya que el Estado es también una institución paternal) y éticos? Hermoso que fuera así. Pero mucho me temo que no lo es»[10]. Y aduce como prueba el caso del remolcador *Trece de Marzo*. En 1993, Castro mandó hundir ese barco, con el que trataba de huir de la isla un buen número de cubanos, entre los que había una docena de niños cuya edad iba de los seis meses a los quince años. Y opina sobre el «nuevo Herodes»: «No se alegue que él no fue el responsable de este crimen, pues sin su consentimiento no se hubiera hecho naufragar la embarcación»[11]. Es decir, las vidas humanas de unos niños indefensos valen más que las de otros. Cabrera Infante insiste en la paradoja: «No se oyó ni un solo lamento oficial ante esta tragedia [la del remolcador *Trece de Marzo*]. ¿Por qué ahora tanto ruido y amenazas por la devolución de un niño náufrago salvado de las aguas? La única explicación es la incoherencia de un hombre que se debate ante lo inevitable: su desaparición y el fin de su tiranía y de su vida»[12]. No se trata de minusvalorar los esfuerzos de tanta gente para restablecer una paz familiar, pero sí de poner las cosas en su sitio. Como observa Jesús Díaz, «Castro está utilizando la tragedia para reconducir una situación que por primera vez en cuarenta años de dictadura estaba empezando a volvérsele adversa»[13].

[9] César Leante, «Fidel Castro y los niños», *El País*, 25-III-2000, en <http://www.chez.com/jpquin/fidenino.html>.
[10] Ibídem.
[11] Ibídem.
[12] Guillermo Cabrera Infante, «El niño prodigio», art. cit.
[13] Jesús Díaz, «Cuba rota», art. cit.

En definitiva, este suceso ha reabierto una serie de heridas en la mayoría de los exiliados, que se resisten al olvido. César Leante insiste: «Si Fidel Castro no hubiese hecho de Cuba el infierno que es, nadie querría huir de este país, muchísimo menos exponiendo la vida. Nadie se marcha de donde es feliz, o al menos no se siente agobiado» [14]. La añoranza del desterrado es el dolor de la ignorancia, esa barrera imposible de traspasar y que mantiene en vilo a la diáspora. Es curioso que García Márquez no repare nunca en las circunstancias que rodearon a cada uno de los exilios, y ni siquiera le interese mencionar a la madre muerta, «como para que la población cubana —termina su artículo Leante— no piense en ella o la olvide. ¿Casualidad o cortina de humo en los dos casos?» [15]. Si el niño se convierte en una nueva bandera cubana, Elizabeth Brotons es, quizá, otro símbolo más del exilio.

MARIO VARGAS LLOSA ENTRE CHIVOS Y CAIMANES

Mario Vargas Llosa ha publicado en el año 2000 una de sus obras maestras, *La fiesta del Chivo,* que trata el tema de la dictadura dominicana de 1930 a 1961, en la persona de Trujillo. El eco internacional de esta obra ha batido todos los récords con respecto a sus novelas anteriores, y las entrevistas se han multiplicado en los medios de comunicación de numerosos países. En ellas no ha cesado de repetir que «la dictadura es la expresión suprema del mal» [16], cualquiera que sea su signo, y que si se ha detenido especialmente en la descripción de una dictadura es porque es su modo de combatirla, y porque «en la historia de la literatura existe una atracción morbosa por el mal», pues «todos los desvalores tienen una perversa fascinación y mucha mayor audiencia, tal vez porque nos sabemos víctimas de esas pasiones» [17]. Por eso, aprovecha todas las ocasiones a su al-

[14] César Leante, «Fidel Castro y los niños», art. cit.
[15] Ibídem.
[16] Raúl Cremades y Ángel Esteban, *Cuando llegan las musas,* ob. cit., pág. 381.
[17] Ibídem.

cance para criticar con dureza cualquier manifestación represiva. A raíz del caso Elián hizo una serie de afirmaciones que, guardando esta coherencia, ponían de manifiesto las lacras de la revolución cubana y el verdadero papel de Fidel Castro, «uno de los más sanguinarios y repugnantes dictadores que haya producido la fauna autoritaria latinoamericana» [18], o «el tirano más longevo» [19], etc. La ocasión no se le escapa para censurar con sus críticas la actitud del líder máximo. Contrariamente a García Márquez, Vargas Llosa toma el partido del niño. Afirma, al igual que César Leante, que el primero que sacó provecho de este acontecimiento fue el caimán barbudo: «Desde un primer momento, Fidel Castro primero, y luego el exilio de Miami, vieron en el niño un instrumento que podía ser utilizado en la lucha política para ganar puntos contra el adversario. Error fatal del exilio, que cayó ingenuamente en la trampa tendida por el dictador, fue aceptar una puja política sobre un asunto que debió confinarse en el estricto plano jurídico» [20].

Así pues, el pequeño Elián se convirtió en una «bandera de la lucha contra la dictadura» [21], y por eso está totalmente en desacuerdo con la decisión estadounidense de devolver el niño a su padre, ya que contribuye a la perpetuación de los métodos de control ejercidos por el dictador sobre toda la población residente en la isla: «Que esta solución fuera previsible, y ajustada a ley, no quiere decir que sea justa. Yo creo que es injusta e inmoral, porque, dadas las particularísimas circunstancias del caso del niño cubano, a quien el tribunal de Estados Unidos va a entregar a Elián no es a su padre, sino a Fidel Castro, que es la única persona que ejerce de verdad la patria potestad sobre los cubanos de la isla de Cuba» [22]. Vargas Llosa también rechaza la idea de que Castro está defendiendo al niño desvalido para que vuelva con su padre, pues, como César Leante y Cabrera

---

[18] Mario Vargas Llosa, «Vida y miserias de Elián», *El País,* 30-IV-2000, en <http://www.caretas.com.pe/2000/1617/columnas/mvll.phtml>.

[19] Ibídem.

[20] Ibídem.

[21] Ibídem.

[22] Ibídem.

Infante pusieron de manifiesto, nada hizo para salvar las de aquellos que viajaban en el remolcador *Trece de Marzo*. Y concluye: «Así que cabe poner en duda que la formidable movilización desatada por Fidel Castro hace meses en "defensa" de Elián González obedezca a sentimientos altruistas suyos en favor de la paternidad. En verdad, era una maniobra psicológica de distracción en el frente interno, y una astuta provocación al exilio de Miami para inducirlo a adoptar unas posturas y actitudes que dañaran su imagen y parecieran confirmar los rasgos de extremismo y cerrazón con que lo describe la propaganda castrista. En ambos objetivos el dictador ha triunfado en toda la línea»[23].

Por último, a lo largo del artículo, hace referencia dos veces al «naufragio en tierra firme» de su otrora amigo colombiano. En el primer caso, califica el artículo de «libelo propagandista» en favor de Cuba y de su comportamiento. En el otro, se refiere al hecho de que en Cuba todos optaron por la devolución del niño a su padre, inducidos por la propaganda generada por Castro: «Si hasta destacados poetas, y un premio Nobel, pusieron su pluma al servicio de semejante farsa, ¿qué cabe esperar del desorientado cubano del común, sin otras fuentes de información que las que destila sobre él la propaganda del régimen?»[24]. Como puede observarse, las posturas de estos antiguos amigos —García Márquez y Vargas Llosa— acerca de los problemas cubanos son siempre diametralmente opuestas desde que el peruano retiró su apoyo a la revolución cubana a raíz del *caso Padilla*. El colombiano no tenía más remedio que poner ahí toda la carne en el asador. En los años noventa el líder máximo había visto cómo disminuía ostensiblemente su poder de movilización, que era el mejor instrumento para consolidar legitimidades, generar entusiasmo en torno a un proyecto político de envergadura, y un medio, además, para controlar a la población. Pero en la mitad de los noventa este instrumento se volvió caduco e inservible, pues la población se encontraba moralmente destrozada, y los chistes so-

rio Vargas Llosa, art. cit.
n.

bre la escasez, el plan especial, etc., habían sobrepasado ya el límite de lo políticamente incorrecto: reírse de la desgracia propia era la única manera de sobrevivir ante la miseria colectiva. Con el caso Elián, el golpe de efecto fue fulminante: el hombre más inteligente de cuantos hayan regido país latinoamericano alguno jugó sus cartas con maestría. La generación que maduró en los ochenta, absolutamente perdida con respecto a la cúpula y sus intereses, por completo desorientada y dispersa, daba paso a una nueva hornada de jóvenes que conectó al fin con el patriarca en su otoño gracias al nuevo símbolo de la resistencia antiimperialista: el niño salvado de las aguas.

LA LANZA EN EL COSTADO: CARLOS FUENTES EN LA CRUCETA

El mexicano Carlos Fuentes, con la diplomacia habitual que le caracteriza, prefiere no estigmatizar a unos ni a otros, y colocarse en un justo medio. Elián ha sido crucificado por cubanos y gringos, y ahora, con los brazos en el madero, las miras apuntan hacia el costado, donde no tardará en aparecer la lanza que le chupe la última sangre. Es decir, consumada la tragedia de la muerte de la madre y el terrible naufragio, la estrategia del horror cuelga tanto de la palmera insular como de la de Florida. Elián es utilizado por los anticastristas de Miami para su guerra particular, y por Fidel Castro, con el fin de «posar como el defensor de la soberanía cubana frente a la agresión norteamericana»[25], proceso que llegará hasta la fecha de las elecciones, donde «los principales contendientes a la presidencia de Estados Unidos, el demócrata Al Gore y el republicano George W. Bush, se sumaron a la postura de la histeria heroica: salvemos al niño de las garras del déspota cubano»[26].

---

[25] Carlos Fuentes, «The Elian Show», *El País,* 26-IV-2000, en <http://www.analiti-ca.com/va/hispanica/fuentes/8588773.asp>.

[26] Ibídem.

El tono de Fuentes busca la imparcialidad: no elige ni la causa de los exiliados de Miami, ni la de los cubanos de Cuba. Para él, la víctima de toda esta historia no será ni Castro, ni el exilio cubano, ni los candidatos a las elecciones, sino Elián, apoyada la espalda en la cruceta que une el palo horizontal con el vertical: «Usado por Fidel Castro, por el exilio de Miami y por la derecha norteamericana, Elián González es solo un simpático niño de seis años de edad» [27], que se encuentra en una situación parecida al protagonista de *El show de Truman:* «Elián González es un querube fotogénico que alimenta la agenda política del exilio cubano, del gobierno cubano, de los candidatos presidenciales norteamericanos, de la prensa, la televisión y los ávidos hogares globales. *That's entertainment*» [28]. Observado por todo el mundo, las cámaras descienden hasta la casa de Miami incluso en el momento de la llegada de la policía. Probablemente, este pequeño Truman tampoco sabe que su vida ha sido ya programada, desde el fatal periplo, para que los poderosos sigan teniendo temas sobre los que polemizar, y la gente de la calle pueda asistir a su cita habitual con la televisión, como si de un culebrón se tratase, para soltar unas lágrimas o mostrar su indignación. El pan y el circo, sin salir de casa. Lástima, pensarán algunos, que se haya acabado tan pronto.

---

[27] Carlos Fuentes, art. cit.
[28] Ibídem.

16
A MODO DE EPÍLOGO:
HISTORIA DE UN ASCENSOR

A estas *alturas* ya sabemos por qué García Márquez se mantiene tan íntegro en las cumbres más peligrosas: su buen hacer político y literario le ha dado alas. En la primera página de *Crónica de una muerte anunciada* estampa unos versos de Gil Vicente: «La caza de amor / es de altanería». Mucho sabe nuestro Nobel de caza y de cimas; por eso, a pesar de su edad, cuando la cita es importante, no necesita el ascensor: sabe remontar el vuelo y avistar la presa. Nos contaba Ángel Augier que en el verano de 2001 Gabo quiso ver a alguno de sus antiguos amigos cubanos, aquellos con los que se embarcó en la aventura de Prensa Latina. Cuando llegó a casa del nonagenario Augier, iba acompañado por Gabriel Molina, otro de los colegas periodistas que trabajaron en la agencia. Como el ascensor no funcionaba, tuvieron que subir andando los ocho pisos de su casa. En agradecimiento por el detalle, el poeta y periodista cubano le dedicó un artículo en el *Granma Internacional*, titulado «Gabo en la octava planta de la amistad», fechado el 28 de agosto de 2001.

Pero el destino no solo le juega malas pasadas. Hablando de alturas, y al hilo de la conversación que tuvo lugar ese caluroso día de verano, Gabo adelantó algunos episodios que aparecerán en el tercer volumen de sus memorias, todavía inédito. Como va a ser el tomo dedicado a su amistad con presidentes, no es difícil adivinar que Fidel Castro ocupará un lugar destacado dentro de la obra. Sin embargo, el primero de todos en aparecer será Torrijos, como él mismo anunció en esa tertulia matizada por el sudor. Ante un comentario sobre la trágica muerte del presidente panameño en 1981, Gabriel Molina apuntó que ya habían pasado veinte años desde aquel desgraciado accidente en las alturas. Gabo le contestó, pensativo: «Yo tenía que estar en ese vuelo. No me fui porque Mercedes había hecho todo lo posible para impedírmelo»[1]. Gracias a esa corazonada de Mercedes Barcha, la esposa del escritor vivo más importante de estas últimas décadas, millones de entusiastas de la buena literatura podemos disfrutar de títulos como *El amor en los tiempos del cólera* (1985), *El general en su laberinto* (1989), *Doce cuentos peregrinos* (1992), *Del amor y otros demonios* (1994), *Noticia de un secuestro* (1996), *Vivir para contarla* (2002), y probablemente tendremos la ocasión de leer con gusto dos tomos más de sus memorias e incluso algunos cuentos y novelas nuevas en este joven milenio. Lo importante no es llegar muy alto, sino saber dónde y cómo hay que estar en cada momento. Algo en lo que el colombiano es consumado experto.

Otro de los acontecimientos estelares en los que Gabo ha tocado cielo en los últimos años es el que rodea a la visita del Papa a Cuba. En la entrevista que Vázquez Montalbán le hizo al Nobel sobre el tema, este comentó: «Ahora me interesa lo del Papa. Tal vez escriba algo. Fidel está algo melancólico. Yo también. Cuando viene a casa, con quien le gusta más hablar o que le escuche es con Mercedes. Las mujeres oyen cosas que nosotros nunca oiremos y nos hacen decir cosas que ni siquiera sabíamos que pudiéramos decir. Tal vez el encuentro entre Fidel y el Papa sea el de dos frustrados. Para uno la Revolución no es como se la merecía o esperaba, para el otro ha muerto el perro pero no se acabó la rabia. El fin de los Estados comunistas no ha significado la hegemonía de la espiritualidad religiosa. Son como dos señores de la Historia que se encuentran en un momento delicado para los dos»[2].

---

[1] Gabriel Molina, «Un Gabo para saborear», *Granma Internacional*, 9-VIII-2001, en <http://www.granma.cu/frances/agosto1/32gabo-f.html>, pág. 2.

[2] Manuel Vázquez Montalbán, ob. cit., pág. 561.

Pero el interés fue mutuo. A Gabo le interesaba estar allí y a Fidel le convenía tener a su representante «todoterreno» en un sitio preferente, justamente a su lado, en lugar del número dos del régimen —su hermano Raúl— o autoridades políticas como Lage o Alarcón. Vázquez Montalbán así lo supone: «Cuando vi a García Márquez al lado de Fidel Castro, en la primera de las filas del poder presente en la misa de La Habana, recordé aquella secuencia histórica en que Torrijos se llevó a Graham Greene y a Gabo como testigos de la firma del tratado de devolución del canal de Panamá. Que Fidel Castro le pidiera al premio Nobel que le hiciera compañía en el último acto de masas en presencia del Papa podía interpretarse como una relativización significante de la primera fila del poder político, pero creo que el escritor asumía, lo quisiera o no, la representatividad que le daba el haber sido interlocutor de Clinton en dos ocasiones en el intento de trazar un puente entre la Cuba de Castro y el gobierno de Estados Unidos. García Márquez, junto a Castro y ante Juan Pablo II, no solo era el tercer papa, sino también una señal»[3]. No era la primera vez que el colombiano notaba las indecisiones de Castro y su melancolía vital. En otras ocasiones, cuando eso había ocurrido, siempre trataba de consolarlo o intentaba darle alguna idea o remedio para superar sus decaimientos. En cierta ocasión le preguntó qué prefería hacer en ese instante, a lo que Fidel contestó: «Simplemente haraganear en cualquier encrucijada»[4].

Sin embargo, a pesar del interés de Gabo por inmortalizar el encuentro con un artículo, como apuntó en la entrevista del periodista y escritor catalán, nunca se ha pronunciado por escrito sobre el significado de aquellas horas. El colombiano fue invitado también a otros actos, pero prefirió mantenerse al margen de las ceremonias públicas para conservar su «independencia»[5]. Lo presenció todo por televisión, y pasados unos días interpretó que, por debajo de la aparente armonía entre los dos líderes, debía de existir algún desa-

---

[3] Manuel Vázquez Montalbán, ob. cit., pág. 567.
[4] Fidel Castro, *My Early Years,* ob. cit., pág. 25.
[5] Jon Lee Anderson, art. cit., pág. 64.

cuerdo privado entre ellos. Dijo a Fidel que escribiría el artículo, pero que no lo haría antes de saber qué pasó realmente entre ellos dos. «La respuesta de Fidel —son palabras de Gabo— consistió en pedirme que le hiciera un favor con los norteamericanos. Dijo que si todo salía bien me diría lo que yo quería saber. Le hice el favor, que consistía en transmitir ciertos mensajes, y todo salió bien; pero cuando le dije "Bueno, ahora sí, ¿qué pasó con el Papa?", Fidel me hizo el quite diciendo: "¡Ah! Otro día te cuento. De todos modos no tiene el tipo de importancia que tú piensas"»[6].

Fidel y sus secretos. La vaina de siempre. Muchas zonas de su intimidad quedan cubiertas por un abismo en el que no entra ni su mejor amigo. Quizá sea una más de las razones por las que Gabo aprecia tanto al líder, «uno de los pocos cubanos que ni cantan ni bailan»[7], según sus propias palabras. Tal vez piensa en él cuando afirma: «La virtud que más admiro es la capacidad de guardar un secreto hasta la muerte»[8]. Y lo quiere de verdad, a pesar de sus desplantes, porque «no hay mayor desgracia humana —dice Gabo— que la incapacidad para amar»[9]. Su fidelidad hacia Castro irá hasta el fin, porque, como él mismo asegura, «soy de los que se entierra con los amigos»[10]. De hecho, en la visita de la octava «planta de la amistad», en el verano de 2001, se habló bastante de esa lealtad a prueba de bomba y de la especial relación con el líder. Gabriel Molina, en su artículo «Un Gabo para saborear», cuenta cómo acompañó a Gabo a casa de Augier. En el trayecto estuvieron hablando sobre varios temas, como el estado penoso de muchos lugares de Centro Habana o la renovación del túnel que conecta la ciudad con las pla-

---

[6] Jon Lee Anderson, art. cit., pág. 64.

[7] Gabriel García Márquez, Prólogo al libro de Fidel Castro *My Early Years,* ob. cit., pág. 15.

[8] «García Márquez: la soledad de la fama», ob. cit., pág. 1.

[9] Ibídem, pág. 2.

[10] Declaraciones de García Márquez sobre Fidel Castro en *El País,* edición internacional (2-X-1995), a propósito de una entrevista concedida al diario el viernes 29 de septiembre del mismo año, en Biarritz, donde se encontraba asistiendo al Festival Internacional de Cine Latinoamericano.

yas del Este. Durante el año que duró la obra, solo podían pasar por ahí los coches diplomáticos, los de matrícula turista y las guaguas, lo que aislaba casi por completo la zona del otro lado del túnel, pues no existe otra manera de conectar con la ciudad que ese paso subterráneo, o bien dando una vuelta monumental y arribando por otras carreteras muy alejadas del lugar concreto.

En fin, cuando llegaron a la casa del poeta también bromearon acerca de la falsa carta que circuló por Internet, supuestamente escrita por Gabo, en la que se despedía del mundo cuando tuvo que hospitalizarse en Los Ángeles por causa del cáncer linfático. Según comentaban los contertulios, lo más gracioso de la farsa llegó cuando la famosa carta fue «interpretada» en la radio argentina por un ventrílocuo que imitaba perfectamente la voz de García Márquez. A partir de ese momento se propagó por la prensa internacional, hasta que el propio autor desmintió el entramado durante su convalecencia. Poco más tarde, Fidel tuvo un desvanecimiento durante uno de sus largos discursos. Gabo estaba entonces en Los Ángeles, y vio unas imágenes, tomadas por una televisión en Miami, donde se repetía una y otra vez la imagen de Castro cayendo, a cámara lenta, y el presentador aseguraba que desde hacía algún tiempo al dictador se le notaba «cierta lentitud» en los movimientos. El colombiano quiso ver a su amigo y corroborar que ese desvanecimiento había sido pasajero. Tomó un avión, llegó a La Habana y se entrevistó con el Comandante un 4 de agosto, después de la clausura de la sesión de la Asamblea Nacional. Con él estuvo hasta las cuatro de la mañana bromeando sobre la expectación que había causado el sucedido. Y añade Gabriel Molina en su artículo: «Lo verificó con sus propios ojos. El día siguiente, nos confesaba a Ana María y a mí: "Fidel está para mucho tiempo". A lo que añadimos: "Gabo está para mucho tiempo"» [11].

Gabo y Fidel, este es el paisaje de una amistad. Hasta que la muerte los separe.

---

[11] Gabriel Molina, «Un Gabo para saborear», art. cit., pág. 2.

ADENDA:

LOS COLETAZOS DEL CISNE QUE YA NO CANTA

Cuando el libro se encontraba en proceso de publicación, unos nuevos sucesos vinieron a empañar aún más la ya frágil estabilidad cubana. Entre el 18 y el 21 de marzo de 2003 fueron arrestados setenta y nueve opositores pacíficos, disidentes internos, casi todos intelectuales comprometidos con el desarrollo y el futuro de Cuba, pero de una Cuba democrática. Alguno fue acusado, incluso, de «poseer una grabadora Sony»[1]. Fueron condenados a penas de hasta veintiocho años de cárcel por delitos de conciencia. El canto del cisne se estaba convirtiendo en coletazo, aprovechando el desorden internacional generado por la guerra de Irak. A los pocos días del suceso, unos trescientos personajes del mundo de la literatura, la política, el cine y el arte en general firmaron una carta abierta donde exigían «al gobierno cubano la inmediata liberación de todos los disidentes» y demandaban «el cese de la represión contra la oposición pacífica»[2]. Entre ellos, algunos tan destacados como Mario Vargas Llosa, Günther Grass (que siempre, desde su comunismo militante, había apoyado los «gestos» revolucionarios), Pedro Almodóvar, Ana Belén,

---

[1] Enrique Krauze, «Gabo en su laberinto», *El País,* 9-V-2003, pág. 14.

[2] «Represión en Cuba», en *Cubaencuentro.com,* 2-V-2003, pág. 1.

Alfredo Bryce Echenique, Elizabeth Burgos, Jorge Edwards, Juan Goytisolo, Enrique Krauze, Claudio Magris, Javier Marías, Antonio Muñoz Molina, Teodoro Petkoff o Joaquín Sabina.

La guerra tocaba a su fin, y el espíritu triunfalista de los aliados llevó a sugerir a alguno de sus líderes que todavía quedaban pueblos bajo el signo de la opresión, y que no se descartaba la intervención en países como Corea, etc. Cuba fue uno de los nombres que en alguna ocasión se barajaron en los mentideros de la prensa como posible objetivo, pero todo se planteaba bajo una sutil capa de ambigüedad. A todo esto se sumó otra coyuntura incómoda para el gobierno de Castro: en pocos días varios aviones y alguna embarcación fueron secuestrados por cubanos que deseaban salir del país e instalarse en un territorio más libre. Una de esas embarcaciones fue interceptada por las fuerzas de seguridad cubanas al quedarse sin combustible, y los autores del secuestro sufrieron arresto, un juicio rapidísimo, la condena a muerte y la ejecución, todo en un tiempo récord de menos de una semana. El 11 de abril se anunciaron los fusilamientos, que tuvieron lugar *ipso facto*. Los tres ejecutados eran menores de treinta años y negros. El más joven tenía apenas veinte años, y el secuestro de la lancha había sido incruento. A los pocos días, la madre de uno de ellos relataba en la televisión (no en la cubana) cómo le habían llamado días antes, a las diez de la mañana, para comunicarle que su hijo estaba ya enterrado en un lugar concreto. Se acercó al cementerio, y no le dejaron comprobar físicamente la identidad del cadáver. «No sabía si lo que había dentro de la caja era mi hijo o un perro», declaró ante las cámaras de Televisión Española.

Como era de esperar, las reacciones fueron inmediatas. La Fundación Internacional para la Libertad, presidida por Mario Vargas Llosa, y en la que se encuentran, entre otros, Plinio Apuleyo Mendoza y Carlos Alberto Montaner, lanzó el «Manifiesto sobre Cuba», donde se preguntaba: «¿Por qué la dictadura cubana ha elegido actuar de una manera tan brutal y tan desafiante en el terreno internacional? En esencia, porque se trata de un régimen totalitario que no les permite a los cubanos ningún vestigio de libertad o autonomía, y el dictador, dueño y señor de la voluntad de todos sus vasallos, veía con preocupación la creciente revitalización de una sociedad civil que intentaba escapar a su control. Castro, sencillamente, quiso dar un escarmiento. Quiso castigar a los opositores e intimidar al conjunto de la población. Es lo que siempre ha hecho»[3]. Y animaba a los demócratas del mundo a no quedarse en meras condenas verbales y pasar a la acción, reduciendo la presencia diplomática de Cuba en los países democráticos, expulsando al gobierno cubano de todos los organismos internacionales, y acorralando al régimen como en su día se hizo con la Sudáfrica racista.

Algunos de los escritores de izquierda que siempre habían estado al lado de Castro, en esta ocasión aseguraron que la solidaridad tiene un límite, el que impone el conculcamiento de los derechos humanos más básicos. El caso más notorio fue el de José Saramago, premio Nobel de Literatura en 1998, quien publicó un breve artículo en *El País* el 14 de abril, titulado «Hasta aquí he llegado». Sus palabras dieron la vuelta al mundo: «Desde ahora en adelante Cuba seguirá su camino; yo me quedo. Disentir es un derecho que se encuentra y se encontrará inscrito con tinta invisible en todas las declaraciones de derechos humanos pasadas, presentes y futuras. Disentir es un acto irrenunciable de conciencia». Hablaba de penas desproporcionadas por los delitos y de ausencia de conspiración de los cubanos con la Sección de Intereses de Estados Unidos en La Habana; y añadía: «Ahora llegan los fusilamientos. Secuestrar un barco o un avión es crimen severamente punible en cualquier país del mundo, pero no se condena a muerte a los secuestradores, sobre todo teniendo en cuenta que no hubo víctimas. Cuba no ha ganado ninguna heroica batalla fusilando a esos tres hombres, pero sí ha perdido mi confianza, ha dañado mis esperanzas, ha defraudado mis ilusiones. Hasta aquí he llegado»[4].

Otro de los desengañados fue Eduardo Galeano. Su artículo «Cuba duele» fue duramente criticado, al igual que el de Saramago, por la prensa cubana. En él, el autor de *Las venas abiertas de Améri-*

---

[3] En <http://www.fundacionfil.org/declaracion/cuba.html>, 2-V-2003.

[4] En <http://www.lainsignia.org/2003/abril/ibe_036.htm>.

ca Latina se deslinda de un modelo de poder que está en decadencia y que «convierte en mérito revolucionario la obediencia a las órdenes que bajan desde las cumbres»[5]. Afirma que nunca creyó en la «democracia del partido único», ni en la omnipotencia del Estado como «respuesta a la omnipotencia del mercado»; que la revolución ha ido perdiendo el «viento de espontaneidad y de frescura que desde el principio lo empujó»; que existe un «desastre de los Estados comunistas convertidos en Estados policiales», lo que significa una «traición al socialismo», y que la apertura democrática para Cuba es imprescindible; pero que han de ser los cubanos, «sin que nadie venga a meter mano desde fuera, quienes abran nuevos espacios democráticos, y conquisten las libertades que les faltan»[6].

La presión sobre estos intelectuales fue tal que, en el caso de Galeano, hubo una rectificación días más tarde. Sin embargo, Saramago ya había tomado una decisión inapelable. Artículos de *Granma, La Jiribilla, Tiempo21,* etc., se ensañaron contra él, como el ya citado de Steffan. El 23 de abril, Día del Libro, coincidimos en un acto con el premio Nobel portugués en Granada. Acabada la inauguración del centro cultural, nos dijo en privado que sentía una enorme frustración por todo lo que estaba ocurriendo, pues él siempre había sido fiel a la revolución, y lo seguía siendo, pero que es ella la que se estaba traicionando a sí misma, que ya no era la de antes y que, por lo tanto, no le podía seguir prestando el apoyo de antaño.

Las reacciones cubanas no fueron exclusivamente personales. El 20 de abril, *El País* recogía las declaraciones de políticos de alto rango y colectivos cubanos defendiéndose del griterío internacional que estaba condenando los abusos de poder. El ministro de Relaciones Exteriores cubano, Felipe Pérez Roque, no dudaba en señalar que las ejecuciones y las detenciones masivas habían sido medidas dolorosas pero inaplazables. Y justificaba la pena de muerte «con carácter excepcional» por el «sensible incremento de los secuestros de

---

[5] Citado y comentado por Heinz Dieterich Steffan en *Tiempo21,* periódico cubano de Las Tunas, 2-V-2003, pág. 1 de Opinión.

[6] Ibídem.

aviones y embarcaciones —siete en otros tantos meses— que podrían crear una situación de crisis migratoria con los Estados Unidos»[7], y constituir una excusa perfecta para la intervención armada. Del mismo modo, veintisiete intelectuales cubanos, entre ellos Miguel Barnet, Leo Brower, Roberto Fernández Retamar, Julio García Espinosa, Eusebio Leal, Senel Paz, Silvio Rodríguez o Cintio Vitier, firmaron el 19 de abril una carta titulada «Mensaje desde La Habana a los amigos que están lejos», donde mostraban su dolor por las declaraciones calumniosas contra Cuba en esos días, sobre todo porque eran obra de «entrañables amigos» de la revolución, que estaban desinformados y que podrían provocar con su actitud, involuntariamente, una invasión de Estados Unidos en la isla. «Nuestro pequeño país —insistía la nota— está hoy más amenazado que nunca antes por la superpotencia que pretende imponer una dictadura fascista a escala planetaria. Para defenderse, Cuba se ha visto obligada a tomar medidas enérgicas que naturalmente no deseaba. No se le debe juzgar por estas medidas arrancándolas de su contexto»[8]. Y apelaban a los gritos de los cubanos en Miami, «Irak hoy, Cuba mañana», para despertar de nuevo la solidaridad de los amigos comunistas desengañados.

Los que conocemos bien la relación del líder cubano con el Nobel colombiano nos preguntábamos durante ese mes largo: ¿dónde está García Márquez? ¿Por qué no sale en defensa de su amigo? O bien, ¿por qué no condena las ejecuciones, dado que siempre ha estado en contra de la pena de muerte? En todo caso, ¿por qué no ha firmado la carta de los veintisiete intelectuales que llaman a las puertas de los antiguos amigos para que vuelvan a apoyar a Cuba? Susan Sontag nos echó una mano, cuando ya habíamos perdido las esperanzas de sacar algo en claro, días antes de que el colombiano se uniera a la misiva cubana procastrista. La escritora estadounidense fue invitada a finales de abril a la XVI Feria del Libro de Bogotá, y disertó sobre el tema «El intelectual en tiempos de crisis» ante miles

---

[7] En <http://www.cubaliberal.org/04_04_21-a.htm>, pág. 1.
[8] Ibídem.

de personas, que aplaudieron efusivamente a la polémica narradora. Allí afirmó que, si bien los intelectuales no pueden ser concebidos como «un grupo o una clase conjunta»[9], en los casos en que se reprime la libertad de expresión no pueden guardar silencio. Como se encontraba en la tierra de Gabo, y le había sorprendido su silencio con respecto a los últimos acontecimientos, añadió: «Sé que aquí Gabriel García Márquez es muy apreciado, y sus libros muy leídos; es el gran escritor de este país y lo admiro mucho, pero es imperdonable que no se haya pronunciado frente a las últimas medidas del régimen cubano». Y comparaba su actitud con la de Saramago: «Yo apoyé a Cuba contra Estados Unidos, pero pronto me di cuenta de lo que suponía Castro. Ahora he visto que un hombre como José Saramago, que aún hoy se declara comunista, rechaza la monstruosidad que ha ocurrido en Cuba. Pero me pregunto: ¿qué va a decir Gabriel García Márquez? Temo que mi respuesta es: no va a decir nada. Creo que su obligación como gran escritor es salir a la palestra. No puedo excusarlo por no hablar»[10].

Ante esa interpelación, Gabo no podía permanecer en silencio. Efectivamente, al día siguiente hizo unas declaraciones a *El Tiempo*, de Bogotá, en las que se defendía señalando alguno de sus méritos con respecto a la situación cubana, pero sin entrar en el problema de fondo: «Yo mismo no podría calcular la cantidad de presos, de disidentes y de conspiradores que he ayudado, en absoluto silencio, a salir de Cuba en no menos de veinte años. Muchos de ellos no lo saben, y con los que lo saben me basta para la tranquilidad de mi conciencia». Al tratar, a continuación, de la ejecución de los tres cubanos, se limitaba a dar una consigna abstracta y general, para no colisionar con los intereses particulares de la Cuba actual: «En cuanto a la pena de muerte, no tengo nada que añadir a lo que he dicho en privado y en público desde que tengo memoria: estoy en contra de ella en cualquier lugar, motivo o circunstancia. Nada más, pues tengo por norma no contestar preguntas innecesarias o provocado-

---

[9] *El País*, 30-IV-2003, pág. 36.
[10] Ibídem.

ras, así provengan —como en este caso— de una persona tan meritoria y respetable»[11].

Como también era de esperar, la respuesta de Gabo dejó insatisfechos a muchos de los que ya se habían pronunciado sobre el nuevo *affaire* cubano. Enrique Krauze, en las páginas de opinión de *El País* del 9 de mayo, publicaba su artículo «Gabo en su laberinto». Tras repasar sintéticamente, desde los setenta, la historia de la amistad que ya conocemos, se preguntaba cómo se explica esta «fidelidad a Fidel». Y relataba:

> En un seminario para periodistas organizado en 1996 en Colombia, García Márquez dijo: «Fidel es una de las personas que más quiero en el mundo». «Un dictador», dijo alguien, y el escritor replicó que las elecciones no eran la única forma de ser democrático. Enseguida, un periodista venezolano inquirió por qué actuaba como asesor honorario de Castro. «Porque es mi amigo», dijo García Márquez, agregando que uno debía hacer todo por los amigos[12].

Más adelante recogía una frase de Gabo, donde dice que el reportaje periodístico tiene que ser verdadero hasta la última coma, y volvía a preguntarse: «¿Cómo concilia García Márquez esta declaración de moral periodística con su propio ocultamiento de la verdad en Cuba, a pesar de tener acceso privilegiado a la realidad cubana?», para concluir que «sería un acto de justicia poética el que, en el otoño de su vida y en el cenit de su gloria, se deslindara de Fidel Castro y pusiera su prestigio al servicio de la libertad, la democracia y los derechos humanos en Cuba»[13].

Mario Vargas Llosa fue mucho más duro en su crítica a las declaraciones y a la postura de Gabo frente a Fidel y la revolución. En el mismo escenario colombiano, y nada más saberse la respuesta del Nobel a Sontag, Vargas Llosa afirmó que García Márquez «es un es-

---

[11] *El País*, 30-IV-2003, pág. 36.
[12] Enrique Krauze, art. cit., pág. 14.
[13] Ibídem.

critor cortesano de Fidel Castro, al que la dictadura muestra como una coartada en el campo intelectual, y él se ha acomodado hasta ahora muy bien con todos los abusos, los atropellos a los derechos humanos que ha cometido la dictadura cubana, diciendo que, en secreto, él consigue la liberación de algunos prisioneros políticos. Para nadie es un secreto que Fidel Castro les regala a sus cortesanos y amigos algunos presos políticos de vez en cuando. A él eso le lava la conciencia. A mí más bien me parece una declaración de un cinismo repugnante. Cada escritor es como es y asume con responsabilidad ese tipo de conductas. Jamás he leído un artículo o un ensayo de García Márquez que explique en términos morales y en términos cívicos esa adhesión sistemática y que parece beata, porque intelectualmente tendría que explicarla y no lo ha hecho hasta ahora, y dudo mucho de que lo haga» [14]. Finalmente, y como colofón a sus tremendas palabras, opinaba sobre Gabo: «No sé qué otra cosa hace yendo a Cuba a lucirse con Fidel Castro, quizá para mostrar que el régimen tiene un escritor importante al que puede mostrar» [15].

Malos tiempos para la lírica y malos tiempos para el cisne insular, que ya no canta. Herido de muerte, sólo da coletazos, como un pez. ¿Hasta cuándo?

---

[14] «Vargas Llosa critica a Gabo», en *El Tiempo.com,* 2-V-2003, sección Cultura, pág. 1.
[15] Ibídem.

Bibliografía

Abellard, Alain, «Trois plaintes contre Fidel Castro ont été déposées auprès des tribunaux français», *Le Monde,* 8-I-1999.
— «Un témoin renforce la plainte contre Fidel Castro pour trafic de drogue», *Le Monde,* 23-I-1999.
— «Affaire Carlos: Un témoin met en cause Fidel Castro», *Le Monde,* 31-I/1-II-1999.
Alape, Arturo, *De los recuerdos de Fidel Castro: El Bogotazo y Hemingway,* Editora Política, La Habana, 1984.
Alberto, Eliseo, *Informe contra mí mismo,* Alfaguara, Madrid, 1997.
Alegría, Fernando, *Literatura y revolución,* Colección Popular, México, 1970.
Alonso, Odilo, *Prisionero de Fidel Castro. Historia de un español que sufrió durante 18 años las cárceles de Cuba,* Noesis, Madrid, 1998.
Álvarez Cuartero, Izaskun, «Relaciones entre el Estado y la Iglesia católica en Cuba (1952-1961)», *Hispana Sacra* 47: 67-94 (1995).
Arenas, Reinaldo, *Antes que anochezca,* RBA, Barcelona, 1994.
— *Necesidad de libertad,* Universal, Miami, 2001.
Arenas, Reinaldo, y Camacho, Jorge, *Un plebiscito a Fidel Castro,* Betania, Madrid, 1990.
Arrabal, Fernando, *«1984»: Carta a Fidel Castro,* Diana, México, D.F., 1984.
Augier, Ángel, «García Márquez en La Habana», *Boletín de la Unión de Escritores y Artistas de Cuba,* año I, 17: 1-4 (10-IX-1970), La Habana.
— «Gabo en la octava planta de la amistad», *Granma Internacional,* 28-VIII-2001, en <http://www.granma.co.cu/frances/agosto4/35gabo-f.html>.

AZUETA, Miguel, «Carlos Franqui: retrato sin justificación», *Camp de l'Arpa* 83: 54-57 (1981).

BAROVICK, Hariet, y THOMPSON, Mark, «What can a kid decide?», *Time Magazine,* 1-V-2000, pág. 28.

BEER, Patrice de, «Un lourd échec pour la communauté cubaine de Miami», *Le Monde,* 25-IV-2000, pág. 2.

BERNARD, Jorge L., y POLA, Juan A., *Quiénes escriben en Cuba. Responden los narradores,* Letras Cubanas, La Habana, 1985.

BONASSO, Miguel, «Rodolfo Walsh y el espionaje popular», *Siempre* 1804: 36-37 (I-1988).

BOSCHETTI, Anna, *Sartre et les temps modernes,* Minuit, París, 1985.

BRYCE ECHENIQUE, Alfredo, *Permiso para vivir. Antimemorias,* Peisa, Lima, 1994.

CABRERA, Miguel, «Heberto Padilla: el poeta de la prosodia», *Nueva Estafeta* 36(11): 117-119 (1981).

CABRERA INFANTE, Guillermo, «El niño prodigio», *El País,* 22-II-2000, en <http://www.analitica.com/va/hispanica/fuentes/6530484.asp>.

CAMACHO DELGADO, José Manuel, *Césares, tiranos y santos en «El otoño del patriarca». La falsa biografía del guerrero,* Diputación Provincial, Sevilla, 1997.

CAROIT, Jean-Michel, «Fidel Castro fête simplement les 40 ans de son arrivée au pouvoir», *Le Monde,* 3/4-I-1999.

— «Réquisitoires sévères contre les "quatre" dissidents cubains», *Le Monde,* 6-III-1999, pág. 5.

— «La répression politique à Cuba de nouveau condamnée aux Nations Unies», *Le Monde,* 25/26-IV-1999, pág. 6.

CASAL, Lourdes, *El caso Padilla. Literatura y revolución en Cuba. Documentos,* Nueva Atlántida, Nueva York, 1971.

CASTAÑEDA, Jorge, *La vida en rojo. Una biografía del Che Guevara,* Alfaguara, México, 1997.

— «Una revolución cultural», *El País,* 14-I-1999, pág. 10.

CASTELLAÑOS, Orlando, «García Márquez en dos partes», *Prisma del Meridiano* 80(34-35): 12-15 y 28-31 (1976).

CASTRO, Fidel, *La revolución cubana,* Era, México, 1972.

— *Informe Central. Primer Congreso del Partido Comunista de Cuba,* Ed. del Departamento de Orientación Revolucionaria del Comité Central del Partido Comunista de Cuba, La Habana, 1975.

CASTRO, Fidel, *Angola. Girón africano,* Ed. de Ciencias Sociales, La Habana, 1976.

— *XXXIV Periodo de Sesiones de la Asamblea General de la Organización de las Naciones Unidas,* Ed. de Ciencias Sociales, Cuba, 1979.

— *Informe Central. Segundo Congreso del Partido Comunista de Cuba,* Ed. Política, La Habana, 1980.

— *El dilema de la deuda externa y el nuevo orden económico internacional como única alternativa verdadera,* Ed. Política, La Habana, 1985.

— *Informe Central. Tercer Congreso del Partido Comunista de Cuba,* Ed. Política, La Habana, 1986.

— *My Early Years,* Prólogo de Gabriel García Márquez, Melbourne y Nueva York, 1998.

— «La novela de sus recuerdos», *Cambio.com,* 7-X-2002, en <http// 66.220.28.29/calle22/portada/articulos/79/>.

CASUSO, Teresa, *Cuba and Castro,* Random House, Nueva York, 1961.

CEBRIÁN, Juan Luis, *Retrato de Gabriel García Márquez,* Galaxia Gutenberg, Barcelona, 1997.

CLARK, Juan, *Mito y realidad. Testimonios de un pueblo,* Saeta, Miami, 1992.

CLAVEL, André, «Bolívar: chronique d'une mort annoncée», *L'événement du jeudi,* 26-IV/2-V-1990, págs. 104-105.

CLERC, Jean-Pierre, *Les quatre saisons de Fidel Castro. Biographie,* Seuil, París, 1996.

CLYTUS, John, y RIEKER, Jane, *Mi vida en rojo. El primer relato completo de la vida de un negro norteamericano en la Cuba de Castro,* Diana, México, 1970.

COLLAZOS, Óscar, *Gabriel García Márquez. La soledad y la gloria,* Plaza y Janés, Barcelona, 1983.

COLLAZOS, Óscar; CORTÁZAR, Julio, y VARGAS LLOSA, Mario, *Literatura en la revolución y revolución en la literatura,* Siglo XXI, México, 1977.

COMÍN, Alfonso, *Cuba: entre el silencio y la utopía,* Laia, Barcelona, 1979.

CONDE, Alfredo, *Una conversación en La Habana,* El País-Aguilar, Madrid, 1989.

CONTE AGÜERO, Luis, *Fidel Castro. Psiquiatra y político,* Jus, México, 1968.

CORNILLIE, Bert, *Revolución y legitimidad. Análisis de las prácticas periodísticas de la UNEAC (1966-1971),* Lovaina, 1997.

CORTÁZAR, Julio, *La vuelta al día en 80 mundos,* Siglo XXI, Madrid, 1984.

— «Carta a Haydée Santamaría», *Obra crítica/3,* Alfaguara, Madrid, 1994, págs. 45-54.

CHE GUEVARA, Ernesto, *El diario del Che en Bolivia,* Siglo XXI, México, D.F., 1998.

DAY, Anthony, y MILLER, Marjorie, «Gabo Talks», *Los Angeles Times,* 2-IX-1990, pág. 10.

DELCAS, Marie, «Gabriel García Márquez, propriétaire de Cambio», *Le Monde,* 28-I-1999.

DÍAZ, Jesús, *Dime algo sobre Cuba,* Espasa Calpe, Madrid, 1998.

— «Cuba rota», *El País,* 31-I-2000, en <http://www.analitica.com/va/hispanica/fuentes/9715146.asp>.

DÍAZ MARTÍNEZ, Manuel, «El caso Padilla: Crimen y castigo (Recuerdos de un condenado)», *Encuentro de la Cultura Cubana* 4-5: 88-96 (1997).

DONOSO, José, *Historia personal del boom,* Alfaguara, Madrid, 1999.

EDWARDS, Jorge, *Persona non grata,* Plaza y Janés, Barcelona, 1985.

EICTV, Fundación del Nuevo Cine Latinoamericano, La Habana, 2002.

«Entrevista con Gabriel García Márquez», *Playboy,* III-1983, págs. 15-26.

FERNÁNDEZ RETAMAR, Roberto, *Calibán y otros ensayos. Nuestra América y el mundo,* Ed. Arte y Literatura, La Habana, 1979.

— «El amor, casi el amor, toda la vida», *Casa de las Américas* 155-156: 191-193 (1985).

— «Sobre una primera lectura de *Cien años de soledad* —y otra lectura», *Casa de las Américas* 209: 89-92 (1997).

FOGEL, Jean-François, y ROSENTHAL, Bertrand, *Fin de siècle à La Havane. Les secrets du pouvoir cubain,* Seuil, París, 1993.

FRANQUI, Carlos, *Cuba: el libro de los doce,* ERA, México, 1977.

— *Camilo Cienfuegos,* Seix Barral, Madrid, 2001.

FUENTES, Carlos, «The Elian Show», *El País,* 26-IV-2000, en <http://www.analitica.com/va/hispanica/fuentes/8588773.asp>.

FUENTES, Norberto, *Hemingway en Cuba,* Letras Cubanas, La Habana, 1984.

— *Dulces guerreros cubanos,* Seix Barral, Barcelona, 2000.

— *Narcotráfico y tareas revolucionarias. El concepto cubano,* Universal, Miami, 2002.

— «Espiando a García Márquez», *Diario 16,* 13-III-2001.

Fundación del Nuevo Cine Latinoamericano, La Habana, 2002.

GALEANO, Eduardo, *Las venas abiertas de América Latina,* Siglo XXI, Madrid, 2000.

GARCÍA MÁRQUEZ, Gabriel, *Chile, el golpe y los gringos,* Editorial Latina, Bogotá, 1974.

— *El general en su laberinto,* La Oveja Negra, Bogotá, 1989.

— *Notas de Prensa (1980-1984),* Mondadori, Madrid, 1991.

— *Obra Periodística 1: Textos costeños (1948-1952),* Mondadori, Madrid, 1991.

— *Obra Periodística 2: Entre cachacos (1954-1955),* Mondadori, Madrid, 1992.

— *Obra Periodística 3: De Europa y América (1955-1960),* Mondadori, Madrid, 1992.

— *El otoño del patriarca,* RBA, Barcelona, 1995.

— *Obra Periodística 4: Por la libre (1974-1995),* Mondadori, Madrid, 1999.

— *Obra Periodística 5: Notas de Prensa (1961-1984),* Mondadori, Madrid, 1999.

— *Vivir para contarla,* Mondadori, Barcelona, 2002.

— «Náufrago en tierra firme», *El País,* 19-III-2000, en <http://64.21.33.164/CNews/y00/mar00/2002.htm>.

— «¿Qué ha significado para ti la Revolución Cubana?», *Casa de las Américas* 112: 28 (1979).

GARCÍA MÁRQUEZ, Gabriel, y VARGAS LLOSA, Mario, *Diálogo sobre la novela latinoamericana,* Perú Andino, Lima, 1988.

«García Márquez: La soledad de la fama», *El Tiempo.com,* 18-XII-2002.

GARCIN, Jérôme, «García Márquez: l'automne d'un stalinien», *L'événement du jeudi,* 26-IV/2-V-1990, págs. 102-104.

GOYTISOLO, Juan, «El gato negro que atravesó nuestras oficinas de la Rue de Bièvre», *Quimera* 29: 12-25 (1983).

GRANDE, Félix, «Imaginaciones», *Cuadernos Hispanoamericanos* 504: 139-142 (1992).

GUARDIA, Ileana de la, *Le Nom de mon père,* Denoël, París, 2001.

JAMES, Daniel, *Cuba, el primer satélite soviético en América,* Libreros Mexicanos Unidos, México, 1962.

KALFON, Pierre, *Che. Ernesto Guevara, una leyenda de nuestro siglo,* Plaza y Janés, Barcelona, 1997.

KAUFFMANN, Sylvie, «Les États-Unis intensifient leurs relations avec Cuba malgré l'embargo en vigueur», *Le Monde,* 18/19-VII-1999, pág. 3.

— «Les États-Unis se prononcent pour le rapatriement du petit naufragé cubain vers La Havane», *Le Monde,* 7-I-2000, pág. 3.

LAGOBRUN, Victor, «Ochoa: un "procès de Moscou" à La Havane», *Le Monde,* 3/4-I-1999, pág. 5.

LAMORE, Jean, *Cuba, ¿Qué Sé?,* Ed. Oikos-tau, Barcelona, 1971.

LANGUEPIN, Olivier, *Cuba. La faillite d'une utopie,* Gallimard, París, 1999.

LEANTE, César, *Calembour,* Pliegos, Madrid, 1988.

— *Fidel Castro: el fin de un mito,* Pliegos, Madrid, 1991.

— *Gabriel García Márquez, el hechicero,* Pliegos, Madrid, 1996.

— *Revive, historia. Anatomía del castrismo,* Biblioteca Nueva, Madrid, 1999.

— *Volviendo la mirada,* Pliegos, Madrid, 2001.

— «La noche de Lino Novás Calvo», *Cuadernos Hispanoamericanos* 524: 131-135 (1994).

— «Fidel Castro y los niños», *El País,* 25-III-2000, en <http://www. chez.com/jpquin/fidenino.html>.

LEE ANDERSON, Jon, «El poder de Gabo», *Semana,* 4-X-1999, págs. 46-66.

LIE, Nadia, «Casa de las Américas y el discurso sobre el intelectual (1960-1971)», *Cuadernos Americanos* 29(5): 186-199 (1991).

— «Las malas memorias de Heberto Padilla», en P. Collard [con la colaboración de I. Jongbloet, M. E. Ocampo y Vilas (eds.)], *La memoria histórica en las letras hispánicas contemporáneas. Simposio Internacional. Amberes, 14/19-XI-1994,* Col. Romanica Gandensia, Librairie Droz, S. A., Ginebra, 1996, págs. 187-206.

LINARD, André, *Cuba. Réformer la révolution,* Grip, Bruselas, 1999.

LUZÓN BENEDITO, José Luis, *Cuba,* Anaya, Madrid, 1988.

MAC CAUGHAN, Edward J., *Reinventando la revolución. La renovación del discurso de la izquierda en Cuba y México,* Siglo XXI, México, 1999.

MARQUÉS, Bernardo, «García Márquez: Pasado y presente de una obra», *Alternativa* 93: 6-7 (9/16-VIII-1976).

MARTÍNEZ PÉREZ, Liliana, *Intelectuales y poder político en Cuba. La «intelectualidad de la ruptura» y el «proceso de rectificación»,* México, 1992.

MASETTI, Jorge, *El furor y el delirio. Itinerario de un hijo de la Revolución Cubana,* Tusquets, Barcelona, 1999.

MASSO, Jorge Luis, *Cuba R.S.S.,* Casablanca Printing Corp., Miami, 1964.

MATOS, Huber, *Cómo llegó la noche,* Tusquets, Barcelona, 2002.

MENDOZA, Plinio Apuleyo, *El caso perdido. La llama y el hielo,* Planeta/Seix Barral, Bogotá, 1984.

— *El olor de la guayaba,* Mondadori, Barcelona, 1994.

MINÀ, Gianni, *Un encuentro con Fidel.* Entrevista realizada por Gianni Minà, Oficina de Publicaciones del Consejo de Estado, La Habana, 1988.

— *Habla Fidel,* Edivisión Compañía, México, 1988.

MINOCUR, Marcos, «La burguesía azucarera cubana. Estructura capitalista y definición política en la conyuntura insurreccional de 1952-1959», *Hispana Social* 11: 83-96 (1991).

MOLINA, Gabriel, «Un Gabo para saborear», *Granma Internacional,* 9-VIII-2001, en <http://www.granma.cu/frances/agosto1/32gabo-f.html>.

MOLINA, Gerardo, «Con Gabriel García Márquez en Cuba», *El Espectador,* 13-II-1980.

MORENO FRAGINALS, Manuel, «Naufragio de un Nobel», *El País,* 29-III-2000, en <http://64.21.33.164/Cnews/y00/mar00/2908.htm>.

OBERHELMAN, Harley Dean, *Gabriel García Márquez. A study of its short fiction,* Twayne Publishers, Boston, 1992.

— *García Márquez and Cuba: a study of its presence in his fiction, journalism and cinema,* York Press, Fredericton (Canadá), 1995.

OPPENHEIMER, Andrés, *La hora final de Castro. La historia secreta detrás de la inminente caída del comunismo en Cuba,* Javier Vergara, Buenos Aires, 1992.

OTERO, Lisandro, *Disidencia y coincidencias en Cuba,* José Martí, La Habana, 1984.

PADILLA, Heberto, *Fuera del juego. Edición conmemorativa 1968-1998,* Universal, Miami, 1998.

PADGETT, Tim (e.a.), «The Elian grab», *Time Magazine,* 1-V-2000, págs. 20-27.

— «The raid in replay», *Time Magazine,* 8-V-2000, págs. 40-42.

PALENCIA ROTH, Michael, *Gabriel García Márquez. La línea, el círculo y la metamorfosis del mito,* Gredos, Madrid, 1983.

Perfil histórico de las letras cubanas desde los orígenes hasta 1898, Letras Cubanas, La Habana, 1983.

PETKOFF, Teodoro, «Los tiempos de la izquierda», *Cambio.com,* 7-X-2002, en <http://66.220.28.29/calle22/portada/articulos/81/>.

PETUSHKOV, Ivan, *La república de Cuba. 25 años de lucha y creación,* ed. de la APN, México, s/f.

PINO, Domingo del, «Cubanos en Etiopía: Operación García Márquez», *El Viejo Topo* 20: 28-32 (1978).

PLAZA, Galvarino, «El miedo como realidad textual: en mi jardín pastan los héroes», *Nueva Estafeta* 36: 73-74 (1981).

QUIMERA, Rita Virginia, «Donde no hay furia y desgarro, no hay literatura», *Quimera* 17: 19-23 (1982).

QUIROGA CLÉRIGO, Manuel, «Heberto Padilla: los héroes pueden pastar tranquilos», *Cuadernos Hispanoamericanos* 406: 171-173 (1984).

RAMÍREZ, Sergio, «Nada llega a perderse», *Cambio.com,* 16-X-2002, en <http://66.220.28.29/calle22/portada/articulos/75/>.

RENTERÍA, Alfonso, *García Márquez habla de García Márquez,* Rentería Editores, Bogotá, 1979.

RÍOS, Alejandro, y MARTÍNEZ, Raúl Víctor, «Conversando con el hombre de Macondo», *Lea* 1: 2-8 (1980).

RIVERO, Raúl, «La vie "inventée" des Cubains de la rue», *Le Monde,* 3/4-I-1999.

RODRÍGUEZ, Félix I., *Guerrero de las sombras,* Lasser Press, México, 1991.

RUBERT DE VENTOS, Xavier, «Gabriel García Márquez. Independencia nacional e integración», *Claves de Razón Práctica* 7: 46-50 (1990).

RUIZ FERNÁNDEZ, Teófilo, «La larga marcha de la Revolución Cubana», *Tiempo de Historia* 25: 4-25.

SALDÍVAR, Dasso, *El viaje a la semilla,* Alfaguara, Madrid, 1997.

SANTOS CALDERÓN, Enrique, «Las duras y las maduras de una larga amistad», *Cambio.com,* 12-X-2002, en <http://www.cambio.com.co/calle22/portada>.

SARRET, Josep, «Los días que, uno tras otro, son la vida», *El Espectador. Magazín Dominical,* 12-VIII-1979.

SHEARMAN, Peter, *The Soviet Union and Cuba,* Ed. Routledge & Kegan Paul, Londres, 1987.

SKIERKA, Volker, *Fidel. La biografía definitiva del líder cubano,* Martínez Roca, Barcelona, 2002.

SORELA, Pedro, *El otro García Márquez. Los años difíciles,* Oveja Negra, Bogotá, 1988.

SWANSON, Philip, *¿Cómo leer a Gabriel García Márquez?*, Júcar, Madrid, 1991.

TAIBO II, Paco Ignacio, *Ernesto Guevara, también conocido como el Che*, Planeta Bolsillo, México, 1998.

TIMERMAN, Jacobo, *Cuba hoy, y después. ¿Es posible la vida sin Fidel?*, Muchnik, Barcelona, 1990.

TRENTO, Angelo, *Castro et la révolution cubaine*, Casterman/Giunti, Florencia, 1998.

ULACIA, Manuel, «El castrismo en México», *Cuadernos Hispanoamericanos* 501: 128-131 (1992).

VALLADARES, Armando, *Prisionero de Castro. La patética voz de un gran poeta encarcelado*, Planeta, Barcelona, 1982.

VALENZUELA, Lídice, *Realidad y nostalgia de García Márquez*, Colección Pablo, La Habana, 1989.

VANDEPITTE, Marc, *De gok van Fidel. Cuba tussen socialisme en kapitalisme?*, EPO, Berchem (Bélgica), 1998.

VARANINI, Francesco, *Viaje literario por América Latina*, El Acantilado, Barcelona, 2000.

VARGAS LLOSA, Álvaro, *El exilio indomable. Historia de la disidencia cubana en el destierro*, Espasa Calpe, Madrid, 1998.

VARGAS LLOSA, Mario, *García Márquez: historia de un deicidio*, Monte Ávila, Barcelona, 1971.

— «Vida y miserias de Elián», *El País*, 30-IV-2000, en <http://www.caretas.com.pe/2000/1617/columnas/mvll.phtml>.

VÁZQUEZ MONTALBÁN, Manuel, *Y Dios entró en La Habana*, El País/Aguilar, Madrid, 1998.

VEGA, Bernardo, *La agenda pendiente. Reformas, geopolítica y frustración. Artículos y conferencias. 1990-1995*, Fundación Cultural Dominicana, Santo Domingo (República Dominicana), 1996.

VERDECIA, Carlos, y PADILLA, Heberto, *La mala memoria. Conversación con Heberto Padilla*, Kosmos, Costa Rica, 1992.

VERDÈS-LEROUX, Jeaninne, *La lune et le caudillo. Le rêve des intellectuels et le régime cubain (1959-1971)*, Gallimard, París, 1989.

VICENT, Mauricio, «Cuba, 1959. Las fotos secretas de la revolución», *El País Semanal*, 20-XII-1998, págs. 32-44.

— «Jour de détente entre Washington et La Havane à propos d'Elián», *Le Monde*, 25-IV-2000, pág. 2.

334

VV.AA., «El caso Padilla. Documentos», *Libre* (IX/XI-1971).
— *Antes del asalto al Moncada,* UNEAC, La Habana, 1979.
— *Gabriel García Márquez,* Taurus, Madrid, 1981.
— *La política exterior de la Cuba socialista,* Progreso, Moscú, 1982.
— *Causa 1/89. Fin de la Conexión cubana,* José Martí, La Habana, 1989.
— *Cuba despierta. Seminario: Cuba y la Unión Europea,* Manuel Soriano, Madrid, 1996.
— *Desde Cuba con valor,* Pliegos, Madrid, 1997.
— *Cuba, la patria es de todos. Voces de la disidencia cubana,* Federico Campbell y Ed. del Milenio, México, 1998.
— *Les événements dans Le Monde. 1959. Castro prend le pouvoir,* Seuil, París, 1999.
— «García Márquez. El colombiano del siglo», *Lecturas Dominicales,* 24-X-1999.
— *Cien años de historia de Cuba (1898-1998),* Verbum, Madrid, 2000.

ÍNDICE ONOMÁSTICO

338

340